Wealth Management of Commercial Banks
100 Classic Case

商业银行财富管理

经典案例 **100** 篇

中国银行业协会私人银行业务专业委员会　编

中国金融出版社

责任编辑：董　飞
责任校对：潘　洁
责任印制：程　颖

图书在版编目（CIP）数据

商业银行财富管理经典案例 100 篇（Shangye Yinhang Caifu Guanli
Jingdian Anli 100 pian）／中国银行业协会私人银行业务专业委员会
编 . —北京：中国金融出版社，2016.3
　　ISBN 978 - 7 - 5049 - 8187 - 5

　　Ⅰ . ①中…　　Ⅱ . ①中…　　Ⅲ . ①商业银行—市场营销学—中国
Ⅳ . ①F832. 33

中国版本图书馆 CIP 数据核字（2015）第 259113 号

出版
发行　**中国金融出版社**

社址　北京市丰台区益泽路 2 号
市场开发部　（010）63266347，63805472，63439533（传真）
网 上 书 店　http：//www. chinafph. com
　　　　　　（010）63286832，63365686（传真）
读者服务部　（010）66070833，62568380
邮编　100071
经销　新华书店
印刷　北京市松源印刷有限公司
尺寸　169 毫米 ×239 毫米
印张　22. 5
字数　344 千
版次　2016 年 3 月第 1 版
印次　2016 年 3 月第 1 次印刷
定价　42. 00 元
ISBN 978 - 7 - 5049 - 8187 - 5/F. 7747
如出现印装错误本社负责调换　联系电话（010）63263947

本书编委会

主　　编：王希全

副主编：马　健　张　胜　周永发

委　员：印金强　赵春堂　魏春旗　李朝辉

　　　　王　菁　任　军　康　静　齐　晔

　　　　窦云红　吕诗枫　林曼云　薛瑞锋

　　　　聂俊峰　赵　峰　黄　凡

编写组成员

组　长：李　文

副组长：孙　聃　柴艳丽　赵沛来　刘　涛

　　　　汪　雷　高宇虹　陈　珊　王　蕾

　　　　薛瑞锋　吕诗枫　俞　强　单洪飞

　　　　聂俊峰　赵　峰　黄　凡　乌　云

成　员：廖文亮　王　璐　侯燕鹏　刘小瑞

　　　　王　娟　牛　著　方　舟　李　娜

　　　　王淼鑫　李　玮　上官雨时　鲁文龙

　　　　李　哲　赵　力　宋慧敏　柏伊菁

　　　　张　宁　姜龙军　倪燕萍　袁　帅

序 一

近年来，随着我国经济的快速发展和金融改革的不断深化，私人财富管理市场规模不断扩大。截至 2015 年底，中国私人可投资资产总额已达 110 万亿元人民币，高净值家庭数量达 201 万户，全年高净值人群可投资资产总额将达 44 万亿元。预计未来五年私人财富累积增速将以 13% 的年均复合增长率增长至 196 万亿元，高净值人群将以 11% 的年均复合增长率增长至 346 万户。这无疑为我国私人银行业务发展提供了肥沃的土壤。从 2007 年第一家中资私人银行诞生算起，在过去的八年里，私人银行在中国取得突破性的发展。截至 2015 年底，中国银行业协会私人银行业务专业委员会 17 家常委单位服务客户数突破 48 万人，管理金融资产规模超过 6.8 万亿元人民币。私人银行业务的发展在引导高净值客户财富投入国家重点支持经济领域，优化社会资源配置，促进银行经营转型等方面发挥了积极作用。

但我们也应看到，我国私人银行业务发展还面临产品服务差异性不显著、分层服务模式不成熟、产品创新受限、开展跨境资产管理困难和私人银行业务专业人才缺乏等一系列问题。其中，专业人才缺乏是目前国内私人银行普遍面临的一个问题。私人银行业务对从业人员要求极高。私人银行客户需要的是跨市场、跨行业、跨国界的复杂金融服务需求，这就需要大量熟悉多方面领域的高端复合型专业人才。但由于国内的私人银行业务只有短短几年的历史，有相关能力和经验的私人银行从业人员还非常稀缺。因此，私人银行需要逐步培养熟悉零售业务、公司业务、投行业务以及其他相关业务领域知识，并具有良好职业修养高素质的综合化专业人才。

　　中国银行业协会私人银行业务专业委员会自成立以来，在促进业务规范、反映行业诉求、业务培训交流、业务发展研究等方面做了大量卓有成效的工作。为进一步提高私人银行从业人员的专业服务能力，应会员单位需求，私人银行业务专业委员会组织编写了《商业银行财富管理经典案例 100 篇》一书，以加强商业银行在业务层面的深度交流，推动私人银行业务规范发展。本书是业内第一本综合性的私人银行案例汇编，凝聚了委员会各成员单位的集体智慧和经验，内容涵盖包括家族财富传承、多元化资产配置、客户关系管理、非金融增值服务、公私联动、客户风险把控等十大类别 100 篇营销服务案例。案例所展现的均为目前各家私人银行真实业务实践，以及结合营销实践所展开的分析和总结，具有很好的理论和实践指导价值。本书通俗易懂，具有较强的可操作性，对商业银行开展员工培训，提高财富管理服务质效，均有较好的学习、借鉴作用。

　　经济新常态下，私人银行业务不仅是提高竞争力的重要抓手，更是推动商业银行业务转型升级的核心业务。面对高净值人群数量和财富规模的快速增长的市场，我们在把握发展机遇的同时，还要加强私人银行专业人才与团队建设，在服务实体经济、银行转型及经济社会和谐发展中发挥更加积极的促进作用。希望通过《商业银行财富管理经典案例 100 篇》一书，可以使金融从业人员分享到成功的营销思路和疑难问题的解决方法，不断提高综合化服务水平，推动私人银行业务规范健康发展。

中国银行业协会专职副会长
2016 年 2 月

序 二

自 2007 年国内商业银行开办私人银行业务以来，私人银行业务发展迅猛。据初步统计，2015 年国内主要商业银行的私人银行客户已超过 48 万户，管理金融资产已超过 6 万亿元，商业银行已经成为国内私人银行业务的"领跑者"。按照业务属性，国内私人银行业务起步于零售金融，但私人银行客户的个性化需求与零售金融业务需求有较大差异，资产管理、家族财富、跨境金融、增值服务等成为私人银行业务服务的亮点，私人银行业务呈现公私金融一体化、投融资服务一体化、境内外业务一体化发展的新特点。各家商业银行在业务实践中发挥各自优势、积极探索、勇于创新，在经营实践中形成百花齐放的发展格局，使得私人银行业务专业性、差异性日益显现，私人银行业务不仅成为商业银行重要的新兴业务领域，更成为推动商业银行转型发展的重要动力之一。

2014 年 11 月 20 日，在中国银监会、中国银行业协会的支持下，中国银行业协会私人银行业务专业委员会正式成立，成为商业银行私人银行专业同业交流、创新研讨、信息交互的重要平台。为加强各成员单位在业务层面的深度交流，进一步提高私人银行从业人员的业务能力和水平，私人银行业务专业委员会牵头推动了"私人银行业务成功营销案例汇编"课题研究工作，汇聚了各行私人银行业务创新发展的亮点、焦点，编纂形成了案例汇编集。

《商业银行财富管理经典案例 100 篇》经过一年编撰，历经多次专家研讨、案例讨论，共选编了涵盖 16 家银行机构的百篇案例，覆盖客户营销、客户维护、资产配置、产品设计、非金融服务、风险把控、系统支持、人员培训、机构设置、业务协作等多个方面，对家族财富管理、跨境金融、增值服务等新兴服务领域也有涉及。案例分析客户各类业务需求的背景，提出私人银行金融服务的解决方案，并对案例服务的特点进行综合点评。案例汇编集是各家商业银行对近年私人银行业务中较具代表性、创新性的业务整理，对私人银行业内交流信息、提升服务有较好的借鉴作用，有利于各行学习借鉴，为人员培训提供内容指导，同时也是近距离深入探究国内私人银行业务专业服务的窗口，对于私人银行业务发展具有重要的实践意义。

私人银行业务是国内金融改革的"先行者"，随着利率市场化、汇率市场化以及人民币国际化等改革进程加快，私人银行业务发展将迎来快速发展的战略机遇期，也会迎来产品与服务创新的密集期，私人银行业务专业委员会作为我国私人银行业务发展最重要的交流平台，将时刻以私人银行业务为重心，紧跟市场发展变化，持续关注私人银行业务创新突破的亮点、焦点，组织同业机构加强学术研究与实践推动，提升私人银行业务专业服务能力，努力打造具有中国特色的私人银行业务体系，推动商业银行加快转型升级。

中国银行业协会私人银行业务专业委员会主任

中国工商银行副行长

2016 年 2 月

目　　录

第一篇　资产配置篇

第二篇　私人银行综合金融服务篇

第三篇　创新型资产管理服务篇

第四篇　家族财富传承篇

第五篇　专业化咨询服务篇

第六篇　以非金融服务营销撬动客户篇

第七篇　私人银行客户关系管理篇

第八篇　私人银行客户风险隔离服务篇

第九篇　公私联动一体化客户服务篇

第十篇　境内外联动共同服务客户篇

第一篇

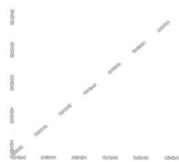

资产配置篇

案例 *1*：以定向增发产品，助客户实现资产配置

一、案例背景

王先生是某私人银行亿元以上极高净值客户。他是国内某知名民营企业集团的董事长，公司业务涉足房地产、金融投资和矿产开发与投资等多个领域。二十多年的创业路，王先生亲身经历并见证了中国资本市场的"蝶变式"成长，目前他还是两家上市公司的主要大股东。因此，王先生对资本市场投资具有浓厚的兴趣并保持高度的关注。

2012 年，某私人银行财富顾问与王先生在深入交流全年投资预测和资产配置建议时，双方一致认同尽管当时整个资本市场仍笼罩在"熊市"阴霾之中，但随着证券市场制度变革的深入，以及本轮经济危机的触底，资本市场将迎来新一轮发展空间。同时，由于市场的整体低迷导致部分行业和上市公司估值出现不同程度的偏离，因此，一些成长性较好、有长期投资价值的上市公司的股票定向增发项目，将获得较高的投资回报。

二、营销过程

在取得一致共识后，王先生委托私人银行为其寻找合适的投资标的。私人银行从市场公开信息出发，搜集到所有定向增发股票计划，或已经通过证监会批准但尚未完成募集的上市公司名单，再自上而下，从行业到个股，逐一分析研究后，遴选了三只较有投资价值的股票。根据监管

规定，参与定向增发的股票投资通常有一年的限售期。因此，所选股票至少需要能经得起市场两年以上的考验。

在与王先生进一步沟通之后，双方最终锁定了其中一只股票。为得到更加细致的研究，私人银行邀请了国内某知名券商研究所中长期跟踪这一股票的资深研究员，对该股票的诸多细节进行了再度剖析，并结合此次增发计划订制了深度报告，探究其未来发展空间。最后，某私人银行还陪同王先生对该公司进行现场调研。调研后仅三天，王先生就作出参与该公司本次股票定增的投资计划。接下来，便是一系列问题摆在私人银行面前等待解决：

首先是时间刻不容缓。当时离上市公司的募集结束仅剩下三周时间，对于私人银行的执行力和工作效率提出了较大挑战。

其次是资金压力。两亿元投资额是客户期望投入的理想规模，同时这一规模在竞价中具备一定议价优势。但由于时间较紧，王先生在短期内仅能调用其中的一半投资资金，并且出于流动性考虑，他并不希望将大量自有资金禁锢在单一项目中。

最后是市场风险。定增项目的收益率与经济的景气度有着较强的关联性，虽然双方事前对拟投资的股票已做了足够细致和深入的分析调研，但倘若投资期内出现系统性风险，预计此次投资也无法抽离市场行情而保持独立的业绩。

三、解决方案

针对上述问题，私人银行进行了彻夜探讨研究，第二天便向王先生提供了此次投资需求的核心金融解决方案：即建议客户以自有资金8000万元通过证券结构化信托计划参与标的股票定向增发项目。

该方案设计、成本报价，投资标的市场风险及风险控制机制等均获得了王先生的认可。由于该方案在实施过程中涉及八家合作机构的协调配合，私人银行充分展示出自身较强的执行推进能力与整合协调能力，在其后不足三周时间内，迅速完成了从尽职调查、立项申报、项目审批、协议签署到资金划付的全部流程，最终以增发底价获配完成投资项目。

四、营销成果

项目得到了王先生的高度评价，并获得了良好的回报，项目净值屡创新高，在当年累计浮盈达 60% 之多。此后，王先生还通过某私人银行参与小企业私募债投资项目，并介绍朋友参与债权投资结构化和证券组合结构化业务。

五、案例启示

对于客户而言，私人银行业务的魅力和吸引力，来源于其能够根据客户的个性化需求进行定制化服务，提供常规商业银行所难以提供的服务，实现全市场范围的投资遴选和资产配置，从而帮助客户获得超出预期的回报，这正是本案例成功的关键所在。

六、案例点评

根据客户分层理论，银行把理财服务分为大众理财、贵宾理财、财富管理和私人银行几个层级，而私人银行位于理财金字塔的顶端。因此，需要提供更具针对性的服务产品，才可以有效提高私人银行的吸引力和客户的忠诚度。

案例 *2*：量身定制，满足客户资产整体配置需求

一、案例背景

客户李先生，45 岁，拥有好几家 IT 公司，个人净资产为 5000 万美元。主要往来银行为 JS（某中资当地银行）和 ZD（某外资银行），个人风险承受能力调查结果显示非常保守。

二、营销过程

客户经理在与李先生交流过程中，了解到他的投资状况如下：

1. 在 JS 银行共计资产达 1000 万元，其中现金货币类产品 500 万元，固定收益类产品 500 万元；

2. 在 ZD 银行上海分行存有 30 万欧元；

3. 在 ZD 银行海外存有 200 万美元。

现阶段客户主要诉求：一是对自己的整体财富作一个完整合理的规划和配置，以实现财富的稳步增值。二是希望最终将自己的公司成功上市。

三、解决方案

基于李先生的要求，DB 上海财富管理部为李先生提供如下方案：

1. 购买 30 万欧元的 QDII 景顺欧元货币市场基金，既保证了资产的流动性又享有较高的收益；

2. 200 万美元投资于保守型动态配置组合产品，以实现较长期的低风险和增强型收益；

3. 基于公司人民币账户的高流动性需求，可以将公司账户资金购买嘉实货币市场基金，既可以获得定期存款的收益，又可以维持账户的流动性；

4. 关于企业上市，建议李先生首先咨询业务顾问，建立较稳健的经营策略和明确的商业计划之后再寻求 PE。

四、营销成果

在与客户经理不断交流之后，李先生对银行提出的方案较为满意，同意按照以下步骤进行操作：首先将 30 万欧元转入财富管理部，同意用于购买 QDII 景顺欧元货币市场基金；转入人民币 500 万元用于投资嘉实货币市场基金。另外，对于 200 万美元的保守型动态配置组合产品，李先生表示需要先观察 1～2 个月产品表现之后再进行投资。并希望与银行一起寻找商业咨询，建立经营策略和商业计划。

五、案例启示

通过与客户的沟通，客户经理了解到客户的需求是希望对自己整体资产做一个完整的规划，做到公司资产和个人资产分离，公司业务通过上市寻求融资并进一步扩大规模，个人资产需要达到保值增值。客户对该行综合能力的信任，以及满足其需求的定制方案，使李先生很快满意接受该银行服务的关键所在。

六、案例点评

我国第一代创业者积累了较多的财富，但其中大部分人都缺乏资产整体配置的观念，甚至无法把企业资金和个人财富分离。随着中国金融市场的发展，以及各种金融产品的不断推陈出新，富翁们逐渐意识到财富整体规划的重要性，并希望以最小的风险代价获取高额收益。但面对市场上众多类型的金融产品，如何进行配置，是困扰他们的一个大问题。与传统零售银行销售固定产品的模式相比，私人银行可以根据客户的风险偏好和要求，为其提供量身定制的投资组合，提供一对一的 VIP 服务，不仅满足了客户的需求，也为私人银行增加了目标客户群。

案例 **3**：多管齐下，导入亿元大客户

一、案例背景

客户赵女士是一位民营广告公司的老板，企业总部设在北京，拥有员工40余人，专门为保时捷、宝马等国内外一线汽车品牌提供广告服务。

二、营销过程

客户经理和赵女士相识于一场高端客户活动，当时她在某银行尚无资金，交流过程中客户经理了解到她是一位民营广告公司老板，有着巨大的营销潜力，于是开始着手营销方案。

首先客户经理向赵女士推荐了该行活期宝、双周盈等短期理财产品，并分享企业主客户最关注的该银行理财两大优势：一是产品期限丰富，从1天到1年每个时间段产品一应俱全；二是24小时全天候理财，随时转入资金，随时可以理财，非常便于企业主进行资金安排。客户经理以活期宝C举例（当时活期宝C年化收益3%，在同业市场具有很强竞争力），500万元资金在活期宝C账户滚动一周利息为2876元，是活期收益的10倍。客户有所心动，不久就在该行开立了个人账户、网上银行和手机银行，并试探性地转入了100万元资金。

由于该银行网银和手机银行操作非常简便，且当客户评级达到财富级别后能够免汇款手续费，因此赵女士逐渐对该行网银和短期理财产生了认同感和依赖感，陆续转入1000多万元流动资金。

新客户与一家银行及客户经理之间建立信任和依赖关系往往需要一个磨合期，时间的长短取决于客户对银行服务和投资成果的体验。因此，在营销企业主潜在客户时，不要一味选择中长期高收益信托作为敲门砖，而应更多考虑短期理财、网上银行等客户使用频率较高、体验度较好的营销工具，以便确保客户投资的安全性和灵活性，加快客户对银行产品和服务的认可速度。

三、解决方案

（一）产品定制

赵女士经常在账户有 1000 多万元资金，但是流动性较大，经过长期了解赵女士企业经营情况，客户经理发现每年 3 月、5 月、7 月、11 月末为该企业集中用钱时间，为此客户经理向赵女士推荐了私银理财定制，起点金额 1000 万元，可以通过网银购买，投资期限非常灵活，可以根据客户需求量身定制。

赵女士对该方案非常认可，又陆续转入 4000 万元。客户经理建议客户将 5100 万元资金分为 5 部分进行打理。1000 万元定制 1 个月产品 5 月末到期；1000 万元定制 3 个月产品 7 月末到期；1000 万元定制 7 个月产品 11 月末到期；1500 万元定制 8 个月产品 12 月末到期，剩余 600 万元放在活期宝 C 作为流动资金。在确保 3 月、5 月、7 月、11 月末都有到期资金的前提下，对其流动资金进行有效错配，既有效提高了客户资金使用效率，又能提高客户在该银行的稳定性。

（二）资产配置

随着客户资金的陆续转入，可以用于长期投资的资金逐渐增加，客户经理定期为客户发送资产配置建议，包括财经资讯、市场预测和产品推荐，让客户把握住每次资本市场变动所带来的投资机遇。2014 年 6 月客户资产配置建议如下：

××银行资产配置建议（2014年6月）

1. 宏观市场分析：央行通过定向降准和再贷款持续释放货币市场流动性，受此影响同业市场拆借利率和银行理财市场收益率在下半年将长期维持在较低水平，建议客户在6月末购买中长期银行高收益理财，锁定长期投资收益。

2. 债券市场分析：国家为了恢复经济，将逐步降低贷款融资利率，通过定向降准等手段逐步盘活存量货币供给，同时鼓励企业直接融资，对下半年债券市场形成利好，建议客户适当配置债券型投资产品，例如某银行发行的阳光稳健一号资产管理计划。

3. 外汇市场分析：美国5月通货膨胀数据好于预期，经济呈持续回暖趋势，美联储退出量化宽松政策和加息预期不断增强，加之欧洲、中国和日本都通过扩大货币量刺激经济，因此美元升值趋势更加明显。建议客户优先关注美元，其次可以考虑资源型货币如澳元、加元等外汇，适当配置该行外币理财A计划。

四、营销成果

截至2014年6月，该客户及其家属共计转入私人银行部对私存款9000万元。

（1）巧用健康服务，实现客户转介。赵女士热衷该行举办的四季养生讲座活动，使用最多的增值服务是健康医疗服务。客户经理利用银行为客户家属、朋友及生意伙伴提供长期专家挂号等健康医疗服务，逐步结识了赵女士的家人和朋友，导入5位新客户，导入新资金3000万元。

（2）利用高端活动，扩展客户人脉。客户经理邀约赵女士及其朋友参加由私行中心举办的风水讲座、珠宝鉴赏会、北大总裁资本战略班等高端客户活动，活动期间主动为其对接该行企业主客户，并结识赵女士的朋友伙伴；同时客户经理也受邀参加赵女士合作伙伴举办的高端活动，逐步扩大双方客户人脉圈。

（3）发挥专业优势，提升服务品质。围绕"新三板融资"、"小微企业财税改革"、"信用卡特惠商户"、"海外资产配置及投资移民政策"等市场热点话题为赵女士合作伙伴们举办多场微型沙龙，加强客户和专家之间的深度交流，并与该行现有产品服务结合起来，既实现了客户导入、业务落地，又提升了客户对银行服务品质和专业度的认可。

五、案例启示

1. 了解企业经营状况和资金使用情况，便掌握了客户提升的主动权。将客户大额资金分散定制到不同期限的产品上，以提高客户资金的稳定性。

2. 要善于将资本市场的财经资讯和个人市场分析观点运用到客户产品推荐和资产配置中，以提高客户对理财经理专业度的认可。

3. 如何进行人脉圈式营销，实现高端客户转介成为了客户经理重点思考的问题。

六、案例点评

将有限的资源用于私营企业主营销和维护上，并同时关注客户个人、家族及其企业的服务需求，这样能够捕捉企业主客户链式、圈式资源，有效提升私人银行客户规模。在企业主参加的高端客户活动中，客户经理应该有意识地为其对接客户资源，扩大其人脉圈，实现业务拓展。另外，非金融服务是客户关系的粘合器，而专业金融服务才是私行服务的核心竞争力。

案例 **4**：理财产品投资组合营销

一、案例背景

赵先生是一名小企业主，企业经营情况良好，家境殷实。在 2007 年 A 股大牛市 5900 点左右时买入几百万元偏股型基金。随着指数大幅度回落，至今所剩净值仅为本金的 50%。

二、营销过程

客户曾多次打电话咨询某银行，觉得无法忍受亏损。客户经理也几次建议他逐步减持，但他始终抱着侥幸心理而没有减持，以致损失较重。客户经理求助于财富顾问。根据客户经理提供的客户信息，财富顾问小张初步判断认为该客户属于风险厌恶型客户，之所以坚持到现在，完全是由于陷入了"池蛙效应"。如今，较大的亏损已令他无法忍受，甚至到了寝食不安的地步。当前主要任务是帮助客户渡过难关，减少损失，在此基础上尽可能地增加收益，考虑到当前市场的波动性和不确定性较大需要保持一定的流动性，以便随时调整仓位和投资比例。

三、解决方案

1. 财富顾问小张平时专注于 A 股市场与黄金市场，凭借对市场的敏感性，帮助客户冷静分析当前国内外的各种经济动向，向客户客观介绍股市的基本运行规律，并运用"美林投资时钟"来指导大类资产的配置。

2. 结合当前市场情况并分析客户持有基金，并建议赎回一部分表现一直都很差，且基金公司运作能力差的基金。同时以数字分析说明基金定投在股市弱市中的优点：以上证指数为例，2003 年 1 月至 2008 年 1 月期间，如果投资人选择每月定投该指数，最终他的回报接近 4 倍，也就是 400%。但如果投资人在 2004 年 4 月到 2005 年 7 月间停止定投（当时股市在一年多的时间里持续走低，从 1777.5 点跌到 1011.5 点），他的回报就会缩减一半，变为 2.5 倍。当市场处于下跌期时，基金定投才能体现其摊低成本的优点，并给出选择风险相对较低的混合型基金做定投的投资建议。

3. 考虑当时黄金行情显示配置黄金相对稳健，且仍有预期增值空间，建议客户配置一定比例的黄金投资，以达到增加收益的目的。

4. 适当配比货币型基金，以确保资金的安全和流动性。

客户对以上方案比较认同，同意按方案执行。在投资组合执行后，财富顾问定期为客户出具投资月报，每季度约客户面谈一次，跟踪投资的变化情况，必要时对组合作出调整。

四、营销成果

为客户定投货币型基金，从 2008 年 11 月定投到 2010 年 7 月，总收益率 18%，另黄金投资总收益 57.68%。

五、案例启示

财富顾问在客户对投资状况不满意，面临客户流失风险的情况下，及时配合客户经理参与营销，挽留客户，这些工作与财富顾问的职责是充分衔接匹配的。首先通过这一系列的沟通，让客户回归理性投资；第二，以专业的素质帮客户调整仓位，及时止损；第三，通过基金定投的方式进行投资，平摊投资成本；第四，通过配置一些在当前市场中能增加收益的投资品种来帮助客户获得收益。

六、案例点评

　　投资领域有一句话：鸡蛋不要放在一个篮子里，很多人都懂，意思是要分散风险。这里需要强调的是，整个组合的分散化程度，远比投资数目重要。另外，对于组合中的各部分的业绩表现，投资者应定期观察，将其风险和收益与同类投资进行比较，并适时考虑更换。这样也可以在一定程度上分散风险，达到最终的盈利目的。

案例 5：以需求为导向，实现客户银行双赢

一、案例背景

客户经理小邓在拜访王姓高净值客户时，客户主动向其展示其购买的一款工艺黄金制品，并对其赞不绝口。小邓敏锐捕捉到客户对黄金产品有所偏好，对工艺要求较高，而对黄金的纯度则并不太在意。

二、营销过程

针对客户的这一特征，小张一方面在与客户日常交往过程中，有意识地向客户传导工艺金与投资金的差异，以及黄金价格长期看涨的趋势，并指出工艺金本质是消费品，其保值、增值功能远不如某银行 9999 的高纯度投资金。另一方面根据客户的需求偏好，积极向上级行提出综合考虑客户偏好，并结合某银行产品特征两方面因素的产品定制需求。

三、解决方案

在上级行的协助下，最终选取以"龙腾盛世金印"作为模具，并请加工企业刻上客户的姓名及生日的个性化定制产品。

四、营销成果

当小邓将精心为客户设计的 1000 克黄金样品设计图样呈现在客户面前时，良苦用心显然超过了客户的期望，客户欣然接受。

五、案例启示

只有消费者对产品好坏有发言权，评判标准首先在于是否能满足客户需求，我们不可能强加于客户。但这不代表无可作为，关键是发掘客户的隐性需求，并予以满足，而这正是建立稳固客户关系的基础。

六、案例点评

"投其所好"很重要，问题的关键是我们要坚持以客户需求为导向，并有效挖掘以满足客户的需求。

案例 *6*：看透产品卖点，
成功营销专户理财

一、案例背景

某银行代销首批"一对多"专户理财计划，这是专门为高端客户提供的理财产品。H分行某二级分行负责基金业务的财富顾问认为这是一个营销高端客户的契机，并可以通过为客户提供"一对多"专户理财产品，提高客户资产的收益率，从而提高客户忠诚度。在同理财经理交流后，财富顾问得知某理财中心服务一个私人银行级客户，该客户以前主要投资股票型基金，曾一次性购买单只基金达1000万元，风险承受能力较强。

二、营销过程

财富顾问认为这个客户就是"一对多"专户理财产品的目标客户，于是联合客户经理向该客户营销该产品。由于是新产品，客户不清楚此产品的特点和运作模式。财富顾问通过认真研究，找出产品的卖点，并向客户认真分析了"一对多"专户理财产品设置止损线，最低线为0.9元；无初始费用；专业人士操作，没有投资比例政策限制；产品定位明确和提供超值服务等优势特点，成功锁定目标客户。

三、解决方案

通过财富顾问对产品优势特点的介绍，客户对此非常感兴趣，并很快从他行转过来近千万元资金，准备购买该产品。考虑到风险分散，该行主动建议客户分散投资，最终客户购买了几百万元的"一对多"专户理财产品，其余资金购买了其他理财产品。

四、营销成果

H省分行共销售"一对多"专户理财产品30单，其中，财富顾问所在二级分行销售了8单。充分体现了财富顾问专业影响力，发挥了私人银行与支行协同联动营销的优势。

五、案例启示

吃准产品的卖点和找到适合产品的客户群体，是产品营销前必须要完成的工作，某个产品的卖点就是该产品与众不同的且能为客户创造价值的特点，是做好营销工作之前最重要的准备。

六、案例点评

认识的制高点是自我认识。只有对自己的产品有更加全面的了解和精确的定位，才能更好地开展营销工作。

案例 **7**：以高端保险配置，
助客户实现多重保障

一、案例背景

张先生是某银行分行客户，35岁，现为某贸易公司的董事长。之前家庭资产主要以银行理财、存款的形式存在。太太帮助先生一同打理生意，夫妻感情和睦，有一子7岁，两人希望在身后能为儿子留下一笔确定的财富。分行客户经理根据客户的需求及家庭情况，为客户配置了高端保险产品。

二、营销过程

在为高端客户配置"某某保险"产品之前，上海分行先在客户经理与投资顾问之间进行了业务培训与交流，通过前期工作使客户经理和投资顾问对此款保险产品有了更深的认识和理解。

三、解决方案

在为高端客户配置时，投资顾问与客户经理着重为客户说明：

1. 人寿保险产品不仅是对风险损失进行的经济补偿，更是一个系统的风险管理工具。客户经理和投资顾问应该引导投保人通过投保前的人生风险识别与判断，考虑如何进行风险管理。是选择预防、处置、自担，还是转移，由此增强高端客户的风险意识和防范意识。

2. 高端保险产品是一种金融工具。客户可以利用其金融杠杆属性，实现以最小成本付出，转移由人生风险带来的无法承担的或不愿承担的财务损失；也可以利用保险的确定性与长期性来实现现金与资产的保值增值；同时还可以使用人寿保险的速效动能，在获取保障与利益的同时，保证资产的流动性。

3. 作为一种资产保全的特殊法律手段，客户可以通过指定被保险人和受益人，进行法律安排，合法地将资产由法定变为指定，实现资产的延迟保全和最终保全。这种法律手段在保护妇女儿童权益、婚姻财富管理，资产传承与企业资产和家庭资产的防火墙设置等方面起着不可替代的重要作用。

4. 通过配置该产品，为客户提供了一种合法的节税工具。根据我国税法及相关税收制度规定，人寿保险的给付、受益和赔款免征个人所得税。另外，此款产品的红利所得按现行税制也是免税的。

四、营销成果

客户起初对此产品并不感兴趣，客户经理经过多次与张先生沟通，耐心解答客户的疑问，最终为该家庭配置终身年金保险，每年缴费 100 万元，缴费 5 年，自第六年开始领取年金。投保人为客户本人；被保险人为客户妻子；身故受益人为其 7 岁的儿子。

五、案例启示

通过"睿享人生"成功将客户的现金资产转为保险资产，增加了该客户家庭对资产的控制力。通过保险为孩子做了一份保障。孩子在父母在世时不必为经济担忧，父母身故后孩子可以获得除其他遗产之外的一笔财产，且该保险具有避债、避税功能，属于孩子的婚前财产。通过该产品实现了家庭财产与企业财产之间的风险隔离。即使在客户企业经营不善破产之后，仍能作为家庭稳定的收入来源，保障正常的家庭生活。

六、案例点评

为客户进行高端保险配置的过程是帮助客户构筑家庭防火墙，也是进行资产多元化配置的过程。在营销过程中对于很有主观意识的高端客户，没有必要也不可能催促其尽快做决定，太急躁的催促会使对方怀疑客户经理的服务质量和真诚。对于擅长自己分析、比较、计算的客户，要有耐心，要做得比客户更加细致，提供更加翔实的数据为其服务。

案例 **8**：以私人银行优质产品，持续吸引新客户

一、案例背景

客户张先生为某海外集团公司股东及国内分公司负责人，已婚，有一女。2012 年初在某银行金融资产只有 100 万元，平时资金流动比较大，且资金分散在各大银行，忙于生意从不做理财。

二、营销过程

客户张先生在 2011 年初第一次来到某银行，客户经理敏锐地观察到他手上拿着奔驰车钥匙，身上背着奢侈品包，于是主动上前与客户攀谈起来。在了解客户张先生为某海外集团公司股东并且是国内分公司的负责人，资金平时流动比较大，且资金分散在各大银行，从不做理财时，客户经理向客户推荐了该行的理财产品，客户回复没有多余资金。此后一年中，张先生经常会来银行办理汇款业务，客户经理多次与客户沟通，客户每次都表示将会把资金转入该行，却始终没有行动。客户经理坚持只要客户符合该行私人银行目标客户的条件，就不轻易放弃，成功将张先生营销成为私人银行客户。

三、解决方案

1. 耐心服务，积极推荐。客户经理坚持每天给客户发送一条财经短

讯，每周或者每两周给客户发送某银行理财产品信息，以及其个人观点。2012年初，张先生终于从他行转来了100万元资金做理财产品。起初，客户经理仅仅推介了某银行保本产品，做了半年之后，排除了客户投资风险的担忧后，客户资金也从100万元增加到了500万元。

2. 学有所用，成功营销。通过该行财富顾问"财富管理训练营"的培训，客户经理学会了如何挖掘高端客户需求并为客户做理财配置。2012年10月，私人银行推出了一款投资股票市场的结构化产品，财富顾问到支行进行了多次该产品的推介会。在财富顾问和客户经理的耐心推荐下，客户购买了该产品100万元。之后，私人银行又陆续发售了几款中高收益的理财产品，财富顾问和客户经理再次对客户进行推荐，客户对某银行私人银行有如此多样化的产品表示非常满意，又于11月、12月分别购买了两款私人银行产品各100万元。

3. 后续服务，赢得客户。张先生在购买产品后不久，发觉当时投资的那款股票市场结构化产品收益远远超过他当初的预期。对某银行的私人银行能有这样的产品和服务表示满意。但是财富顾问和客户经理仍然以专业的态度向客户表示，暂时的高收益并不代表客户的最终收益，希望仍然能够为客户做好合理的资产配置，以降低风险确保收益。客户表示非常赞赏，之后陆续将他行资金转入某银行，并表示愿意成为该银行的私人银行客户，并且信任客户经理所推荐的产品，更会介绍他的投资伙伴一起来某银行理财并签约私人银行。

四、营销成果

通过财富顾问和客户经理耐心细致的推荐和营销，张先生非常认可该行的私人银行服务，与该行的关系进一步深化。主要营销成果包括：

1. 张先生已签约成为该行私人银行客户，并转入1000万元资金。

2. 张先生购买理财产品共计300万元，并将继续购买财富顾问和客户经理推荐的私人银行产品。

3. 张先生介绍其集团的投资伙伴来该行理财并成为私人银行客户。

五、案例启示

私人银行新增系列产品丰富了该行私人银行服务的内涵，增强了客户对某银行的满意度和依赖度，取得了良好的效果，在营销过程中，有以下几点启示：

1. 优质的私人银行产品，能够挖掘高端客户潜力。张先生最初在该行的金融资产只有 100 万元，只有通过对他进行有针对性的产品和服务推荐，才能充分挖掘他的潜力。确定目标，不言放弃，耐心细致是成功挖掘客户的秘诀。

2. 打造私人银行系列产品品牌，赢得客户信任。张先生现在对该行私人银行的产品推崇备至，一系列优质产品使客户获得了超预期的收益，加强了客户对私人银行的信任，使财富顾问和客户经理的后续营销获得了强大的支持。

3. 加强人员培训，是开展私人银行业务的基础。加强对分支机构客户经理的培训工作，能够提升客户经理维护和开发私人银行客户的能力，为做好私人银行工作打下了坚实的基础。

六、案例点评

首先，成功的私人银行营销一定要学会"教育客户"，合理地引导客户，以自己的经验帮助客户达到想要的效果，而不是为了挽留客户，一味依照客户的意思。其实，教育客户未尝不是最好的服务客户的行为之一。其次，私人银行产品是有效营销客户的手段。财富顾问在了解到客户张先生的身家后，不断为他推荐新产品，让张先生切实体会到了某银行产品的吸引力，成功营销张先生成为私人银行客户。

案例 *9*：真诚专业，客户投资理财的好帮手

一、案例背景

王先生作为某银行的高端客户，是一名化妆品和生物科技公司企业主。2008 年，银行客户经理小方认识王先生时，他的企业刚起步。几年间，该企业从创业初期的 10 人发展壮大到目前几百人的规模，王先生的个人资产总量也在不断增加。

二、营销过程

王先生同时是三家中资银行、一家外资银行的私人银行客户，对中外理财市场都有一定了解，且经过多年积累，公司经营趋于稳定，故有较多时间做理财方面的研究，属于专业型客户。

因客户比较喜欢新鲜事物，故在营销起初，小方将最新的"华安债券"产品介绍给客户，客户听后很有兴趣，顺利来到某行开立私人银行账户。产品详情出具后，小方发现产品并不包含锁汇机制，便与客户进行了深入的沟通和讨论，建议他不要认购，客户采纳了小方的意见。之后人民币对美元下跌，客户认为小方会站在客户的角度着想，开始陆陆续续将资金转入该行。当市场较为稳定时，将客户资金大部分配置在固定收益类产品，客户也较为认可。

随着客户资金量的增加，小方又为其介绍了该行专业的投资顾问。经过与专业投资顾问详细的探讨，客户满意地接受了该行全套资产配置

方案。随着国内 A 股市场转好，小方及时与客户沟通，将固定收益产品配置降低，陆陆续续转入 A 股二级市场主动收益类私募产品，之后 A 股市场一路向好，客户获得了很好的收益，感到非常满意。

同时了解到客户有将太太、孩子移民国外的想法，故又为其配置了海外对冲基金、海外房地产固定收益债券等产品，为客户分散资产配置，同时收益也比较可观，受到客户好评。

三、解决方案

小方充分利用每次与客户的沟通机会，了解客户家庭未来走向、公司未来发展动向等情况，并结合其风险偏好、流动性等要求，为其提供一系列投资配置建议。

首先，经常与投资顾问一起拜访客户，为客户及时分析当下市场情况，并商讨最适合的投资方向；其次，加强工作的主动性，每月为客户提供资产组合报表，让客户非常清楚自己的全盘配置。并严格做好后续服务工作，定期发送产品运行信息给王先生。同时为客户提供公司业务、法律、税收等方面的咨询服务，增加了客户满意度。

四、营销成果

小方在投资理财方面的专业能力和对客户耐心细致的工作态度赢得了王先生的信任，截至 2015 年 4 月末，王先生累计购买各类型理财产品达 6000 多万元，稳健分布于境内外各大类资产组合、产品类别，既分散了客户风险，又为客户获得了不错的投资回报。

五、案例启示

1. 营销人员的专业素养赢得客户的信赖。客户购买理财产品时，仅仅通过比较收益高低来选择银行。作为营销人员不能仅用理财产品的收益去吸引客户，要用理性的投资观念、专业的投资知识来打动客户，做客户可信赖的投资顾问。

2. 1 + N 团队形成合力以提高客户体验。高净值客户需求多样，涵盖财富管理、移民、法律税务筹划、融资、家族传承、海外架构搭建等，所以私人银行组建成为 1 + N 团队，形成合力为其服务，客户感受会更好。

六、案例点评

私人银行业务有几点可以从这个成功的营销案例去借鉴和开展：

1. 建立清晰、具可操作性的资产配置系统

据美国对基金管理人的调查显示，影响投资报酬率的主要原因均来自资产配置。通过有效的资产配置，可降低风险并能追求利益的最大化。目前国内绝大部分私人银行客户 60% 的资产都配置于房地产，在收益性、流动性、安全性等方面都不尽合理。私人银行客户经理应引导高净值客户树立科学的资产配置理念，并建立清晰、具可操作性的数据化资产配置系统，为客户提供更好的资产配置服务。

2. 建立科学、清晰的资产配置流程

资产配置流程分为分析配置、调整转投资、评估效果三个阶段。在分析配置阶段，要梳理清晰行内外产品，了解清楚客户投资属性、风险承受能力、家庭结构、生活规划、退休规划等，为客户做好全套资产配置方案；在调整转投资阶段，要根据市场行情，同时也要实时关注客户财务状况、家庭、公司的变化，及时作出适合的调整；在评估效果阶段，要帮助客户随时检视投资效果，并向客户反馈。

案例 *10*：践行资产配置，成功危机公关

一、案例背景

客户毛先生，现年 53 岁，物流行业私营企业主。2007 年在 X 银行 Y 分行开户，一直由支行行长亲自维护。客户为人低调，注重个人隐私，在银行的管理资产分布在多人名下。

客户有一独子，在北京某高校毕业后返回 Y 地工作，暂未参与父亲公司的经营，毛先生对于独子的"富二代"习气心怀不满；2013 年，毛先生喜得长孙，对于孙子的成长教育给予了极大希望。

客户平时工作繁忙，对于投资理财也缺乏专业知识。2009 年在客户经理推荐下购买的几款权益类产品，持有 5 年后到期，相继出现亏损。为避免是非，客户将自己的资金分散在多个账户中购买产品，在管理上也常出现产品衔接不上，或资金闲置的"空档期"。

客户希望能够得到银行的专业、专属服务，统筹管理其名下多个账户，通过资产配置、有效甄别产品，降低投资风险，提升组合收益。如何实现家业的保全与传承也是客户最关注与困扰的问题。

二、营销过程

支行行长与客户熟识多年，很好地维护了与客户的关系。2013 年 Y 分行开始实践财富顾问直接经营高净值客户，第一时间为毛先生匹配了专属的财富顾问，负责统筹管理其名下多个账户，对于产品的到期承接、

产品筛选与推荐等都提供了更加及时、专业的服务。

2014 年，总行"财富管理与传承"主题讲座落地 Y 分行，毛先生对讲座内容深有感触，并在会后与总行投资顾问进行了"一对一"的面谈咨询，就隐私保护、家业传承、海外保单、资产委托管理服务等多个方面深入沟通。客户对于 X 银行总分支三级服务团队给予了肯定，并表示希望能够继续加强业务合作。

针对客户前期购买的几款权益类产品相继到期，由于市场原因出现不同程度亏损的情况，总分支三级联动，协同开展"危机公关"。一方面在优质产品资源承接上向客户进行倾斜，并由总行投资顾问协助把关；另一方面分行部门负责人积极参与向客户的解释说明工作，财富顾问、支行行长持续跟进，总行投资顾问也介入客户存量产品的梳理排查中，在后续资产配置、保险规划上提出专业意见建议，协助营销。

三、解决方案

1. 客户存量产品梳理与资产配置规划（多账户归集）；
2. 产品亏损应急处理方案：服务团队、产品资源承接、固化日常维护工作与沟通机制；
3. 资产委托管理服务方案；
4. 保险规划：针对儿子、孙子的教育传承，涉及海外保单及国内保险规划。

四、营销成果

客户在 X 银行 Y 分行管理总资产达到近 8000 万元，成为位列分行资产前列的客户。在总分支服务团队共同努力下，并未因客户产品亏损而流失资金，并已在资产委托管理、保险规划等方面积极寻求突破。

五、案例启示

对于超高净值客户，单纯以产品销售为导向，易造成客户与银行的

"双输"，服务模式势必向以客户需求为中心，团队协同提供专业化、综合化服务转变。

在此案例中，值得关注的内容还有：一是客户的经营与维护是长期持续的过程，只有在客户认可与信任的基础上，才可能引入创新的产品与服务，专业人员、外部专家等的介入才可能产生更大的效益；二是资产配置、构建产品组合具有实践意义。产品亏损势必造成客户的不满，通过构建组合控制亏损的程度，并与客户保持及时有效的沟通，积极提出解决方案是"危机公关"的关键。

六、案例点评

将资产配置、构建产品组合应用到客户服务中具有实践意义，成功的"危机公关"源于多元策略的应用。

案例 *11*：多元化配置资产，做客户财富增值的好伙伴

一、案例背景

客户刘女士，35 岁，私营企业主，无子女，和老公贺先生共同经营一家中小型公司，刘女士的母亲为某银行贵宾客户。刘女士陪同母亲前来某银行办理业务时，办理了一张该行信用卡，同时绑定了一张该行借记卡作为信用卡还款。

二、营销过程

刘女士陪同母亲来某银行办理理财业务。营销人员抓住契机，向刘女士宣传了该行正在开展的老客户举荐新客户有礼活动。刘女士表示非常感谢该银行对其母亲的服务，以后有机会来办理业务。

随后，客户经理多次与客户进行联系，为营销工作寻找突破口。通过刘女士的母亲，客户经理了解到刘女士为丁克时尚人士，日常生活品质要求很高，对易经风水有一定的兴趣。客户经理随即向客户推荐了该行信用卡业务，同时介绍了信用卡的诸多功能和丰富活动。最终，成功营销客户办理了该行白金信用卡。为了绑定客户，客户经理同时帮客户办理了一张借记卡，配套开通了网银、手机银行、理财签约等全套功能。

客户经理通过观察刘女士信用卡消费情况发现刘女士具有很强的消费能力，信用卡每月消费金额很大。为确保每月还款，其借记卡活期中有大量的存款闲置。由于大额消费较多，账户变动较大，真正驻留该银

行的资金较少。考虑到存取款便利，刘女士比较偏爱国有银行。客户经理发现这一营销契机后，主动约见刘女士，为其制作了财富管理营销方案。方案重点是针对刘女士高消费的特点，如何利用信用卡账单免息期和银行短期理财进行投资获利，刘女士当即选择购买30万元的短期理财产品。

刘女士成为该行贵宾客户后，客户经理并未懈怠与客户的联系，多次登门拜访。当听说张奶奶（刘女士母亲）患急性肺炎住院后，主动购买慰问品探望。了解到刘女二夫妇为请护工犯愁，主动利用自己的人脉关系积极联络合适人选，最终为张奶奶介绍了满意的护工，赢得了刘女士夫妇的感激。分行多次组织贵宾客户沙龙活动，刘女士对"风生水起龙腾华夏"易经运用讲座表现出极大的兴趣，甚至携带自家房型图现场请教。活动结束她对银行给予高度评价，并表示希望该行多举办该类活动。根据活动"老带新"的要求，刘女士还邀请了一位好友共同参加，经客户经理长期跟踪，刘女士陆续转入多笔资金，成功升级为财富级贵宾客户，其好友也成功拓展为该行财富级贵宾客户。

刘女士虽然已经成为银行财富客户，但金融资产总量较低，且金融产品较为单一，仅以常规短期理财配置为主。如何提升客户贡献度及粘度成为客户经理营销的首要问题。去年春节长假之前，刘女士有1400万元货款到账。客户经理在节日问候时了解到这笔资金短时间内不需要使用，同时刘女士有100万元定期存款即将到期，且多家银行均向刘女士推荐了理财产品，客户经理及时向分行财富管理中心汇报这一信息，希望借助高收益产品锁定该笔资金。分行财富管理中心则建议客户经理为客户进行多元化资产配置。经过主动约见面谈，进一步了解刘女士长短期投资目标、风险偏好、家庭资产负债情况、现金流需求等情况，经沟通发现刘女士较为激进，希望将全部1500万元资金认购信托产品。客户经理则从风险分散角度，建议刘女士配置部分定存、理财、基金等，并重点介绍了慧盈理财产品保证本金和最低收益的优越性，且对信托产品进行了充分的风险揭示，经过客户经理耐心细致的沟通，最终赢得了刘女士的认可，认购1000万元信托产品，100万元定存及400万元理财产品，并表示将他行活期流动资金转入该行认购天天理财。

三、解决方案

在本案例中，客户经理巧妙运用了多种营销策略的组合，最终促成了案例的成功。具体策略如下：

1. 细节决定营销的成败。细节对于银行的个人客户营销成功尤其重要，包括营销人员的穿着、仪表、表情、眼神、语言表达、语调和各种动作姿态等，如果银行营销人员的所有细节都无可挑剔，会给客户留下"素质高"、"物超所值"的感觉，不但提升了银行的整体形象，而且所营销的金融产品也自然会更容易被客户接受。本案例中正是由于客户经理细致的服务才有了初步建立客户关系、进一步挖潜客户的机会。

2. 亲情服务是营销成功的手段之一。相对于其他个人客户，老年客户往往子女陪伴时间少，相对孤独，多问候多关心很容易被感动，一旦产生了信任感，我们就很容易以"亲情服务"赢得存款。没有哪位客户会拒绝温情，本案例中无论是张奶奶的成功营销还是刘女士的成功营销，都说明了这一点。

3. 资产配置多元化是锁定客户的有效手段。案例中，客户经理通过信用卡与客户初步建立起关系，其后利用优势理财产品锁定一部分资金，最后通过利用储蓄、理财、信托、基金，保险等诸多产品实现了客户资产多元化的配置，极大提升了客户对某银行的贡献度、忠诚度以及粘度。

4. 区分客户群体并采用相应服务。如对大众客户只需提供常规化服务；对负效客户，在合法合规的前提下，采取妥当的方法加以限制或淘汰；对于贵宾客户高端客户，则要采取个性化服务，毕竟20%的客户带来80%的银行利润。本案中，客户经理主动了解客户的金融需求，为其量身定制金融产品和金融服务，成功挖潜客户行外资产，提升为私人银行客户。

四、营销成果

通过向刘女士家庭提供资产配置服务，客户的结算资金和理财资金均锁定在该行，客户与银行的关系进一步深化。主要营销成果包括：

1. 刘女士在该银行的家庭金融资产大幅增加，从最初的日均 30 万元，提升到 1500 万元，客户层级逐步提升，客户贡献度也得到有效提高。

2. 刘女士家庭资产分布不断优化，稳定性增强，产品种类由原先的单一类理财产品，扩充到信托、基金、保险等多元化的产品，加之信用卡等多产品绑定，有效提升了客户对该银行的粘度。

3. 刘女士有意向将公司基本结算账户开立在该银行，并已在该行开立了公司一般存款账户，进一步业务合作的空间很大。

4. 刘女士为其爱人也办理了该行信用卡，其较强的消费能力为银行信用卡业务也作出了贡献。

5. 刘女士在其社交圈对该行的金融产品和服务进行了宣传，并向银行推荐了几位私人银行潜在客户。

五、案例启示

在本案例中，客户经理采用多元化产品配置，运用多种有效的营销策略，成办地实现了对刘女士一家的营销及服务。

六、案例点评

在对刘女士的营销案例中，我们有如下感悟：

1. 不要忽视老客户的影响力，老客户的良好体验和口碑宣传，会使营销成功事半功倍。

2. 善于选择合适的切入点，"至诚"沟通和服务才能建立起良好的客户关系。只要我们秉承"以客户为中心"的理念，真诚地服务客户，总能捕获她们的忠诚和信任，建立良好的客户关系，推荐产品和服务就成了水到渠成的事情了。

3. 以客户活动为契机营销客户是客户关系管理中的有效手段和方式，通过客户活动，客户经理接近客户、了解客户、挖掘客户，创造了营销产品的契机。

4. 提供多元化产品组合营销，解决客户单一资产配置问题。通过高端产品，吸引高端客户。通过多元化的产品配置，锁定高端客户。通过优质贵宾服务，留住高端客户。

案例 *12*：总分支联动营销，专业资产配置制胜

一、背景介绍

杨先生今年 55 岁，经营着一家医疗器械进口公司，公司经营情况良好，资金实力雄厚。由于年近退休，希望好好打理个人资产，将分散在各家银行的到期资金逐步梳理，交由专业人员打理。此时，作为杨先生朋友的支行行长了解到其需求，又恰巧听说客户在其他银行有一笔金额较大的理财资金到期。

二、营销过程

支行行长第一次将杨先生约到支行时，分行财富顾问一同到场参与会面。洽谈一开始，杨先生就表示自己时间有限比较忙，他开门见山直奔主题："希望将资金交由银行全权打理、取得 10% 左右的年化收益率、且能够保证收益；具体产品选择上，对信托认可，不太希望投资基金（以前投资过，先赚后赔，基本打了个平手，认为不太稳妥）。"

杨先生像大多数超高净值客户一样，对预期收益率都有较高期望，同时希望银行能以某种方式承诺保证本金及利息；显然这两点目前该行都无法满足。

但在第一次接触客户的过程中，杨先生提出的"希望有专家帮忙打理"、"获得综合收益"、"不用经常跑银行就能完成投资"等需求与该行私人银行专属投资账户服务理念在某种程度上十分契合，故便将营销重

点放在资产配置上，向杨先生介绍了专属投资账户服务，并将事先准备的业务资料一并交给客户，希望他回去后能翻阅了解。随后杨先生在该行首次建立了个人信息，并办理了银行卡，为后续营销提供了资金转入的基础。

第一次会面后，又经过支行行长的多次沟通，杨先生就将 7600 万元汇入该行。此时正值月末关键时点，该笔资金如能够留在活期账户就可完成存款任务。但经分支行商讨认为，资金放在活期上每天收益仅 729 元，如放在天添盈 1 号中每日收益近万元，于是出于维护客户利益的目的，该行主动致电客户，提出希望他能够申购较低风险的开放式产品天添盈 1 号，以提高收益。杨先生欣然接受，银行这一举动给客户再次留下十分满意的印象。

三、解决方案

营销虽然取得了实质性进展，但如何稳定这么大笔的资金、满足客户的需求，达成资产管理专户的签约、选定产品并最终完成投资，分支行都没有十足的把握，毕竟这么大的客户是各家银行追逐的目标，杨先生自己也透露其他银行开出的条件均十分优厚。

由于杨先生平时事务繁忙，一直抽不出时间再次面谈。等待机会不如创造机遇，分行积极联络总行投资顾问，并通过总行阳光私募专家平台，邀请了国内业绩优秀的阳光私募公司的高层。总行专家的专程到来，以及阳光私募公司领导的亲自拜访，杨先生感受到了该行最大的尊重及诚意，很快便促成了第二次面谈。

为了让客户认可该行出具的资产配置方案并签约专属投资账户服务，分行财富顾问和总行投资顾问、投资经理在第二次面谈前一起做了充分的准备，根据杨先生的风险偏好和投资需求，为其量身定做了 ABC 三个方案：

A 方案为固定收益类银行理财产品加信托产品，优点是收益稳定、相对安全，缺点是预期收益率较低、无法实现超额回报；

B 方案选择 2 ~ 3 款信托产品、资管计划，优点是预期收益率较高、投资多款产品适当分散风险；缺点是目前信托产品风险集中暴露、产品审核从严发行规模缩减发行周期拉长，"等"产品的时间可能较长造成收益下降；

C 方案为资产综合配置，60% 固定收益类资产、30% 权益类、10% 另类资产，优点是既有固定收益产品作为安全垫，又能在市场有起色的好时机投资权益类、另类产品以期获得超额回报，缺点是预期收益率不保证、可能面临潜在的损失。

关键的第二次面谈顺利实现，总行专家的造访，起到了心理制胜作用；私募公司专家的出面，让客户直观了解了阳光私募产品与公募基金的最大区别与独有优势；而精心出具的三套方案，体现了银行专业、负责的态度，成为了制胜王道，不回避风险、不夸大收益，如实告知杨先生资产配置理念和价值、产品选择的策略和风险，全面客观介绍银行私人银行产品体系、产品引入机制及管理模式，以诚信打动客户，以专业赢得客户，最终杨先生认可了专属投资账户服务，而 C 方案也得到了客户青睐。

四、营销成果

会面结束后，分支行趁热打铁，微调和完善了资产配置建议方案，不仅对不同大类资产的配置比例提出建议，同时对具体产品种类及配置时间、包括过渡期闲置资金如何衔接等都做了全面具体的安排。最终，客户又汇入该行 1600 万元（总资产达到 9200 万元），于当日签约了一笔9000 万元的专属投资账户，并为客户按大类资产配置比例选择了最优的投资产品。

五、案例启示

历时一个月的营销，欣喜之余、总结经验，我们可以发现：

1. 营销时机的把握很重要。"客户资金到期"，同时"希望寻找新的合作伙伴"为营销提供了契机，善于"发现客户的需求"和"引导客户的需求"至关重要。

2. 取得客户的信任是关键。"推荐天添盈 1 号"为客户利益着想，

"精心准备三套方案比较优劣"让客户觉得银行有一说一、有二说二，是百年老店的风范。

3. 专业的资产配置是制胜法宝。研究显示，资产配置策略对于投资收益的贡献率超过90%。资产配置对于投资收益的贡献要远远大于时机选择和具体风险产品的选择。从更长的时间跨度来看，分散性的投资组合是规避单一资本市场系统风险，取得长久稳定收益的关键因素。

4. 适时请专家出面是锦上添花。"总行和业内专家"的出场，高层次专业人士亲自说明，让客户倍感诚意与尊重，消除疑虑，为客户下定决心签约吃了定心丸。

六、案例点评

1. 分行重业务培训、重为部营销，让支行行长成为私人银行业务的"代言人"。

分行高度重视私人银行业务发展及专业队伍的培养，通过培训、考试结合"传、帮、带"手段培育支行专业化服务队伍，全面提升了队伍综合素质和营销能力，将总行服务理念精准传导到基层单位。分行将支行作为私人银行营销的触手，充分调动支行、尤其是支行行长的积极性，在业务指导、专业能力、支撑服务上得到支行的认可和信任。通过密切联动，确定重点业务发展方向，带领支行迅速行动，重点突破。

2. 重专业服务、重稳健风格，以资产配置理念赢得客户的心。

始终强调"经营客户"的理念，不回避风险、不夸大收益，以诚信打动客户，以专业赢得客户。分支行秉持"专业、负责"的态度，依托支行、专业制胜。

3. 重总分联动，重叠加服务，通过总行的协助完成营销的"临门一脚"。

看重服务机制的建设，强调总分支三级联动，对超高净值客户采用"支行理财经理＋分行财富顾问＋总行投资顾问"的叠加服务模式，形成完整的联动营销机制，做到环环相扣，步步为营，以专业服务和精细管理去赢得客户。

案例 *13*：多元资产配置 全面满足客户需求

一、案例背景

刘先生，大型房地产企业董事长，某银行私人银行签约客户。其房地产企业主要从事中高端房地产的开发和销售，所开发楼盘在同业市场中具有良好口碑。

刘先生有意于让女儿将来接管企业经营，因此让她毕业后进入企业工作。经过多年磨炼，其女儿已经成长为该企业的高层管理人员，负责企业的财务管理和资金运营。2013 年以来，国内房地产受政策调控影响，投资增速显著放缓，房地产销售面积和销售额同比大幅下滑，70 个大中城市中房价下跌城市不断增加。

宏观形势的变化对刘先生家族的房地产企业经营产生一定影响，他也开始考虑对企业发展进行一定的调整。

二、营销过程

经历多年打拼且已年近花甲，刘先生已萌生退意，他想利用五年左右的时间，将企业逐步交由女儿进行全面管理，然后享受幸福安逸的晚年时光。

刘先生的家族企业在 H 市中心有 8 万平方米的高端楼盘建成在售。刘先生判断下一步房地产市场投资情绪降温，加上暂时缺乏新的优质地块项目，因此他计划将楼盘销售资金退出进行全面筹划。刘先生有如下希望：一是资金必须保持一定的流动性，以备公司未来投资优质地块资源之用。二是在资金流动性得以保障的前提下，尽可能追求更高的投资收益。三是使用部分资金，为自己和太太安排高品质的晚年生活。

作为私人银行签约客户，刘先生希望私人银行提供组合型方案，帮助其解决上述需求。私人银行财富顾问与刘先生进行了充分交流，为其量身定制了整套多元化的资产配置方案。

三、解决方案

资产配置方案具体如下：

第一，从客户企业财务管理角度出发，为其定制现金管理方案，帮助客户企业实现总公司、分公司以及不同项目之间的资金往来调配。同时全面梳理客户个人账户上的各笔短期资金，配置以 PBZ01300（T＋0）、PBZ01301（T＋1）、PBZ01302（T＋14）等不同流动性的核心类产品，以确保一旦遇到优质的投资项目，能够释放出足够的流动性。

第二，详细统计刘先生正在归集，且能够留存一定期限的闲置资金，专门为其定制一款净值型专户。该净值型专户可以无限期持有，每个工作日可以申购，每月固定工作日可以赎回，成为刘先生进行家族财富专项管理的"钱夹子"，在保持良好流动性的基础上为其提供更高收益。

第三，为刘先生定制一款内嵌高端养老保险的组合型专户，期限为五年期，每年投资 4000 万元。组合型专户可实现如下目标：

一是具有市场竞争力的收益率。在目前整体理财市场收益率走低的趋势下，锁定较高的中长端投资收益。

二是内嵌高端养老保险。组合型专户每年进行额外分红，用于支付养老年金保险的年度保费。刘先生和太太享有入住高端养老社区的选择权，相当于获赠了一份具备财富传承、优质养老功能的高端保险。

三是具有质押融资功能，满足客户的流动性需求。此外，刘先生还可享受到一对一专家问诊、全国三甲医院预约、每年体检、海外就医等高端医疗服务，充分保障其尊享安居的生活品质。

四、营销成果

上述方案全面考虑了刘先生个人、企业和家族的资金特点，以及其退休养老和增值服务等需求，以专户定制方式满足其组合型资产管理需求，获得了客户的高度认可。

五、案例启示

通过这个案例，我们可以得到启示：私人银行客户随着其生命周期和财富周期阶段的不同，其对私人银行服务的要求也日益复杂化和多元化。私人银行必须牢牢把握客户多元化需求，提供多元化资产配置服务，才能应对自如。

六、案例点评

私人银行业务有几点可以从这个成功的营销案例去借鉴和开展：

（一）挖掘客户需求

与境外相比，国内私人银行客户群的一个鲜明特征恰是耕耘半生的"富一代"们。他们的财富多来源于自主创业，其所经营企业多属于家族企业，资产管理需求较国外成熟的"二代"、"三代"客户更为复杂，这就更要求国内私人银行对他们的复杂需求予以充分挖掘和满足。

（二）坚持多元配置

资产多元配置的核心在于分散化投资，将财富分配于不同类型资产。通过多元化，资产配置可以在一个较长的时间跨度内实现更高的回报和更低的风险，并合理地弥补无法通过分散投资降低的系统性风险。私人银行应牢牢树立多元配置的理念，维护客户的长远利益。

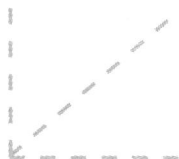

第二篇
私人银行综合金融服务篇

案例 *14*：私人银行投融资一体化服务方案

一、案例背景

董先生，是一家从事电子元件制造中型企业的第二大股东，企业属该市民营企业 50 强，为首批后备上市企业之一。在签约私人银行客户之初，董先生对于普通私人银行理财产品并不十分感兴趣，认为相对其企业经营的收益并无优势。

二、营销过程

2012 年下半年后，董先生的企业处于稳步发展期，企业进入生产销售旺季，同时随着企业在建工程的逐步完成（厂房、生产线等），企业生产进一步扩大，资金需求大大增加。加上近年来受通货膨胀影响，铜的价格涨幅较大（该公司铜占产成品比达 90% 左右，原材料占成本的七成左右），企业订单不断增加，导致企业出现流动资金的短缺。董先生迫切地提出了融资需求，同时也希望能最大限度降低融资成本。

在充分沟通了解了董先生的需求后，某银行私人银行对董先生的企业也进行了深入了解。董先生本身是这家企业的大股东之一，企业与该行的业务合作关系近年来越来越广泛，包括结算、代发工资和投资理财等各类业务。企业有一定资产规模和经营实力，有较强的市场竞争力和发展前景，信誉良好，财务运作健康，具备承担经营风险的能力。

三、解决方案

通过研究，该行认为可以为董先生发放流动资金贷款，并为其设计一年期的个人理财产品定制作为追加抵押担保，实现企业的融资需求，同时降低其融资成本。

该行私人银行制定了"理财＋融资"的整套服务方案，内容如下：

1. 为董先生量身定制一款稳健型理财产品，产品期限为 1 年，预期收益率为 4.6%，董先生购买了 2350 万元该产品。

2. 以该理财产品追加作为抵押担保，同时由该行当地分行追加董先生的房产抵押担保和个人连带担保，向其企业发放流动资金贷款 2500 万元，期限 12 个月，利率按一年期基准利率执行。

四、营销成果

"理财＋融资"服务方案得到董先生认可，该行快速反应，在随后的两周时间内，迅速完成了私人银行理财产品购买、冻结理财产品作追加抵押担保和发放企业贷款的全部流程，有效解决了董先生的理财加融资服务需求，降低了客户融资成本，并为董先生企业的经营提供了及时支持。董先生对于这一快速反应和专业方案称赞不已。

五、案例启示

私人银行客户，大都有实业背景，在金融服务上，不仅有投资需求，也有融资需求。投融资并重，是他们区别于一般客户的重要标签。在这个过程中，敏锐发现客户在理财外的更深层次需求，综合利用银行各项产品和服务，提供全方位和一站式服务，是私人银行客户营销和维护的重要手段。

六、案例点评

根据目前私人银行业务发展方向，服务对象已经从单纯的个人延伸到家族与家族背后的企业，关注的是客户综合性、整体性、长期性的服务。营销模式也应该从最初的卖组合、发展为卖解决方案。将私人银行建设成为最好的解决方案平台而不是产品平台。

案例 *15*：私人银行提供
综合金融服务方案

一、案例背景

客户徐女士是江苏省某企业的财务总监，其母亲在企业担任副总，系家族企业。该企业以专业研发生产高分子合成材料及橡胶产品为主，主要从事高分子合成材料、铁道机车车辆减磨、减振和密封技术的应用研究和工业生产，受到市场环境的变化影响，正在考虑企业的转型。徐女士有两个女儿，一个上小学四年级，一个刚满 2 岁，丈夫是大学老师。徐女士平时工作繁忙。

二、营销过程

作为客户第三方存管业务的主办银行，客户经常会有大额资金在该银行活期账户中进出购买短期理财产品。客户曾提及目前在投资理财方面的两个困扰：一是因工作繁忙无暇打理资产，而购买理财产品需频繁地来往银行，常占用工作和业余时间；二是国内外多家银行和非银行金融机构也在频繁向她推荐产品，客户正准备将一笔马上到期的 1000 万元资金购买第三方理财机构代销的信托产品，该产品的预期收益率高达 11%，客户希望银行提供一些意见建议，分行私人银行财富顾问及投资顾问在了解客户的想法后，立即着手制定服务方案。

三、解决方案

分行私人银行财富顾问及投资顾问精心制作了一份综合金融服务方案，对客户的家庭资产管理、所处行业的未来趋势等做了具体深入的分析和建议，系统地推荐了私人银行可以提供或整合的产品和服务，让客户甚为惊喜。

1. 针对客户多元化经营需求，财富顾问建议客户加入该行私人银行股权基金投资者俱乐部，在该行搭建的股权基金投资行业信息共享平台和项目库中，寻找到更具发展潜力的投资项目。客户参加了俱乐部的论坛活动，仔细研究了俱乐部的专刊《远见》后，坦言私人银行提供的这些咨询服务正是其正值转型时期的企业所真正需要的。

2. 财富顾问分析了客户的资产状况、风险偏好、投资理财需求，邀约客户面谈，向其详细介绍××银行为私人银行客户提供的专属投资账户这项全新的资产管理服务，能够帮助忙于事业、无暇打理个人财富的企业家从琐碎的理财事务中解放出来，通过提供专业、便捷的资产管理和投资交易服务，为客户制定最符合其当下风险偏好和未来财务需求的资产配置方案，从容实现财富保值增值。客户对此项服务产生了浓厚兴趣，对资产配置理念也表示接受，财富顾问为客户详细解释所制订的资产配置建议书，介绍专属投资账户的先进理念、服务模式等服务亮点，让客户真正感受到专业的尊享服务。同时财富顾问也对客户拟购买的信托产品进行了深入的分析，帮助客户深入了解受托方和融资主体的资质，分析主要风险控制措施等，并客观分析了产品的主要风险点，最终经多方论证，客户放弃购买该款产品。

财富顾问在与客户的沟通中还了解到客户的丈夫是大学老师，业余爱好是写作，最近有一本新诗集要发表，分行财富顾问通过整合资源，为客户精心策划并承办了一场新书签售会，现场效果温馨，让徐女士夫妇相当感动。

四、营销成果

客户非常认同私人银行专属投资账户资产配置的理念，对该银行投研团队的专业能力信任有加，陆续从行外转入 5000 万元，在该行金融资产总额达到 1 亿元，并介绍一位朋友也陆续转入资金 2000 万元。

五、案例启示

通过综合金融服务方案的模式，能让私人银行客户体验到其全方位、个性化的需求得到响应。通过 PE 股权基金俱乐部搭建的信息平台，为客户寻找事业转型和多元化发展的方向；以私人银行专属投资账户这一特色业务为切入点，成功吸引客户行外资金，在此基础上进而实现有效客户转介绍。

六、案例点评

整个营销过程中，财富顾问对于客户各种需求的把握非常精准，把服务的外延拓展到客户事业和生活的方方面面。还通过精心策划的活动，迅速拉近和客户的距离，所以越是多地掌握客户需求，越能最大程度地提升客户体验。

案例 *16*：专业技能和贴心服务赢得客户

一、案例背景

苏女士是某科技公司总裁，58 岁，独身，无直系亲属，无债务，公司持续支付她在 65 岁退休后的健康保险。

苏女士年薪为 80 万元，目前有定期存款 600 万元，并持有公司股票 100 万股，价值目前达 1000 万元。因为股票是无成本获得的，所以在出售时要支付的税率为全部收入的 35%。按照约定，苏女士可以在退休时全部套现股票，但在退休前至少要持有现有股份的 50%。

二、营销过程

通过多次与苏女士的沟通交流，苏女士对该行理财产品架构和综合化理财规划服务很感兴趣。并表示由于平时工作繁忙，没有时间去打理自己的资产，所以目前的资金主要放在定期储蓄上，觉得非常可惜，希望后期能做些周期相对较长、稳健增值的投资，不想花费过多的精力去安排投资事宜，而这些投资的主要目的就是为苏女士退休后生活提前做好保障和安排。

随后，该行为客户认真做了风险测评，更进一步了解到苏女士对投资收益的期望值、投资风险容忍程度和资产规划的需求。同时与苏女士聊起退休后对于生活品质的要求及兴趣爱好等，取得了客户的信任。

又经多次沟通，苏女士谈起自己的公司经营和对于手上股票的安排，希望后期进行套现，但担忧可能产生的税收，希望到时有足够的现金做好税费准备，同时希望了解采用什么方式可以适当节税。面对苏女士的需求，该行收集相关资料并请教专业人士，为苏女士制作了综合化的理财规划方案。

三、解决方案

在收集到客户真实、详细的需求和现实情况后，该行一周内制作出理财规划方案，制作成简单易懂的 PPT，邀请苏女士再次面谈。在规划方案中还注意给客户提供多种可以比对的方案，让苏女士选择，增强苏女士主动参与度，选出自己认可的方案。

1. 税收方案

苏女士可以采用三种方式套现自己手中的股票（依据背景资料，该股票在苏女士 65 岁退休前每年的价格增长率为 10%）。

方式一：在 65 岁退休时，一次性套现手中的股票，所承担的税费为 682.05 万元。

方式二：苏女士从 60 岁开始每年套现手中股票的 10%，持续 5 年后，在 65 岁套现剩余的 50% 的股票，所承担的税费为 599.58 万元。

方式三：苏女士退休前一直持有手中的股票，在退休后择机再出售股票。该方式可能会面临两种情况：一是该公司所在行业衰退带来的严重后果，可影响整个资产组合的构建。二是该公司仍然盈利，导致套现时承担更高的税费。

故在现有情况下，采用第二种方式兑现股票有明显的优势：

（1）可以节税 82.47 万元。

（2）最大化利用了客户退休前至少持有现有股份的 50% 的限制要求。

（3）从 60 岁开始套现股票，可采用现有资金 600 万元的投资收益支付，减少了现金的占有率。

（4）从 60 岁开始套现，获得的资金分别可以再次投资获得收益。

2. 退休方案

苏女士计划维持当前的支出水平一直到退休，但退休后，支出水平只要当前水平的一半，保障基本的退休生活，其他资金及其投资收入全部用于一项"希望工程"基金。故依据通货膨胀率4%和现有年支出80万元（税前）的情况，苏女士65岁退休后的生活支出为32.9万元。随后每年的支出将以4%的通货膨胀率递增，故苏女士到85岁时共需要退休费用1051.7万元。

同时，苏女士愿意接受投其600万元构建而来的投资组合，实际税后收益率为3%，则总的收益率要求至少为10.8%。以此利率计算或者7%的名义税后收益率，则收益为963.47万元，该资金加上持有股票的现值1000万元，远大于退休时的资金需求，可以满足苏女士退休后的生活保障。

3. 投资方案

依据前面对苏女士风险承受态度和承受能力的分析，以及苏女士自己对投资组合的需求，需要通过600万元的资金构建一个名义收益率为7%、波动率为10%的组合。故调整前苏女士的投资仅为600万元定存，收益率仅为3.5%。调整后的组合为：

投资工具	资产配置	金额（万元）	预期报酬率	标准差	相关系数
货币型	20.00%	120	2.42%	1.26%	0.52
债券型	50.00%	300	6.56%	6.74%	0.23
股票型	30.00%	180	11.07%	21.57%	0.01
投资组合	100.00%	600	7.09%	7.45%	

该产品组合可以满足苏女士的投资需求和未来的养老需求。

四、营销成果

该行为苏女士详细讲解方案，苏女士同意采用合理的方式来做投资。于是结合当前的市场情况，阶段性地将行外更多的资金转入了该行，逐步将定期的资金转变为具体的投资产品。最终苏女士不仅自己成为该行稳定的高端私人银行客户，并且同时介绍了自己的好友成为该行贵宾客户。

五、案例启示

通过这个案例，得到以下启示：

1. 明确客户需求

清楚地了解客户需求非常重要，决定了理财规划目标的正确性。通过专业的风险测评工具，一方面加强了客户的参与度和对目标的认可度；另一方面使我们的工作更加专业，有理有据，增强与客户的信任度。

2. 提供多种规划方案

提供几种理财规划方案让客户参与分析，结合实际的市场情况做好选择，再一步步地操作，不仅能更有效地实现最终的理财目标，即使由于市场因素暂时没有达成目标，也可以得到客户的理解。

六、案例点评

私人银行客户的营销是个长期的过期，中间需要更多的耐心和周到的服务。专业性是基础，通过工具和专业的技能为客户提供资产上的保值增值。贴心的服务是关键，取得私人银行客户的信任更加重要。让客户在投资理财的过程中感受到私人银行顾问对其的关心、关注。关注客户的生活，从其中找出客户的需求点，建立与客户更多的连接点，从情感上赢得客户。

案例 *17*：以专享产品搭配 增值服务，成功拓展新客户

一、案例背景

客户刘先生，年轻的私营企业主，做生意有灵活的头脑和独到的眼光。在银行资金进出量大，三账户开立在其他股份制银行。

二、营销过程

刘先生把一笔临时性资金存放到了××银行活期账户上，成为系统中的潜在客户。财富顾问通过客户管理系统发现新客户刘先生后，马上电话联系对应网点负责人商量如何切入营销。

三、解决方案

1. 发现客户，主动营销

针对刘先生在网点资金流动量大，但每次都只是过渡一下的情况，财富顾问建议行长先从了解客户性格、喜好入手。于是在业务办理时，行长主动与刘先生闲聊，了解到客户是一位创业数年并积累了一定资产的私营企业主，对房地产投资有兴趣，想买套别墅。

行长采纳财富顾问建议，利用分行公司客户中丰富的房产商资源，陪同客户购房，并向客户进行私人银行个性化服务理念宣讲，选房过程迅速拉近了与客户的距离，也使财富顾问对客户和客户家庭有了进一步了解。

财富顾问邀请刘先生到私人银行会所参观，典雅的氛围、醇香的咖

啡，刘先生自然谈起了来自工作和家庭的压力。刘先生两个儿子尚幼，由妻子照顾，并表示作为父亲不能抽出更多时间照顾孩子的缺憾。攀谈中财富顾问向其介绍了×银行私人银行所能提供的贴心服务及系列解决方案，不觉令刘先生眉头舒展，当即进行私人银行签约。次日客户就把几百万元存款转到了×银行。

2. 感受服务，加深体验

财富顾问特地精心挑选《卡尔、威特的教育》、《养育男孩》两本幼儿教育书籍，并登门拜访刘先生夫妇。夫妇俩又是意外又是欣喜，并听了财富顾问关于孩子教育宜及早规划的建议，并希望财富顾问为他们制作一份完整的生涯理财规划。

一周后，财富顾问为刘先生量身定制了一份包括购房计划、换车计划、远期子女教育计划、事业发展计划在内的详尽的资产配置方案，得到客户高度认可。通过不断地沟通，客户在×银行资金逐渐累积起来。

3. 丰富的活动吸引客户

财富顾问经常邀请刘先生参加私人银行部举办的高尔夫、登山、鉴青瓷等丰富活动，在消除工作疲劳的同时，为其引入健康的生活方式。

4. 为客户所想，提供流动资金理财方案

2012年末，刘先生把×银行户头作为资金存放主账户，其金融资产近亿元。为保证客户资金收益且有一定的流动性，财富顾问制定了分阶段购买理财产品的方案，使用分行定制的产品在时间上做到理财不闲置，保证了较高的综合收益，还能保证资金及时使用，客户表示满意。

5. 团队协作，满足客户多层面需要

一次刘先生在闲聊中说起：孩子生病，他抱着小孩排队两小时，又是着急又是担心。财富顾问在部门晨会交流时提出了刘先生的烦恼，后经大家多方努力，私人银行部推出了本地化的医疗服务通道，为客户提供专家预约门诊服务和就医绿色通道服务，受到了客户的广泛好评。这项服务也做到了刘先生的心里。

四、营销成果

通过私人银行团队的营销和服务，刘先生非常认可×银行服务理念，与×银行的关系进一步深化。主要营销成果包括：

1. 刘先生夫妇先后签约成为×银行私人银行正式客户，刘先生已成长为私人银行顶级客户。

2. 通过综合理财和服务，刘先生把×银行户头作为主账户，在×银行金融资产达日均8000万元。

3. 刘先生在其社交圈内多对私人银行品牌进行了宣传与推荐，已向私人银行部推荐一名私人银行潜力客户。

五、案例启示

私人银行服务有丰富的内涵，团队的协作与努力，才能为客户带来一次次良好的体验，增强客户对×银行的满意度和依赖度。营销过程的几点启示：

1. 充分利用客户管理系统，为财富顾问发现客户提供必要线索。

2. 内部资源整合，服务更显优势。本案例正是利用公司业务（房地产）资源迈出了客户服务第一步。

3. 丰富的客户活动既是客户营销的契机，又是客户服务与维护的手段。

4. 一支高效率的服务团队无坚不摧，上至分行行长，下至属地客户经理，追求每一个服务环节的细心打造，带给客户的是尊贵、尊享的服务体验。

5. 客户都有自己的社交圈，引导客户向圈内朋友介绍私人银行服务是未来业务发展的保证。

六、案例点评

通过客户管理系统，加之行内业务板块整合，以及自下而上的团队长期营销，深入挖掘出有潜质的私人银行客户，并用细致入微的服务进行客户维护与扩展。

案例 *18*：以综合金融服务方案，赢得顶级私银客户

一、案例背景

陈女士经营企业主要从事现代农业，企业享受国家农业政策扶持，不断发展壮大，现已准备上市。由于上市企业财务规范需要，陈女士需将多年未分配利润一次性分配。

公司生意由陈女士全盘掌管，其丈夫主要负责省外业务，如发货、收款，以及照顾子孙。儿子、儿媳均在陈女士企业任高管并准备接管企业，小女儿在读高二。

二、营销过程

陈女士是财富顾问工作时熟识的贵宾客户，2002 年在某银行开展结算业务，2005 年开展资产业务。因为行业性质，其公司资金的周转期较长，在该银行所有账户的金融资产合计在 200 万~300 万元。

2008 年的金融危机对陈女士造成一定影响，也就在那时财富顾问与支行公司部同事克服一切困难，仅用两周时间为其发放了 2000 万元流动资金贷款，超常的效率解决了她的燃眉之急，由此建立了良好的客户关系。

事隔三年，财富顾问再次来到陈女士公司拜访，原因是财富顾问敏锐地发现陈女士可能有大额资金需要打理，而私人银行业务是与之对接的不二之选。根据过往对客户的了解及客户的年龄特征，财富顾问简单

地介绍了私人银行业务，并重点介绍了私人银行专享产品，其中包括期限较长的中低风险产品。陈女士感到银行丰富的产品比较符合她的需求，还有许多增值服务都是她所需要的，交谈过程中陈女士也透露了自己目前有一笔大额资金需要配置，并希望财富顾问为她制作金融服务方案。

三、解决方案

1. 了解分析客户需求，做好金融服务方案

经过与客户的交流及管户经理的详细介绍，财富顾问为陈女士制作了一套包括财务、养老、传承、顾问咨询等在内的金融服务方案。将这笔资金在定、活期存款，贵金属、保险、固定收益类产品进行了合理的配置。陈女士看到贴心的金融服务方案后较为满意，加之长期以来对该银行的信任，她许诺资金一旦到位，将全部交给该行进行打理，且完全按照方案中的比例配置。

2. 积极落实金融服务方案

不久，陈女士的资金如约转入该银行，正逢总部发行债券结构化产品，符合陈女士中低风险、固定收益类产品的需求。私人银行部立即向总部预约额度，对客户进行产品推介。经过与基层行领导多次的上门拜访，客户终于购买了5000万元理财产品，存入5000万元定期存款，购买了200万元贵金属，200万元保险，其他的资金存入通知存款。

3. 参加私人银行活动，客户获得荣誉感

在陈女士购买债券产品不到两个月，她获得了一个投资机遇，准备以5000万元资金入股一家农村商业银行。由于其定期存款全部为保证金无法支取，陈女士希望用在该银行购买债券型基金（封闭式，低风险）作质押贷款，取得资金投资商业银行，但经过多方努力未办理成功。此时这家商业银行竟以该银行的产品作为质押品成功地对其进行了贷款发放，财富顾问感到了巨大的竞争压力。

除了在国际业务、资产业务上对陈女士更加努力、细致地服务外，财富顾问留心到陈女士一心扑在事业上，每天工作16小时左右，因此财富顾问更多地安排健康、休闲旅游活动给她，让她与家人多一些团聚的机会，也可以更多接触到客户。特别是陈女士由分行行长陪同参加了

总行举办的"春天行动启动仪式",以及私人银行部举办的春节团拜会后感到银行给了她无比的荣誉,在感受私人银行尊贵、贴心服务的同时,决心还是要把主办行放在该银行。

四、营销成果

通过上下联动,配置私人银行专享产品,陈女士非常认可该银行的私人银行服务,与银行的关系进一步深化。主要营销成果包括:

1. 陈女士已签约成为私人银行正式客户,将上亿元资产放入该银行打理。

2. 陈女士认可私人银行专享产品,并希望获得该行更多的私人银行产品信息。

3. 客户愿意参加该行举办的高规格私人银行活动。

4. 作为一家农村商业银行的股东,客户依然指定该行作为主办行。

五、案例启示

在营销过程中,有以下几点启示:

1. 上下联动,以及对管户经理私人银行业务的培训是拓展客户的先决条件。

2. 私人银行专享产品可以成为拓展私人银行客户的重要手段。

3. 与客户见面前对客户的深入了解及准备工作非常重要。

4. 私人银行举办的各类活动也是维护客户的重要手段。

六、案例点评

急客户所急,才能建立起良好的客户关系,上下联动持续跟进营销客户,满足客户资金配置需求,同时让客户感受到私人银行尊贵、贴心服务,是客户选择该行私人银行服务的根本原因。私人银行的服务增强了客户对××银行的满意度和依赖度,取得了良好的效果。

案例 *19*：用专业的服务体系和价值理念赢得私银客户

一、案例背景

客户王先生是南京一家连锁酒店的董事长，长期在南京经营自己的事业。经朋友介绍来到某银行上海分行办理汽车融资信贷业务，成为该行汽融信贷客户。

二、营销过程

私人银行客户经理方小姐为王先生办理了贷款还款卡业务。在刚和客户接触时，方小姐了解了客户的公司背景、经营状况和家庭情况等，同时结合客户的情况为其介绍了该银行私人银行和相关服务。王先生之前对私人银行的权益体系和理念有过初步了解，在方小姐的介绍下，愿意对该银行私人银行进行进一步的接触，并尝试接受私人银行的服务体系和价值理念。为了方便王先生的工作安排，方小姐专程从上海奔赴南京为客户开立了私人银行黑钻卡，便捷的开卡流程获得了王先生对专业服务的初步认可。王先生尝试性地转入1000万元资金。

三、解决方案

针对王先生过往投资经历，方小姐为王先生进行了资产配置回顾和规划，3个月后又邀请私人银行特邀海外首席投资顾问为王先生进行全球市场咨询分享和投资建议。王先生非常满意私人银行和方小姐的全球化视野和专业性。私人银行量身定制和贴心服务则更让客户感到惊喜：王先生一次出国安排公务，方小姐提前三天帮助客户安排好境外机场的接机工作，将王先生从境内到境外的行程安排得井井有条；在得知王先生有考虑移民的需求后，方小姐也利用私人银行外部资源来为王先生做了咨询，特别是移民后税务的安排让王先生十分感激，感叹以前从没有移民机构和他谈得那么专业。

除了个人投资理财，王先生还计划利用当前自身酒店的相对优势，将酒店的业务进行进一步拓展，但苦于平台有限，无法找到理想的合作方。在了解到王先生的这一需求之后，方小姐主动帮助王先生联系了该银行的相关部门，为王先生洽谈酒店与银行在"万里通"积分兑换合作和"一卡会"特约商户加盟的事宜。"万里通"积分兑换和"一卡会"特约商户加盟能够帮助王先生有效解决客户资源有限和加速现金回流，为王先生带来直接的经营改善和稳定的发展。

四、营销成果

王先生后续共计投入资金 3000 万元并承诺将该行私人银行作为投资的首选银行。

五、案例启示

私人银行带给客户的价值不仅仅是个人理财的收益，而是让客户在整体金融核心的理念上有了进一步的认同，从而对私人银行的感情进一步加深，增加了认同感。

六、案例点评

向客户传播私人银行的服务体系和价值理念，以丰富的专业素养并利用非金融服务，拉近客户与银行间的距离。

案例 *20*：超高净值客户营销

一、案例背景

王先生之前在青岛某公司担任董事长，占全部股份，公司于 2007 年和某外资企业合并组建一家新公司，客户将股份全部转让给新公司，约定转让款分期打至客户账户。

二、营销过程

客户最早在某银行存有定期存款，2014 年 3 月向银行提出 3500 万元流动资金需求，得到这个信息后，银行理财经理马上准备好存单质押手续，约好客户前来签字办理，并上报行领导给予客户最优惠的利率，当天就给客户放款，满足了客户紧急资金需求，客户对投资顾问的服务非常满意。

三、解决方案

2013 年 11 月，客户提出要提升信用卡额度，投资顾问向客户推荐了私人银行长城美国运通卡，并把额度提高到 500 万元，在行领导的积极推进下，本来需要一个月才能办理下来的卡，半个月时间就办好。美国运通卡本身的高端内涵以及高额度在青岛所有银行中也首屈一指，客户对投资顾问的产品以及服务表示非常满意。并相继为家属及儿子都办理了该行的白金信用卡，增强了客户整个家庭和该银行的黏度。

2014 年 1 月，借助定期存款差异化利率定价之机，又营销了客户 3000 万元 5 年定期存款，进一步稳定了客户存款，也为客户提高了利息收入，客户对银行的依赖度更深了。

四、营销成果

目前客户家庭合计资产在该银行达到人民币 1.2 亿元，其中，定期存款人民币 1.114 亿元，活期存款人民币 952 万元，美国运通信用卡一张，额度 500 万元，白金信用卡两张，月消费合计近百万元，累积办理存单质押贷款 8270 万元，且目前都已还清。

五、案例启示

针对高端客户的服务，以最快地反应满足客户需求是十分重要的，时效性的提高使客户有尊贵的感觉。

六、案例点评

在同业竞争严峻的今天，除了要以银行产品组合满足客户需求，营销过程中细节的把握同样十分重要。

案例 *21*：为高净值客户提供综合金融服务

一、案例背景

白先生系杭州某集团公司董事长，个人名下流动资金比较充足，有一定的产品配置需求。

二、营销过程

通过全行员工交叉营销的契机，投资顾问结识了该公司财务总监方女士。方女士对投资顾问的诚意和私人银行的金融服务比较满意，帮助投资顾问安排约见了白先生。

三、解决方案

1. 充分沟通，挖掘客户需求。

客户需要更加便利的银行服务、专属的产品配置及资深的客户经理为其管理个人账户信息。

2. 逐个击破，解决客户需求。

（1）为客户开通私人银行远程账户服务，大部分业务通过远程委托由私人银行客户经理为其处理，减少客户办理业务的时间，满足客户不需到银行也能很好地打理资产的需求。

（2）结合私人银行投资顾问团队研发产品的优势，为客户量身定制专属产品，满足客户短期、长期等不同期限的产品需求。

（3）由私人银行客户经理专职为其管理在银行的个人账户信息，并每月将其个人账户情况、资金交易流水及产品收益情况制作成详细的个人账单和客户进行对账及下阶段需求沟通。

（4）持续跟进，不断满足客户不同时期的业务需求。在了解到客户有出国移民的需求时，投资顾问整理不同国家的移民政策；在了解到客户公司有理财需求时，投资顾问通过公司联动、资源整合，为其全面制定对公司理财方案。

四、营销成果

客户对某银行私人银行专业能力和服务水平予以了高度的评价，陆续从他行转入资金，对该银行的忠诚度和贡献度不断提升。客户目前在该银行资产达 1.01 亿元。

五、案例启示

仅凭一个信息为切入点，最后达成一户超高净值客户，需要投资顾问对行内外各类信息和资源保持高度的敏感性，以扩大客户池目标和客户储备数量。

六、案例点评

客户维护是一个持续服务的过程，是一个不断发现需求、响应需求和解决需求的过程。

案例 *22*：把脉客户需求，真诚贴心服务

一、案例背景

客户张先生，1977 年出生，信奉基督教，教育程度仅初中文化，身体有先天性疾病。

客户家族从事粮食、大豆、玉米和饲料的加工及进出口贸易，企业年交易额约 12 亿元人民币。张先生属于典型的"富二代"。

客户个人名下房产有 16 套，其中 4 套别墅，均为一次性付全款购买。

截至 2011 年 7 月，客户与某银行的业务往来仅限公司业务，对零售业务不是很了解，缺乏认同。

二、营销过程

私人银行团队在了解了客户及其家族企业的基本情况后，多次上门拜访，从关系营销到业务营销，运用扎实的银行零售业务功底和灵活的营销技巧，对客户的个人资金情况、风险偏好、增值服务需求、子女教育、消费习惯等有了详细的了解，经过认真分析，确定了客户张先生的主要营销切入点：

1. 客户绝大部分房产均为一次性付款，占用了大量资金；

2. 客户风险承受能力低，属于保守型客户，对股票基金、PE 投资等有一定的抵触；

3. 客户仅初中文化，子女多，对子女的教育问题非常关注，但比较迷茫，缺乏规划；

4. 客户因有先天性疾病且体质偏弱，家里小孩较多，也常常生病，家庭有明确的医疗需求。

三、解决方案

通过对某银行业务优劣势的分析，结合客户的风险偏好、家庭结构、资金需求等，私人银行团队对客户开展了分阶段营销：

1. 从打新股切入，营销客户开立私人银行账户并开通三方业务。2012年该行打新业务推出"打新专家"短信服务，由专业人士提供打新资讯及操作建议，因对打新顺序和买卖时点的判断准确，在同业获得良好的口碑。同时推出的预约转账功能，操作简便，提高了客户回流资金的收益。鉴于打新业务的较低风险及某银行在该业务领域的优势，客户欣然接受了配置建议，从行外调入2000万元资金，开立了客户本人及家人的私人银行账户并开通了网上银行和第三方存管业务。2012年客户通过打新业务盈利400余万元，对于私人银行零售服务的认可度提升。

2. 推荐个人经营性贷款和存贷宝业务。张先生因业务发展临时资金周转遇到困难，私人银行团队建议客户以名下十余处房产进行抵押，办理个人经营性贷款，并为其提供了优惠利率报价。因客户公司属贸易型企业，资金进出频繁，为降低贷款成本，该行为客户办理了存贷宝业务，并建议客户将其华东片区七个团队的资金统一归集至该账户集中管理，提高资金运作效率。客户对银行提供的现金管理服务非常满意。

3. 综合服务，交叉营销。

（1）子女教育规划。张先生有多个子女，本人仅初中文化，对于子女教育非常关注但没有规划。私人银行团队以此为切入点展开关系营销，帮助客户小孩进入了当地最好的幼儿园，又借助银行组织的"英国游学夏令营"活动，鼓励客户的两个大女儿参加，游学活动给两个小孩留下非常美好的印象。以此为契机，向客户成功推介了银行出国金融服务。

（2）健康医疗服务。因客户有先天性疾病，体质偏弱，小孩多，经常生病，银行服务团队向其提供了私人银行客户专属的健康养生增值服务，预约就诊、家庭体检等都使客户感受到银行的贴心服务。

（3）高端信用卡。客户有刷卡大额消费习惯，为成为客户的负债业务主办银行，服务团队认真分析了客户的商务需求、兴趣爱好与银行信用卡服务的契合点，并以此为切入点成功营销客户办理了高端钻石信用卡。

四、营销成果

张先生在银行的管理资产已达 5000 万元，持有银行多个产品，业务往来密切，经常使用银行增值服务，该行已成为客户个人业务的主办银行。

五、案例启示

客户营销贵在细心和坚持。了解客户、发现问题、解决问题，并持之以恒关心客户需求。

六、案例点评

把客户当成朋友，运用专业的业务功底和灵活的营销技巧，发现客户需求，从关系营销、业务营销到交叉营销，满足客户综合化服务需求是本案例的成功之处。

案例 *23*：综合金融、专业团队，助力客户发展

一、客户背景

客户李先生经营垂直电商领域，在该领域较为知名。有5位核心的员工，500多位普通员工。年销售额30亿元人民币，平台拥有8000万名用户。通过合作伙伴的介绍，联系到某私人银行。

二、营销过程

在与李先生业务洽谈前，该行客户经理进行了充分的需求分析。初次洽谈时，除了私人银行团队，还邀请了公司部、网络金融部专家参与；洽谈后期还邀请了合作会计师事务所会计师、律师一起参与方案的探讨。通过需求分析和方案讨论，了解到客户需求如下：

创始人及核心合伙人的全球资产配置。创始人及核心合伙人个人及家庭有较多美元资产，均有潜在的移民需求。

1. 企业在高速成长期，需要介入银行为其提供合规、高效的资金管理方案。

2. 需要借用集团的支付通道，以便于强化其支付业务的多元性，保证业务的畅通进行。

3. 为电商平台客户提供留存资金管理的产品，帮助提高平台黏合度。

4. 平台应收账款贷款、商户授信业务。

在了解客户的需求以后，客户经理召集了多个团队就提供分层解决

方案进行深入探讨，包括合规性、业务技术可行性、综合化解决方案等。

　　团队一：以私人银行分中心投资顾问为中心，探讨如何为客户提供美元的解决方案。并邀请了合作的移民顾问，探讨如何帮助客户了解先行的移民政策，提出移民解决方案。并由投资顾问和移民顾问共同探讨合理、合法的资金安排建议；同时，将联合境外专家顾问团，探讨如何为客户企业在境外上市前实现员工持股架构和上市前信托架构。

　　团队二：以公司业务部、网络金融部为中心，探讨如何为客户提供技术支持、帮助客户完成交易资金鉴证、监管服务；并在完成上述账户系统架构后，如何实现平台用户留存资金增值管理、平台商户应收账款授信业务系统构建等。

　　团队三：以私人银行渠道部为中心，协调不同子公司的资源，探讨如何跨部门、跨子公司合作，充分利用好集团资源，实现综合金融服务。

　　团队四：以产品研发为中心，探讨如何为此类平台提供适合平台销售的产品线；为企业核心管理层、创始人团队提供适合的财富管理及保障产品线；如何为这类群体定制专享的产品及服务。

三、解决方案

　　针对客户多纬度、多元化的需求，我们协同各团队多次与客户沟通后，协调整个集团有关资源，为客户提供如下解决方案：

　　团队一：以私人银行分中心投资顾问为核心，为客户提供美元固定收益产品，解决一部分美元资产配置。与此同时，分享了海外投资策略，为客户提供一些咨询。并邀请合作的移民顾问为客户解读了澳洲、欧洲、中国香港、新加坡、圣基茨和尼维斯等岛国的移民政策，回答了客户关于不同国家利弊分析、税收披露、法律等差异等问题。随着客户上市预期的推进，协助客户完成员工持股架构和上市前信托架构。

　　团队二：以公司业务部、网络金融部为核心，为客户提供交易资金鉴证、监管账户体系服务。通过一个月的开发、技术联调成功上线，为客户平台增信并帮助合规监管资金闭环使用；在完成上述账户系统架构后，为平台用户开发了留存资金增值管理产品，也在一个月内完成开发、上线，并在不断优化中，获得了客户的高度认同。目前尚在构建平台商户应收账款授信业务系统、并商讨扩大未来产品线供应。

团队三：以私人银行渠道部为核心，根据客户需要，为其提供了积分管理导流平台，协助客户与子公司万里通的谈判、签约和深度合作；根据客户需要，为客户公司 500 名员工提供保障方案询价和方案整合；为客户提供财产险保障的询价和方案探讨。

团队四：以产品研发为核心，探讨如何为此类客户提供专属方案。

四、营销成果

通过与该企业近一年的合作，目前已经为集团实现如下绩效：

1. 私人银行高净值潜在客户 8 位；管理资产规模 1000 万美元；人民币 3000 万元；营业收入 200 万元人民币；

2. 该企业为银行带来：6 亿元存款；近 2 亿元理财规模；近 10000 名平台用户导流成为××一账通用户；营业收入：近 1000 万元人民币；

预期 2014 年将为集团增加：

1. 私人银行管理资产：500 万美元；新增 MGM（客户转介绍）：5 人；

2. 该企业为银行新增：10 亿元存款；近 8 亿元理财规模；近 1000000 名平台用户导流成为"××一账通用户"；

3. 万里通导流业务规模：1000 万元导流规模，实现收益 150 万元人民币。

五、案例启示

通过这个案例，可以得到以下启示：

1. 专业素养的重要性

某银行为客户提供的产品与其同业银行的产品相比不相上下，但依据更为合规的经营、全面的方案设计赢得客户的尊重和信赖。其更加细化的团队分工、快速高效的响应均获得客户的高度认同，客户最终选择某银行，并成为重要的战略合作伙伴。

2. 团队合作的必要性

客户需求往往是多纬度、多元化的。该行组建多个专业团队，分工内外职能、术业有专攻，帮劲客户在各个层面获得专业团队的服务。并且，面对客户的不是单一的个人、也不是单一的外勤，各种背景、职级、内外勤兼具的团队，让客户更有信赖感。

3. 综合金融的价值

客户需求的多元化，也正是体现某银行优势的地方。该行充分利用集团的优势资源，相互合作，共同服务客户。让客户感受更好，并且对银行的平台更信任。

六、案例点评

私人银行业务有几点可以从这个成功的营销案例去借鉴和开展：

1. 建立各子公司、跨子公司之间营销联动机制

银行内部可成立由个人业务、公司业务等部门，各跨子公司之间组成的联动工作小组，健全常态化的业务协同联动机制，加强在客户、产品和服务渠道等方面的资源共享，在集团内部形成拓展高端客户的合力，努力为高端客户打造一站式、集成化综合服务方案，满足高端客户多元化综合产品、服务需求。

2. 打造专业的综合金融服务平台，实现公私联动

通过了解并协助解决客户的公司需求，反哺私人银行业务发展。通过与公司部合作，了解企业发展情况，了解客户高层管理人员及核心股东，核心群体的资金来源，逼过业务合作获得这些群体的信任。

通过私人银行的境内外综合金融平台，丰富产品线，帮助客户全面、综合配置，配合企业长期发展，调整客户个人、家庭资产配置。

案例 24：以综合财富规划，全面服务客户

一、案例背景

客户严先生，系某大型环保企业董事长，早年从事环保领域的科研工作，拥有几十项国内外发明专利、实用新型专利等。最近新投资了几家上下游公司，公司规模不断扩大。严先生有一个女儿，目前在英国留学。

二、营销过程

某银行得知严先生已将母公司 60% ～ 70% 的股份出售，获得的资金总额约 5 亿元。私人银行营销团队多次与客户沟通了解客户需求，得知严先生这笔资金未来将陆续用于新投资的上下游子公司经营运行，但未投入前他想对这笔资金进行投资，在保证本金安全的前提下获得一定的收益。

三、解决方案

针对严先生的需求，银行决定首先为客户制作一份综合财富规划方案。私人银行三级服务团队迅速响应，在了解了严先生及其企业的基本情况后，确定其符合"新兴企业主"特征，便以综合财富规划方案中的相应模板为雏形，紧密对接客户财富保值增值的需求，制定了全方位的

金融方案：

1. 资产配置建议：为了满足严先生短期内资金保本需求，服务团队建议将大部分资金配置于某银行为顶级客户量身定制的保本类理财产品中，同时为了提高产品收益，服务团队又建议将剩余的小部分资金投资于优质信誉企业的融资项目。这样既满足了客户保值需求，又保证了一定的收益。

2. 顾问服务建议：服务团队又结合目前私人银行专享顾问服务体系，紧密对接严先生的需求，了解到严先生的女儿在英国留学，财富顾问特别在方案中加入了该行跨境金融服务的内容，除了留学服务以外，跨境投资置业相关的服务也引起了严先生极大的兴趣。另外，针对严先生目前企业股权结构复杂的情况，财富顾问又在方案中专门添加了上市公司股东服务，获得客户高度认可。

四、营销成果

通过一份翔实专业的综合财富规划建议书，迅速拉近了财富顾问与严先生的距离，他不仅对其稳健专业的投资建议表示认同，也对某银行全面丰富的服务内容感到赞叹。严先生根据财富顾问的建议，将5亿元资金陆续转入该行配置了产品，并表示其后续收入到账后也由该行代为打理。同时，该行也成为了客户新投资的上下游子公司对公业务的结算行。

五、案例启示

1. 以客户需求为导向。总分支行三级团队在面见客户之前，对客户需求进行了非常翔实的摸底，在摸底基础上研究制作方案。

2. 以顾问咨询为驱动。积极开展综合财富规划方案服务对接客户需求，通过方案促营销是私人银行顾问驱动式服务的一个特点。

3. 以团队合作为保障。客户维护工作不能仅仅依靠财富顾问的单打独斗，"1 + 1 + N"三级维护团队的良好沟通是前提，团队协作是保障。

六、案例点评

抓住每一次和客户沟通的机会了解客户需求，并以综合财富顾问方案服务为切入点，加之三级团队紧密结合，最终成功完成客户资金落地。从简单资产配置到全方位的金融方案服务，充分体现私人银行服务专业性。

案例 *25*：多角度财富管理，逐步赢得客户信任

一、案例背景

客户王先生及其太太均是私人银行客户，王先生是上海某房地产公司董事总经理，5 年前客户在私人银行的帮助下联系香港中银国际，为其全家办理了香港 CIES 投资移民，再有两年将可拿到香港永久居民身份证。

目前，王先生共有 4 个子女，除一幼女之外，其余三个子女均已成年，受过良好教育，客户在资产传承上有了更为强烈的需求，同时，客户在香港配置 4200 万元地产，希望参与其他形式海外资产的配置。

二、营销过程

五年前，客户要求办理海外移民，私人银行客户经理小杨及时向客户推荐香港中银国际，为其办理了 CIES 投资移民。近年来，客户在香港陆续购买了几千万元港币房产，他希望能在海外进行其他金融投资。

小杨与客户进行了沟通交流，针对其需求提出建议，可利用海外贷款利率较低的优势，将海外房产抵押贷款，资金盘活进行投资。经过一番斟酌对比之后，小杨向客户推荐了中银香港办理贷款，并全程服务为客户办理相关业务手续，并与中银香港跟进审批进程。

三、解决方案

1. 贴合客户家庭成长，提供海外信托服务

客户子女均已成年，受过良好的教育，客户在资产传承、风险规避上需求日益凸显。小杨帮助其了解海外保险、家族信托等产品等的知识，并推荐客户子女报名参加境外家族资产传承培训班。目前，客户已明确考虑尝试海外保险和家族信托。

2. 建立良好客户关系，获取客户资源推荐

客户成年女儿创建了一个企业家二代的非官方组织，汇集沪上高净值客户子女。小杨通过与客户子女的良好关系，邀请其成员参与私人银行专属的各种高品质活动和对其成员创业有帮助的信息交流会，如邀请自贸区政府高管、自贸区分行领导等与其交流，促成个人业务或公司业务的交叉营销。

四、营销成果

1. 该客户由 5 年前在上海分行几百万元存款，发展到几千万元金融资产，且目前保持在日均几千万元金融资产。

2. 在中银香港新增贷款港币几千万元。

3. 新开拓搭建高端客户平台，为客户经理在"财富子女传承二代"圈子营销提供了人脉资源和客户储备。

五、案例启示

1. 关注客户在不同阶段的需求，通过敏锐地了解并利用专业知识切实满足客户在不同时期的需求。

2. 专业的财富管理，能够满足客户本身乃至其家庭的金融需求。

3. 与客户建立良好的信赖关系，才能获取客户背后的人脉资源。

案例 *26*：多角依托专业咨询能力
打造投融一体方案

一、案例背景

广东高净值客户王小姐，经营一家黄金首饰加工销售企业，每年对实物黄金消耗需求较大。为了尽量降低市场波动风险，她的企业通常严格将黄金存货控制在 1 吨以内。进入 2013 年后，国际黄金价格经历了一轮触目惊心的下跌，当金价跌破 1500 美元的那一刻，王小姐凭经验判断，黄金阶段性熊市已经到来。

二、营销过程

基于对黄金熊市的判断，王小姐决定为企业锁定黄金价格下行风险。她随即向某银行私人银行财富顾问进行咨询，双方进行了深入探讨。

根据其公司现有服务，可以为王小姐提供黄金租赁服务，即王小姐先可向某银行租入实物黄金，满足企业日常生产所需，待租赁期满后，再以实物方式进行归还。如果黄金的确进入下行通道，这一服务还将为王小姐带来额外的价差收益。但黄金租赁业务需要王小姐提供质押品。

三、解决方案

根据上述思路，私人银行财富顾问认为以较好收益的理财产品作为黄金租赁质押是王小姐的首选方案，因此为王小姐定制了一项专业的综合金融解决方案：

第一步，根据王小姐现金流回流情况，每周归集资金2500万元，向总行私人银行部对应申请单笔规模为2500万元的全权委托专户，连续9期，总规模合计为2.25亿元。该专户产品可以灵活设定产品期限，募集期能与企业现金流进行无缝匹配，并且投资收益较定存利率有更大优势。

第二步，每期专户产品成立后，立刻在系统中联机冻结完成质押，并申请实物黄金租赁。根据全权委托专户产品报价的原则，同时结合王小姐的实际收益预期及同期法人理财产品的收益情况，总行私人银行部最终确定并给她一个非常令其满意的投资报价。

四、营销成果

相比普通理财产品期限结构缺乏灵活性来说，该银行私人银行部的全权委托专户理财产品具有收益率较高、流动性较强，且能根据客户个性化需求自主决定产品期限的特征，这自然成为王小姐质押融资的首选。因此，该方案获得了王小姐的高度认同，很快确认操作，专户产品已成立并顺利完成质押。王小姐受益良多，在越来越多的领域咨询私人银行的专业意见，双方合作日益深化。

五、案例启示

这是为客户提供专业咨询服务的典型案例。私人银行利用自身的专业能力，从客户个性化需求出发，充分发挥一站式综合性的优势与能力，为客户提供专业化投融资方案，实现了客户利益的最大化。

六、案例点评

高度的专业化，是私人银行服务与普通商业银行服务的重要区别。在此案例中，在客户遇到重大波动风险的时候，财富顾问积极为客户提供专业咨询，制定投融资服务方案，既维护了客户的切身利益，也为自身赢得肯定，值得国内私人银行借鉴。

第三篇
创新型资产管理服务篇

案例 *27*：以全权委托资产管理，实现私银专属配置服务

一、案例背景

张先生是某知名企业的董事长，公司业务涉及医疗、精密仪器等诸多领域。拥有 2 亿元闲置资金，普通的私人银行产品和服务都难以完全满足张先生的要求，迫切想通过私人银行服务获得完美财富管理体验。

二、营销过程

私人银行对张先生的需求进行了深入探讨研究，认为可通过专属资产管理服务满足其需求。在与张先生就专户的设计理念、投资策略、具体投资组合和产品特性进行充分沟通后达成共识，私人银行为张先生定制了全权委托资产管理专户，实行"一对一"管理，提供效高质优的资产管理服务。

三、解决方案

某私人银行全权委托资产管理专户包括如下特点：

1. 双顾问配置，信息对称。私人银行为张先生配置了分行财富顾问、投资顾问以及总行投资经理，其中财富顾问负责定期向客户提供资产报告；投资顾问（投资经理）定期为客户提供市场情况，与客户充分沟通，确定投资策略，让客户充分知晓专户资金投资了哪些底层投资品，投资

品的权重比例，以及各种投资品的实时表现，并根据市场变化主动调整资产组合，获取市场机会。

2. 单独建账，一户一策。根据张先生的情况，投资经理在投资策略安排上，以稳健投资为理念，通过对宏观经济的研究确定大类资产配置比例，以债券、存款等固定收益投资为主，在权益市场投资机会良好时择时配置部分权益类资产，采取久期策略和信用策略来获取稳定收益，对投资组合进行动态管理。在专户设置策略上，安排了起点规模为 2 亿元，可每日申购、每月赎回的净值型理财结构的专户。

3. 收益稳健，流动性保障。专户强调满足客户的个性化需求，并根据客户需求提供流动性价值。

四、营销成果

私人银行全权委托资产管理专户为张先生提供了良好的收益性和流动性，获得了张先生的高度认可。

2014 年 6 月，市场资金面出现超乎预期的紧张局面，各期限利率创年内新高。投资经理及时与张先生沟通，希望为其调整投资品仓位，大比例投资市场短期货币型高收益投资品，以提高专户收益。果然，专户净值随后出现快速增长，区间收益率远高于基准，大大超过了张先生的预期。张先生深刻感受到私人银行准确把握市场机会，灵活调节投资组合的能力，高度认可专户业务主动管理资产的服务模式。

2014 年 7 月，张先生刚签下一个新项目，需要在一周内投入 5000 万元，此时离产品赎回开放期还有 15 天，需要提前赎回一些资金救急。私人银行部马上启动专户客户流动性管理特别通道，做了相应的交易准备和流动性安排，第四天就将 5000 万元资金转入张先生账户，客户顺利获得了新项目的投资机会，他欣喜地表示："这次我算是明白了，流动性也是有价值的！

五、案例启示

有独特的投资理念和投资需求的超高净值私人银行客户，一般理财产品难以满足其个性化的要求。私人银行为其提供个性化、专业化、综合化、专享化的高端业务是区别于普通商业银行服务的重要特征。

六、案例点评

针对私人银行客户，能否提供专属资产管理服务，能否全方位满足客户个性化需求，将成为吸引客户和维护客户的重要手段，也将成为私人银行打造差异化服务和专业化能力的重要手段。

案例 *28*：抓住客户核心需求，提供专属定制产品

一、案例背景

客户鲁先生，45 岁，个人资产大部分为固定资产，在上海、杭州及浙江等地持有房产超过 10 处，其金融资产占总资产规模仅 10%。客户长期在异地工作，希望银行能提供更便捷私密的服务，但对网上银行、手机银行等电子渠道服务方式的安全性有所质疑。客户涉足商业地产已逾十多年，主营建材商贸城，企业固定资产价值相当高，其自有资产 1000 多亩地位于上海，一期建材家具商贸城已运营 6~7 年，二期项目也已开始运作，目前，企业经营负债较少，运营正常，正在考虑海外上市以及中小板上市的可行性。

鲁先生育有一子一女，女儿在新加坡留学已归国，儿子高中二年级在读。

二、营销过程

鲁先生因一位合作多年的理财经理而与某银行结缘，该行高收益流动性理财产品深得客户青睐，不时转入大额资金购买，但是客户与房屋行的关系并不稳固，同时在各家金融机构之间比较产品价格，到期资金转走意向强烈。

三、解决方案

针对这种情况，银行精心设计了短期客户资金挽留攻坚战，同时提供人文关怀的特色服务。

1. 尊享"私人订制"服务留"钱"

客户长年在上海经商，因家人定居于杭州，每月来往杭州。客户资金进出较大，尚未体验过任何一家银行的网上银行和手机银行服务，正是客户这种便捷性和安全性的要求，以及对类资产管理全权委托的潜在需求成为成功营销的关键点和突破口。

在理财经理的穿针引线下，私人银行分部财富顾问与客户面谈，向其介绍了私人银行专属投资账户服务的六大价值亮点，特别强调了方便快捷的特色，投资交易服务都可通过上门或远程服务模式进行，银行强大的后台系统和严谨的交易流程控制体系可确保安全、迅速地完成资金交易指令。同时，私人银行专业化投资管理团队，能帮助客户全面分析国内外的经济情况和未来走势，随时把握全球资本市场的投资机会。客户非常认可专属投资账户方便快捷的交易模式和资产配置的理念。在总分行高效配合下，短短6个工作日，就完成了从产品报价，到专属投资账户的开立，完成投资交易下单的整个过程，赢得了客户资金的留存。

2. 特色私人银行服务留"心"

历时半年多的人文关怀服务体现了私人银行"传承的不只是财富"的服务理念，对于鲁先生的企业上市构想，财富顾问为其联系了行业内顶尖第三方离岸咨询机构提供境外上市方案策划，评估在境外上市风险性和可行性的等顾问咨询服务；对于鲁先生正读高中准备出国的儿子，私人银行邀请他参加"未来精英出国预备班主题活动"，通过与美国前常青藤名校招生官的面对面沟通，对其未来大学的选择和申请给予指导；通过精心定制的课程帮助孩子培养应对未来海外留学生活的健康价值观、心理素质和社交能力；通过资深教育专家对境外贵族公学教学体系的特色和入学流程的介绍，为孩子提供更多的教育选择。

四、营销成果

客户在××私人银行的金融资产总额超过 5000 万元，私人银行专属投资账户资产配置的服务理念和远程服务的模式得到客户的认可。对于出国留学服务方面客户也表现出了相当的兴趣，目前正在与私人银行推荐的海外留学机构洽谈儿子申请美国大学的具体事项。

五、案例启示

一场总分行联动的"私人订制"留住的不仅仅是客户的一笔资金，更是私人银行具有核心竞争力市场价值的一种体现。在时间上，争分夺秒，用时短；在产品上，精心协作，特色强；在服务上，多方联动，价值高。

六、案例点评

本案例成功的关键主要有以下几点：

首先，抓住了客户的核心需求，收益性与保守性兼备、安全性与便捷性兼备。以专属投资账户的远程交易模式解决客户的需求，创造了便捷和安全的业务操作方式，以定制化理财在提供较高收益的同时最大化提高客户资金使用效率。

其次，以大类资产配置的理念降低客户对单个产品收益的敏感度，以高附加值的资产管理服务吸引客户，降低客户对单个产品收益的敏感度，更加关注平衡整个资产组合的投资风险与合理的预期回报。

最后，以顾问咨询服务满足客户在企业发展、子女教育等多方面的需求，提高客户的粘性。

案例 *29*：创新资产管理业务，实现私人银行价值

一、案例背景

李先生，某银行私人银行十几年的老客户，早期做煤炭、铁矿生意发家，这几年能源价格大幅下跌，开始转做小贷公司。因为长年合作关系，李先生在某银行的可投资资产达亿元以上，资产配置以定制理财产品、类固定收益产品为主。李先生平常经常忙于企业管理，对于客户经理推介的产品更多时候都是通过网上银行购买，并且还会因忙于事业而出现个人资金未能及时打理、产生闲置成本的问题。

二、营销过程

2014 年，该行面向机构投资者和高净值私人银行客户推出了受托资产管理业务。客户经理想到李先生的个人情况，加之李先生作为老客户十分认可某银行的资产管理能力、客户经理也熟悉李先生的风险偏好。综合权衡之下，客户经理认为李先生应该是受托资产管理业务的理想客户。便对其进行了营销推荐，并在分行产品经理的协助下，结合李先生风险收益偏好、流动性需求，为他制定了专属的受托资产管理方案。

三、解决方案

经过多次沟通，最终李先生决定先将 5000 万元的资产放入专户试运

行一年，并希望收益率高于同期限稳健型私人银行理财产品。银行与李先生拟定了委托投资协议，协议中，约定了专户不得投资保险产品、私募基金类产品，现金类产品不得低于10%，权益类投资不得高于40%等投资范围。同时，也约定了基准收益率及管理费、业绩分成等费率。

第一次全权委托，李先生还有很多担心，比如银行如何进行投资的动态管理、信息披露、追加或者赎回资金的安排等。面对这些问题，双方进行了多轮磋商，在兼顾收益和流动性的前提下，最终给出了满意的方案。

关于信息披露，受托资产管理账户会比照公募基金净值化的信息披露要求，定期生成产品的资产负债表、损益表和现金流量表等。并且每个月向投资者披露投资运作报告。报告的内容包括当期宏观经济的情况、市场的变化，资产配置明细、账户的业绩表现等内容。

四、营销成果

目前，李先生这笔受托资产管理业务已运作两个多月，李先生对于运作情况非常满意，并已经在考虑设立家族信托。已有多家机构与该行签署受托资产管理协议。2014年，该行计划受托资产管理业务规模超过1000亿元，该行理财成为多纬、多口、专业的资产管理服务提供商与中长期机构投资者。

五、案例启示

将合适的产品推荐给合适的人，才能事半功倍。在该案例中，客户经理有效地捕捉到了李先生无暇打理个人资产的特征，并很好地运用了他对于银行理财品牌的认可，向其进行相关业务推介。所以才能在短时间内将创新型的业务推向市场，与客户达成合作。

六、案例点评

国内私人银行业务发展已经历了七年的摸索实践，已经实现了客户数量、管理资产规模的快速增长。业界对于私人银行的业务定位、经营模式、服务体系等方面的认识日趋成熟。但是，当下私人银行业务还是存在同质化较为严重、差异化不够突出的问题。因此，私人银行客户的营销，一方面需要发挥客户经理、投资顾问的专长，另一方面也要依靠相关业务部门不断创新，满足并引领客户的需求，实现私人银行的价值。

案例 *30*：私人银行客户公私一体化资产规划

一、案例背景

李先生为企业主，40 岁，从事化工行业，公司每年营业额 1 亿元，净利润 3000 万元，每年公司分红 100 万元，同时李先生因担任公司高管，每月收入 5 万元。太太王女士为职业家庭主妇，无收入来源。夫妻育有一子，5 岁。李先生早年一直经商，家庭总资产达到 3000 万元以上，家庭生活开销如下：每月基本生活费用达 3 万元，同时孝敬双方父母 5000 元、娱乐项目 4000 元、医疗费用 1000 元、子女教育费用 5000 元。

二、营销过程

根据李先生的情况，某银行私人银行财富顾问与李先生沟通，了解具体诉求：

1. 职业规划诉求。希望再干 10 年就退休，只做企业股东，不再担任职业经理人职务。

2. 融资诉求。因自身做实业，因此希望自身资产的流动性高，以便应对公司经营的不时之需，并且公司未来有上市规划。

3. 投资诉求。希望资产能满足基本生活即可，没有投资概念。

4. 李先生的健康诉求。希望能够每年接受体检一次，并且降低得重大疾病的概率，且期望家庭不会因为疾病而影响基本生活品质。

5. 教育诉求。希望在 15 年后将小孩送到国外读大学。

6. 风险偏好。客户属积极稳健型，短期风险不能超过本金的 20%，至少 30% 的资产保持一个月的流动性。

7. 客户资产情况分析如下：

李先生资产情况表

项目	价值（万元）	占比
一、流动资产	700	8.5%
现金及银行存款	300	3.7%
股票	100	1.2%
信托	300	3.6%
二、固定资产	7500	91.5%
长期股权投资	6000	73%
房产（自住）	1000	12%
厂房（给公司用）	500	6%
合计	8200	100%

分析上表可知，李先生固定资产配置较高，占到总资产的 91.5%，这部分资产基本是难以短期产生现金流的；流动资产里高风险投资占比为 4.8%。由此可见，李先生家庭抵御风险的能力很差；保障性资产占比偏低，只有总资产的 3.7%；资产变现能力差，一旦公司或者个人出现资金短缺情况，将难以通过变现资产获得急缺资金。

三、解决方案

1. 整体方案配置

私人银行财富顾问针对李先生的资产情况，结合其诉求，提出了整体规划方案，分为三个方面：

（1）实业资产配置

李先生目前持有一家化工企业 100% 的股权，此企业为生产型企业，因销售方式主要为渠道销售，且终端代理商的客户把持能力较强，李先生企业议价能力较差，导致企业毛利率偏低。李先生以个人名义购买了厂房并免费租给公司使用，公司打算 3 年内上市。因此，财富顾问对实业资产配置提出三方面的建议：

① 公司资产与个人资产做风险隔离

李先生以个人资金购置厂房，并免费给公司使用，导致该资产对于李先生而言收益率为零，且由于不是公司资产，其累计不能计入公司所得税抵扣项。因此，建议李先生用厂房对其公司进行增资，计入公司股东资产，不发生现金转移，但每年厂房计提的累计折旧，可为公司抵扣约10万元的税务。

② 通过收购方式，整合下游代理商系统

因下游发展对李先生企业未来发展至关重要，因此应该加大对下游的价格控制实力，通过现金收购、股权收购、杠杆收购等方式将下游代理商纳入其整体业务板块并进行重组整合。

③ 开始上市前准备工作

因目前A股市场将逐步由核准制向注册制转变，"新三板"未来转板功能势在必行。"新三板"目前对企业的要求较低，李先生企业完全符合"新三板"的挂牌要求，且费用、等待时间较直接上市低很多，所以可以考虑先在"新三板"挂牌、定向融资，待时机成熟后，再逐步向中小板转板。这样既开启了李先生公司直接融资的渠道，又节约了时间，节省了成本。

（2）金融资产配置

李先生金融资产结构较为单一，缺乏长期资产，且高风险资产配置较多，因此调整配置思路分为以下几方面：

① 满足教育需求，专项投入教育储备；

② 满足养老、健康需求，增加长期保障性金融资产；

③ 满足资金周转需求，将大额活期存款转变为可质押保本理财产品。

存量资金调整配置方案对比：

配置前：

项目	金额（万元）	占比
现金及银行存款	300	42.86%
股票	100	14.28%
信托	300	42.86%
流动资产合计	700	100.00%

配置后：

项目		金额（万元）	占比
一、流动金融资产	现金	30	4.29%
	银行保本理财产品	100	14.28%
	股票	50	7.14%
	信托	300	42.86%
	小计	480	68.57%
二、长期金融资产	长期定期存单（父母专项养老医疗保障金）	70	10.00%
	基金（专项教育储备）	50	7.14%
	国债	50	7.14%
	保险	50	7.14%
	小计	220	31.43%
合计		700	100%

由上表可见，同样是 700 万元的存量金融资产，通过整体配置后，既满足了资金灵活性安排要求、提高了李先生资产收益率，又满足了李先生家庭整体的规划诉求，做到长短兼顾。

2. 细化配置

（1）存款及银行理财产品规划

从投资结构来看，李先生留存存款只需应对 6 个月的家庭开支即可，由此算出需留存约 30 万元。这部分活期存款可以购买银行的每日结算的保本理财，相等于现金，但收益是活期存款的 4 ~ 5 倍。

同时为应对公司方面随时有大额资金周转的需求，需保证其个人账户上有一定的流动资金。通过与李先生沟通，认为 100 万元的流动资金足以应对公司紧急资金需求，因此，财富顾问推荐李先生将 100 万元的资金购买银行可质押的保本理财产品，期限为一年，年化收益率 6% 左右，如果碰到短期资金周转，李先生可以用该保本理财产品进行贷款，随借随还，利息按天计算。既保障了李先生流动资金的高收益，又解决了其资金周转需求。

因为李先生不是专业投资者，对股市也甚少涉猎，因此财富顾问建议他压缩在股市方面的投资，只投入总流动资产的 7% 左右，约为 50 万元的资金，作为平时的盘感练习资金，待熟悉投资节奏形成自身比较专业的投资方式后，可再考虑逐步加仓。

信托作为流动资产中固定收益类的产品，是流动资产配置中较为不错的品种，但信托风险主要来源自其挂钩项目的运营风险，鉴于目前市场上以房地产、矿业等为主流的信托产品，近期面临较大的系统性风险，因此财富顾问建议李先生，在本期信托完结再投信托产品时，应尽量规避房地产、矿业等行业。

（2）教育规划

教育费用无法推迟，也无法更改，建议尽早规划并预算充足。教育金是最近首要考虑的理财目标，15 年后到国外留学的费用大概需要 100 万元，如果投入 50 万元，年化收益率达 5% 的产品就可以保证此笔费用，目前通过定投基金基本可以达到前述收益率。

（3）父母医疗费用规划

对于李先生父母四人的医疗费用规划，因家里老人均为购买社保，无退休资金，因而李先生需为父母储备一笔医疗费用基金，这部分资金预期在 10 年后使用，按照每个老人医疗资金约 55 万元计算，10 年后大约需要 110 万元的医疗费用，按 5 年期定期存款利率计算，该笔资金折现到目前金额约为 70 万元。因该笔资金具有保障性的要求，所以对于其本金及收益都必须是确定及保障的。可以通过做 2 笔 5 年期的存单来实现。

（4）养老规划

李先生自己做生意，为自己购买了最基本的社保，妻子无社保，这些保障还不充足，不能帮助家庭应对各种突发事件。

因此李先生可考虑将妻子形式上纳为公司员工，并通过公司为妻子缴纳社保。同时为家庭成员配置意外保险、重大疾病保险、养老保险，以及适用于贷款的高现金价值保险。

因保险具有的避债避税功能，因此购买充足的保险，能有效帮助李先生隔离因公司经营失败带来的破产风险。李先生距离退休仍有约 10 年时间，因此可以在存量投入的基础上，通过定期定投国债及保险来实现未来养老规划。

根据上述方案配置，李先生的预计加权平均综合收益率约为 7.87%。

相比起没有资产配置前的收益率7.45％，不仅提升了42BP，且兼顾了李先生长期、短期的资产规划需求。

李先生资产配置方案

项　　目		金额（万元）	占比	预期收益率	加权预期收益率
流动金融资产	现金	30	4.29%	3%	0.12%
	银行保本理财产品	100	14.28%	5%	0.71%
	股票	50	7.14%	20%	1.43%
	信托	300	42.86%	10%	4.29%
长期金融资产	长期定期存单（父母专项养老医疗保障金）	70	10.00%	4.25%	0.43%
	基金（专项教育储备）	50	7.14%	5%	0.36%
	国债	50	7.14%	5%	0.36%
	保险	50	7.14%	2.50%	0.18%
合　计		700	100%	54.75%	7.87%

3. 健康投资

私人银行提供私人医生的增值服务，可让李先生全家免费享用一年。同时李先生因注重家庭健康的投入，根据私人医生提出的健康生活方案，通过定期运动健身、注重饮食调理、适当补充营养食品、定期体检等方式，内调外养，全面保障自身及家人的健康，预防疾病。对于健康投资的投资收益率是比较高的，毕竟再多的财富也需要健康的身体，才能有品质地享用。

四、营销成果

上述方案，在征得李先生同意后，将交由私人银行强大的投资研究团队进行具体产品的甄选及实际操盘。李先生将700万元存量资金做成一个银行专项信托计划，由银行作为信托计划的托管人，进行实际的操盘及配置，以达成整体方案目标的预期预计加权平均综合收益率。

五、案例启示

私人银行财富顾问在全面了解客户在职业规划、投融资、健康、教育等多方需求的同时，根据客户风险偏好，及时提出了资产规划方案，有效将客户公司资产与个人资产风险隔离，并为公司抵扣十几万元税款，并满足了客户教育储备、养老、健康和资金周转等需求。优质专业的配置方案和贴心的服务，使客户选择了银行专项信托计划。

私人银行财富顾问每月跟踪方案的整体收益情况，并每季度进行方案的调整。根据市场的行情，私人银行财富顾问帮助客户随时检视投资绩效，并适时依财务状况帮助客户调整资产配置计划。

六、案例点评

私人银行客户营销维护要更加突出专业性、精细化、差异化。并从推介产品的营销思维向提供有针对性解决方案的服务思维转变，本案例就是客户经理通过分析需求，利用数据分析对客户整体资产进行的精细化管理，并为客户提供了"一揽子"的差异化服务。

案例 *31*：以投资顾问专业服务获取私银客户

一、案例背景

罗先生目前在一家外企工作，月薪 23000 元（税后）。罗太太也是外企职员，月薪 9000 元（税后）。两人的税后收入合计超过 30000 元。一家三口每月总开销在 9000～10000 元，主要包括 2000 元左右的水、电、煤、通信和家庭生活品等基本生活支出，800 元的子女教育费用；200 元医疗保健费用及 6000 元机动开支，这部分开支主要是为改善生活质量、社交应酬等使用。因此每月结余资金在 20000 元以上。

年度性资金收入方面，夫妻俩年终奖合计达 30000 元，另有一些存款利息收入和基金投资收益，合计约为 34000 元。年度开支主要为：10000 元家庭人身保险费、4000 元车险费及 15000 元旅游人情等杂费。年度结余一般可达 35000 元左右。

家庭每月收支状况

每月收入（元）		每月支出（元）	
本人收入	23000	房屋或房租	0
配偶收入	9000	基本生活开销	2000
其他成员收入	0	衣、食、行、娱乐	6000
其他收入	0	医疗费	200
		子女教育费	800
		其他贷款	0
合计	32000	合计	9000
每月结余（收入－支出）		23000	

家庭年度性收支状况

收入（元）		支出（元）	
年终奖	30000	寿险	10000
存款利息收入	24000	车险	4000
基金投资收益	10000	其他	15000
其他	0		
合计	64000	合计	29000
每年结余（收入－支出）		35000	

家庭资产负债状况

资产（元）		负债（元）	
存款	800000	房贷（余额）	0
基金	100000	车贷（余额）	0
股票	0	消费贷（余额）	0
债券	0	信用卡未付款	0
房产（自用）	3200000	其他	0
房产（闲置）	1000000		
汽车	150000		
其他	0		
资产总计	5250000	负债总计	0
净值（资产－负债）		5250000	

二、营销过程

罗先生最初只是银行的一位普通 VIP 客户，由于居住的小区附近有该银行网点，因此时常来办理一些银行常规业务，一来二往便与理财经理熟悉起来。一次偶然的闲聊，罗先生获悉银行的私人银行业务可以为客户提供专业的财务诊断和理财规划服务，罗先生便向理财经理提出能否让他体验一下。虽然罗先生在银行的资产还未达到私人银行客户的标准，但是本着客户至上的原则，同时也希望通过银行专业的服务进一步挖掘罗先生本人及其亲友圈的客户资源，银行私银中心第一时间受理了客户的需求。

三、解决方案

1. 家庭特征

（1）资产规模较大无负债

罗先生一家目前居住的这套房产价值约为 320 万元，另有一套价值约 100 万元的小户型房长期闲置，考虑到孩子入学的问题，所以一直没有出售，两套房贷款均已还清。其他资产方面主要有 80 万元存款，每年能产生 2.4 万元利息收入；10 万元基金投资，年收益大约在 1 万元；拥有一部 15 万元的家用车。家庭总资产和净资产均为 525 万元。

（2）已有部分家庭保障

罗先生夫妇具有一定的保障意识。两人目前都享有标准的社会保险，缴纳四金。罗先生公司另有一份团体意外险，如发生事故赔付金额为月薪的 4 倍。罗先生本人购买了两份分红型寿险，保额均为 15 万元，年缴保费共约 7100 元，缴纳至 60 岁。另夫妻俩各购买了一份消费型意外保险，保额为 25 万元/人，每人每月缴费 89 元。同时他们为孩子也买了一份分红型寿险，年缴费 760 元。每年车险约 4000 元。

（3）希望达到财务自由的生活状态

罗先生希望能够实现财务自由的生活状态，并在退休后能拥有和现在差不多的生活水准。

希望今后每年有 1 次长途旅行及 1~2 次短途旅行，估计年花费 15000 元左右；还希望能买一套更宽敞的复式或联体别墅。

2. 数据分析

（1）资产配置分析

罗先生一家是典型的白领家庭，夫妻俩有稳定的工作和收入，没有外债，衣食无忧，然而并不能说罗先生一家的财务状况毫无问题。

家庭财务诊断结果

指标	数值	理想经验数值
资产负债率	0%	小于50%
净资产流动比率	15.24%	15%
储蓄率	75%	40%
债务偿还比率	0%	小于35%
净资产投资率	1.9%	大于50%

分析结果：

罗先生在理财方面有所欠缺，不懂得考虑货币的时间价值；储蓄率偏高，而净资产投资率太低。综合以上的数据分析，罗先生一家的家庭理财重点要放在如何进行资产配置上。

（2）资产负债表分析

属于高资产、低投资率一类的存款金额太大，影响了整体的投资报酬率。建议取出部分资金做些高风险高收益的投资。建议在保留一定紧急备用金的前提下，其余的资产参与投资，可投资金额＝总资产－自用资产－紧急备用金，因此罗先生可投资金额在200万元左右（包括闲置房产）。闲置房产可以考虑出租。

（3）收支表分析

该家庭属于高收入、高储蓄率一类。建议增加一些定期持续投资，比如基金定投。基于罗先生家的收入结余，考虑以2000～3000元金额进行定投，并且以指数型基金为主，中长期的指数型基金定投能够在保证较高投资收益的情况下，克服基金净值波动所带来的风险，这样一方面可以作为长期投资提高投资收益率，另一方面也可以当做孩子未来的教育储备金。另外，从遗族需求法和收入弥补法两方面考虑，罗先生夫妻的保额偏低，在保险方面的投入有待增加。

3. 投资策略

罗先生没有负债，金融资产中80万元为存款，仅10万元股票基金，显示其在投资方面过于谨慎，导致其资产投资收益率偏低。考虑其工作繁忙且并非投资行业专业人士，不可能花大量时间进行股票、期货、黄金、外汇等投资，因此建议其将开放式基金作为主要投资方向，在支付少量管理费后让专业人士为其打理闲置资金。银行根据基金公司的历史业绩、管理规模、业务流程、投资策略定期为罗先生提供基金投资建议组合，力争帮助其取得更好的投资回报。

4. 保险策略

在保险方面，除了享有社保外，罗先生家庭还拥有 2 份意外险，3 份分红型寿险。

首先需分析期投保的险和是否准确到位。罗先生提出夫妻俩的工作压力都很大，工作也很忙，同时，40 岁以后人的身体健康状况会明显下降，各种无法预料的疾病随时可能发生，所以医疗险、大病险等健康医疗保障对他们而言是迫切需要的，但他们暂时没有任何安排。建议罗先生增加医疗类保障，尤其是大病险和医疗补贴险的保障。

养老保障的部分，由于他们的收入较高，因此通过保险形式保障的依赖度并没有那么高，因为他们可以通过投资的方式来积累今后长期所需的养老基金和孩子的教育金。

其次，再分析他们的保障额度安排是否合理。罗先生年收入超过 20 万元，太太的年收入也超过 10 万元，每年的家庭总支出超过 15 万元，但他们目前所购买保险的总额度却不足，罗先生意外险仅 24 万元，寿险 30 万元，太太意外险仅 15 万元，孩子年仅 10 岁，因此建议他们提高保险额度，至少能使保险额度适应家庭成员的成长和今后 5 ~ 7 年内的生活所需。

总的来说，在保险安排方面，建议罗先生夫妇增加健康医疗保障，分红型寿险的投入可维持不变，同时增加总的保险额度。

四、营销成果

根据罗先生的实际情况，银行私银理财经理多次与其进行了深入的沟通，最终为其家庭制定了一套详细可行的理财方案，罗先生非常满意。出人意料的是，罗先生很快将其在其他银行的 1000 余万元资金全部转到该银行，成为该行私银客户。原来罗先生是标准的富二代，其父亲是某公司董事长，由于该银行在为其提供服务的过程中不仅没有生硬拒绝其需求，还展现出专业、敬业、负责任的工作态度，不久罗先生的父亲也成为该行私银客户，并将其公司业务也转到该银行办理。

五、案例启示

私人银行在服务品质方面，更是要突出强调"以客户为中心"，机构获利的前提是客户的需求得到满足，客户的综合效益最大化。

六、案例点评

私人银行不仅仅局限于某个产品的竞争，更要为客户提供组合式服务方案。

案例 *32*：运用财富规划，动态管理客户金融资产

一、案例背景

××集团是一家大型民营企业，产业涉及矿产、水泥制造多个产业。由于国家对地方矿产的整合，该集团旗下多处矿产被收购后，将回流大量现金。某银行私人银行中心在省分行财富管理、私人银行部等部门的大力支持下，与支行紧密合作，针对某顶端客户家族（××集团）进行了全方位营销。

二、营销过程

1. 捕捉信息，联动营销

××集团旗下多处矿产被收购陆续回流了十几亿元现金。此时，多家银行都在积极与该集团接触，借助一些收益率较高的中短期理财产品营销力求抢占资金份额。为了抓住商机、赢得客户、取得同业竞争的主动权，该行省分行私人银行中心会同省分行个人金融部、机构及中间业务部、投资银行部，紧密与二级分行、县支行多方联动，于3月中旬紧急召开了针对该客户营销的专题讨论会，考虑到某银行单一理财产品并无明显优势，而客户大量资金回流后，最急需的是对资金进行一个系统化的管理，会议初步确定了以综合财富规划为核心的家族式整体财富管理方案。

2. 独辟蹊径，专业制胜

经过缜密的分析和策划，该行省分行组织成立了以省分行私人银行

中心理财经理为主、多部门参与的专家型综合营销团队，专程拜访了××集团董事长，一改同业单一进行产品营销的做法，独辟蹊径向客户全面展现了该银行私人银行业务的服务理念、个人财富管理的成功案例以及专享增值服务等，凸显出该银行"专业领先、服务尊享"的专业化服务理念和优势，为后续的成功营销打下了坚实的基础。

三、解决方案

在对客户的基本情况进行全面了解后，专业化营销团队根据客户的家庭基本情况、财务状况、风险承受能力、理财目标等，为客户量身定制了一份综合财富规划。财富规划涵盖了分层滚动的流动性资金管理方案，补充流动性的固定高收益资金管理方案和风险可控的沉淀资金管理方案，将客户资金进行了拼装式、可调节、期限结构滚动式的综合管理。不仅解决了客户短期流动性的需求，而且重点解决了客户中长期资金有效利用的潜在难题，同时使得资金的整体收益率大幅提升。

四、营销成果

私人银行营销团队以综合理财规划为依托，通过与客户的全面沟通和深入交流，为客户提供全方位、多层次的资产管理服务方案，在同业激烈竞争中脱颖而出，成功签下资产管理方案。按照资金管理方案，实现销售理财产品、贵金属、信托和 CTS 资金等多种产品服务销售超过 1 亿元，实现了对客户及其家族式企业成功营销的重大突破。

五、案例启示

完成财富规划的制作不是最终目标，还要继续维护客户、跟踪财富规划方案的执行情况，逐步把客户做大、做强、做好。做大就是做到客户基础大、AUM 值规模大、产品覆盖度大、重购度增大、购买产品品种增多等；做强就是做到服务能力强、同业竞争力强、盈利能力强；做好就是做到客户质量好、品牌口碑好、综合效益好，与客户的关系做好，做好客户的价值管理。

六、案例点评

这是一个如何把客户做大、做强的成功案例。坚持持续动态管理意义就是追求"做大、做强、做好"。完成财富规划服务方案之后，还要及时跟进客户的投资过程，根据经济金融形势的变化，对投资组合进行优化调整。

案例 *33*：整合资源，团队协作，提供多元综合服务

一、案例背景

经过近 30 年的打拼，50 岁的毛先生积累了上亿元身家。在一线城市购置的房产市值约 1 亿元人民币；一手创办的企业在几年前转让，股权变现价值约 6 亿元人民币。

目前的毛先生专注于享受生活：朋友聚会、打高尔夫球，并在国内知名的商学院学习深造。与此同时，毛先生在私募股权投资领域已参与了多个天使投资项目，并一直关注着国内房地产项目的投资机会。毛先生热心慈善，有意愿在家族文化传承方面有所贡献。

毛先生本人拥有加拿大永久居民身份，太太和两个儿子已取得加拿大国籍，长子在海外就读商科、次子年幼。

二、营销过程

银行一线营销人员在首次接触毛先生后即判定其为具有极高业务潜力的超高净值客户，通过特色增值服务吸引客户开户后，后续的潜力挖掘对银行专业性与综合服务能力提出了极高要求，分支行随即向总行投资顾问发起了私人银行业务支持需求。总行对客户潜力及多元化需求初步了解后，迅速统筹资源，成立了由业务专家、总行投资顾问、分行财富顾问、一线营销人员组成的专属服务团队，以"1 + 1 + N"的模式展开客户营销。

总行投资顾问在分行财富顾问及客户经理的陪同下与客户进行了深入交流，协助其梳理和明确了财富管理意愿与核心需求，主要包括海外与国内资产配置，财富保全与传承安排，以及协助客户达成参与慈善事业的目标等。

三、解决方案

在毛先生确认了资产配置意愿与规划目标后，服务团队共同拟定了综合解决方案，并在客户认可整体方案架构后，细化了相关内容的实施路径，拆分推进。解决方案主要包含下述内容：

1. 鉴于毛先生海外资产配置的最核心目标为财富传承，且本人和家人涉及外籍身份，在财富传承方式方法的选择上，税务问题是需要提前考量的重要方面。服务团队为毛先生出具了"加拿大和中国税务分析建议"，作为客户"海外布局"的重要参考。

2. 借助银行海外子公司资源，为客户搭建跨境平台，探讨综合运用离岸信托架构、大额寿险保单等达成传承目标，另就海外资金投资运作提供可选方案。

3. 就国内资金的投资运作，向客户提供不同风险收益属性的委托资产管理方案。

4. 协助客户调研中国慈善基金情况，并为客户设立慈善基金提供规划咨询服务。

5. 毛先生有意愿自主投资于天使投资项目、房地产项目等，银行借助集团资源及协同优势，为客户搭建了辅助直投平台，集团内部的信托、证券、股权投资基金管理公司等均参与到客户的综合服务之中。

在保证客户直投项目资金运用的前提下，银行为毛先生提供了现金管理专户服务，以最大限度降低资金闲置成本。

四、营销成果

银行服务团队以及综合方案获得了毛先生的认可，客户将资金逐步归集并转移至银行统筹管理，目前已成为亿元级别私人银行客户。在整体方案架构下的各子方案匹配客户时间及资金安排有序推进落实。

五、案例启示

在私人银行业务服务人员方面，势必由"单兵作战"向"团队协作"转换，团队之中不仅包含银行专家，税务、法律、慈善等领域的专家支持常常是突破口与助力。在服务内容方面，单一产品远远不能满足超高净值客户需求，资源的整合与综合运用至关重要，银行扮演了"统筹者"的角色，客户信息的收集、风险偏好的评估、资产及需求的梳理、整体架构的搭建、具体方案的落实，各个环节均深度参与其中。

六、案例点评

超高净值客户有多元化、个性化的金融服务和非金融服务需求，这对于私人银行服务的综合性、专业性提出极高要求。金融专业性是客户选择私人银行服务团队时最看重的方面。

案例 *34*：创新资产管理，
衍生更多价值

一、案例背景

客户王女士为上海某公司的总监，在杭州有自己的分公司，身价过亿元且潜力巨大。王女士夫妇属于高级知识分子，丈夫曾在银行工作，对理财产品有较为深入的了解。建立签约关系时王女士有孕在身，需要更多地花费时间进行沟通，其对银行的服务也要求较高。

二、营销过程

在朋友引荐下，理财经理上门拜访了王女士，尽可能体现出××银行的诚意与重视，从而进一步提升客户满意度。通过此次沟通获得了比较全面的客户信息，包括客户工作信息、家庭状况、对金融服务的需求点和兴趣点等等，但王女士作为多家银行的私人银行客户，对××银行了解较少，而且有孕在身，行动不是很方便。次日，理财经理将了解到的信息及时向领导汇报，沟通想法后决定再次上门将王女士接到行里，与该支行领导做面对面沟通，争取下一步的合作。

三、解决方案

1. 掌握客户心态，积极引导

银行业竞争激烈，把握客户心态是开展工作的关键。像王女士这种高端客户是各家银行都梦寐以求的客户，自然多家银行都有联系，所以必须给她一个选择××银行的理由。理财经理收集了她现有合作银行同期产品的资料进行比较，以王女士的性格，利用××银行私人银行客户定制类产品的专属感和优越感，成功引导王女士签约。

2. 为客户所想，提供便捷方案

由于王女士有孕在身，理财经理根据王女士公司地址，联系了附近兄弟银行，准备签约资料后，全程陪同客户办理并开通网银渠道，为她今后业务操作及私人订制做好准备。

3. 后续服务，拉近距离

王女士正式签约后不久即将飞往香港待产，在行领导批准下理财经理抓住此次机会拉近与客户间的距离，为王女士当了三天专职司机，接送其出行，并在最后一天送往机场前推荐她使用了贵宾增值服务——机场贵宾通道，再一次让客户感受到××银行带来的优质服务。

四、营销成果

1. 王女士已签约成为××银行私人银行客户，并且大幅提高在××银行的金融资产，最高时已达 2300 万元。

2. 通过综合理财和服务，王女士在××银行购买增盈保本型产品金额达 1000 万元。

3. 王女士已把××银行户头作为行外资金进出主账户，并有意将其公司的结算业务一并转移至××银行办理。

4. 王女士在其社交圈内也对私人订制产品进行了宣传与推荐，已向××银行推荐一名私人银行潜力客户。

五、案例启示

1. 选择不同的切入点，"用心"沟通和服务才能建立起良好的客户关系。客户渴望得到尊重是人性的共同点，只要真正秉承"以客户为中心"，真诚热忱地服务客户，就能够收获客户同样的信任和忠诚，建立良好的客户关系，推介产品和服务就成了水到渠成的事。

2. 积极开展顾问咨询服务可以提高××银行核心竞争力。目前银行提供的同质化产品无明显的竞争优势，但××银行通过顾问咨询服务，为客户甄选优良的产品，根据客户的风险承受能力，进行个性化的资产配置，得到客户的满意，也能较大地提高××银行的核心竞争力。

3. 私人银行客户具有群体效应，为一个客户提供好服务，得到其肯定，客户就很喜欢将自己的经历与朋友分享，客户转介工作就顺其自然地开展起来了。只有进入高端客户的圈子，才能得到拓展高端客户的机会。

六、案例点评

坚持以客户的需求为出发点，以企业运营作为切入点，通过创新营销理念和创新方式方法，改变客户投资观念，激发客户需求，并以真诚专业的服务来满足客户的需求，最终获得客户，获得市场。从更为深层次的角度来看，这也是理财经理成功打动客户的真实案例。一开始客户对××银行的接受度不高，而在深入了解后，理财经理正确认知并抓住了客户的隐性关注点，极大地提升了客户的体验度，使其瞬间扭转对××银行的看法。因此，为后续成功推荐客户解决方案创造了机会。

由此可知，传统的营销以单一产品为导向，这是推销，而成功的营销是全方位的客户营销，需要我们与客户以事业和生活沟通为主，亦师亦友，与客户沟通人生观、价值观来获得客户的尊重和彼此的感恩，以顾问式的服务赢得客户。

案例 **35**：为高净值客户提供 私人定制化服务

一、案例背景

王氏家族，家族企业主营精密电子仪器设备，业务遍布中国大陆、中国台湾以及日本，目前在上海有四家公司和一家工厂。王氏家族董事长 L 先生，已 72 岁，公司业务及家族财产实际控制人为其大儿子 J 先生。

J 先生，已婚，妻子在台湾抚养一子一女。家族资产境内外合计超过 5000 万美元。L 先生曾在 2008 年金融危机中受创，所购买的冰岛某家银行的保本型理财产品 100 万美元血本无归，导致其风险偏好骤降为保守型。在财富顾问接手该客户前，客户在××银行有 3000 万元人民币左右的资产，全部为定期储蓄存款；其集团内有一家企业在某银行开户，并为其主要结算银行。

二、营销过程

2010 年，某银行创立私人银行部，开始推广私人银行卡。借这个契机，私人银行财富顾问计划电话约见 J 先生的父亲 L 先生，L 先生在该行只做定期存款（存款金额 4000 万元左右），却是从不买理财的"奇怪"客户。一次次的电话约见，终于把 L 先生约到了支行。第一次约见，客户非常低调，周身没有任何配饰，连手表都没有戴，只是一身意大利定制西装透露出主人不凡的身价。在交谈伊始，客户就明确表示给财富顾问的时间只有 10 分钟。财富顾问简单了解了客户的工作情况和投资理财偏好，但客户并不愿透露过多信息。送走客户，财富顾问按惯例在百度上搜索客户的名字，结合了解的情况确定客户是一家老牌知名台资跨国企业的董事长。平时电话无法接通原因一半是经常奔波于全国各地，工作繁忙不便接听，另一半原因是经常接到营销的电话不胜其烦。做定期存款是因为理财产品非保本，有风险。总体感觉一是客户是私人银行高端客户，有较大挖掘潜力；二是客户为人非常严谨，对于该类客户需要谨言慎行；三是客户投资偏好保守，对于银行理财产品有排斥心理。

三、解决方案

根据第一次面谈了解的客户情况，私人银行财富顾问针对该客户制定了贴心服务，深入挖掘营销方案。

1. 感情营销配合产品营销。遵循了解你的客户（KYC）服务原则，采用滴入式的营销方法，从平时点滴入手，针对客户电话接听不方便，便采用短信、邮件、微信等一切联络方式。在节日、生日等重要日子通过给客户准备一些小礼品略表心意等，L 先生逐渐对财富顾问放下了戒备之心，而财富顾问也通过一次次的面谈给其分享理财观念。客户从开始的不信任，到最后与财富顾问分享其对理财产品抗拒的原因。2008 年，客户曾在冰岛的一家私人银行购买了保本理财产品且血本无归，从此对理财产品非常反感。财富顾问特别邀请了××银行私人银行总部专业的投资顾问到支行，一起细致坦诚地为客户讲解国内理财产品的投资方向，以及××银行完善的风险控制手段，同时也向其传导了科学的理财观念，并为 L 先生提供了资产配置方案。建议配置一定比例的理财产品。客户终于抱着试试看的心态，开始尝试投资一些××银行为他量身定制的现金管理类产品和短期产品，每期的收益都不错。陆续跟踪服务了一年多后，财富顾问热心、贴心、纽心的服务得到客户的认可。

2. 抓住契机，金融服务渗透个人和企业服务各环节。此时客户本身在××银行资产始终保持在原地，没有一个跨越性的增长。但通过该客户的引荐，将其集团的财务介绍给了财富顾问，财富顾问抓住这个契机，变更策略，从外围攻关。通过为其财务提供同样的服务模式，内外合力，先后将 L 先生企业的两家公司主要结算户移至××银行，随后又营销其两家公司在××银行开立了代发工资、信用卡和 POS 机等业务，让××银行的金融服务慢慢地渗透到了客户个人，乃至企业的各个环节。

3. 提供私人订制金融服务方案。财富顾问了解到 L 先生因年龄原因逐步将企业管理权移交给大儿子 J 先生。财富顾问在与 J 先生会面时感觉到客户是一个务实的人，J 先生也开门见山告诉财富顾问，父亲对他的印象不错。财富顾问顺势表达了××银行的服务理念，能够为客户提供一整套私人订制的金融服务方案是财富顾问的工作目标，并得到了客户的认可。随后财富顾问为 J 先生个人家庭财产做了相应的资产配置，顺利将 L 先生的资产逐步迁移到了 J 先生的名下。当财富顾问了解到 J 先生有意将其个人资产与公司资产完全隔离来规避风险时，建议其通过家族信托来实现，客户表示很感兴趣，目前正在制定相关方案。J 先生原本在其他多个行的个人收款账户也逐步转移到了××银行。还介绍两个妹妹在××银行开办了私人账户。

四、营销成果

通过近 3 年多的营销工作，客户在财富管理理念上发生了较大转变，资产配置的思想逐渐深入人心。财富顾问抓住了客户的心理需求，为客户私人定制收益性与保守型兼备的产品，客户家族在××银行共开设 5 个个人账户，合计个人金融资产超过 8800 万元，家族企业中五家在沪企业都在××银行开户并做主要结算，其中两家在××银行代发工资，年代发量在 720 万元，企业在××银行办理对公理财产品日均余额超过 2500 万元。

五、案例启示

不是每位客户都适合主动营销的方法，服务模式因人而异，私人银行高净值客户更是如此。特别当私人银行客户是企业老板，性格脾气比较强势时，更需要一种私人订制管家式的服务方法——细心周到，想其未想，在合规的前提下尽可能满足客户的各种金融服务需求。

六、案例点评

通过本案例我们可以知道，无论怎样的客户，需要的都是以心换心，不能带有功利性。私人银行客户更是如此，跟踪服务一位客户，始终如一的服务态度，再冰冷的客户也终将为你打开心扉。

私人银行在服务客户的过程中，需要以顾问咨询服务满足客户在风险隔离和家族传承等其他方面的需求，以提高客户的粘性。

第四篇

家族财富传承篇

案例 *36*：设立家族信托，实现财富传承

一、案例背景

中国华北地区某互联网行业企业的创始人，现年40多岁，已婚，与配偶均为中国籍人士，长期居住在中国大陆。旗下公司即将在境外挂牌上市。客户希望寻求一个高度保障的法律架构，实现家族财富在高度保密前提下的安全传承，而且家族财富能够与企业经营风险隔离，并根据其自身意愿进行规划。另外，从公司未来海外上市的长久战略发展，希望能够对其公司的几名核心高管人员做股权激励计划，留住人才并且保住企业核心竞争力。

客户在海内外均有公司，而且在海外有一定数量的外币资产。客户希望本着以财富传承的原则，把海外的资产进行积极有效的全面配置，同时不希望承受高投资风险。海外家族财富作为未来家人及后代保证生活质量的财富避风港。

二、营销过程

××银行私人银行海外中心的资深投资顾问与分行客户经理和投资顾问深入分析了客户目前的背景信息和潜在需求，从家族传承、海外资产配置和企业发展的角度下，为客户出具了详细建议书，并多次约访客户进行海外资产配置与传承架构探讨和沟通。

由于客户在海内外均有公司业务网络，而且客户经常行走欧美发达

国家并经常与外资银行打交道，所以客户对海外投资市场有着一定的了解。基于此，××银行私人银行在整个营销过程中，不仅要突出在海外投资机会分析的专业度，同时也要发挥本土网络及服务优势。私人银行充分调动内外资源，安排海外投资、税务及财务方面的专家组成精英团队，在当地分行的积极配合下，与客户多次充分沟通并详尽解答客户疑问，从满足客户需求的角度出发构思和设计海外信托结构，再不断地细化方案。除了法律和税务上的建议，更主要的是为海外信托下持有的境外资产依据客户的风险承受能力进行有效配置。

尤其是客户在对其公司核心高管人员的股权激励上的特定需求，××银行私人银行与律师和税务师进行了详细的沟通，设想多种可行性方案提交给客户，在客户完全理解的基础上，依据客户意愿选出最优方案。

三、解决方案

经过多次面谈，客户认为通过信托进行风险隔离和财富传承的功能非常贴合自己的实际需要，表示在合法、合规的前提下，希望××银行私人银行能为其进行信托方案的详细规划。××银行私人银行针对客户信托资产类别及体量，为客户选取了年费价格优惠的第三方海外独立信托公司作为客户海外资产的托管人，依据客户本人意愿设定架构，并安排信托受益人。信托内的资产投资以多只固定收益类的高评级美元债券为主，海外保险产品和公募基金为辅，来建立投资组合。同时，通过海外信托安排实现资产隔离与资金安全传承，按照委托人的意愿进行未来的资产分配及传承。另外，客户公司成立专人委员会，在××银行私人银行及信托公司的帮助下，设立股权激励方案实现未来的高管股权分红。

四、营销成果

××银行私人银行服务此客户的最终营销结果：

1. 为客户设计了海外家族信托。客户放入信托下的资产包括债券、基金、定期存款及保险产品共计约港币 X 亿元，××银行香港分行作为客户投资的境外托管银行。

2. 设立员工股权激励海外信托。为客户拿出 Y 亿美元放入设立好的另一只海外信托作为员工股权激励信托，指定高管人员仅为信托的受益人，而不因为参加激励计划即成为公司实际或名义的股东。这样可以加强指定高管人员对公司的投入，激发其忠诚而勤恳地履行其职责，由此大幅提升了激励机制的灵活性。而且由公司指定的人士担任股权激励 SPV 的董事，保证了信托下持有的股权仍由上市公司牢牢控制，保障了制定重大决策时的意见统一性。

客户由衷感到××银行提供的周到细致的服务，尤其是具有很强的专业性的服务方案，正是客户长期以来一直所需要的。

五、案例启示

出于海外信托的业务专业性和私密性，可以感受到客户对××银行"充分信任"，这样的信任关系是业务最终成功落地的重要基础。尤其是客户对银行的专业能力给予充分肯定，并对××银行私人银行所提供的海外综合解决方案进行了高度赞赏，这体现了××银行私人银行的专业素质、问题解决能力和强大的资源优势。

六、案例点评

纵观国际，诸多欧美豪门传承已经接近甚至超过百年。总结其百年财富传承历史，主要成功原因之一在于在严苛的法律体系下灵活运用海外家族信托。通过设立海外家族信托持有家族资产，委托人及其家族可以享有多重保护，达到资产增值与财富永续的目的。

此案例在国内私人银行的海外业务当中，是一个海外综合解决方案的领先案例。××银行私人银行通过为客户设立海外信托，保障客户家族资产实现法律层面的隔离；完全按照客户意愿照顾指定儿女及后代，不用担心因子孙经验不足或处理不当造成家族重要资产的不必要流失；而且采用高度灵活分配方式，于客户企业内部建立合理的激励计划，鼓励管理人员为企业效力。

案例 *37*：挖掘客户需求，确保家族财富保值增值

一、案例背景

客户刘先生，56 岁，较早从事外贸行业，公司自有生产工厂及稳定的海外客户群，业务基础扎实，现每年国际贸易额在 1500 万美元左右。刘先生有过两段婚史，与现任太太育有一子，5 岁，太太婚后辞职做全职太太。刘先生与前妻育有一女，23 岁，女儿从小爱好舞蹈，曾在全国比赛中获奖，目前在伦敦艺术学院表演和舞蹈专业学习，她的梦想是成为世界顶尖的舞蹈演员。刘先生非常疼爱大女儿，希望她能在自己感兴趣的领域发展，并考虑在英国为她购置房产。

二、营销过程

客户与该银行的合作关系缘起于离岸账户的开立，该行针对这种外贸类客户的特点，设计离在岸专属联动方案，通过有效降低结算成本争取到客户的在岸公司账户。在一次面谈中，客户提及自己年纪渐长，健康状况也大不如前，希望能早日为长女和幼子安排好未来的财富保障。另外，因工作繁忙，其数千万元的金融资产交给外甥打理，其中大部分被分散购置国内各大银行的短期理财产品，收益较低，刘先生并不满意，打算逐步将这部分资产收回交给专业机构打理。

三、解决方案

客户未雨绸缪，在接班问题之外，对企业未来命运和家族资产的传承是有着前瞻深入思考的，希望在兼顾企业发展的同时，安排好家庭子女未来的财富保障，来隔离企业、本人与家族其他成员之间财产的不确定的关联风险，但对具体如何实现这一目标并未深思熟虑。××银行为此反复与客户探讨，制定了详细的规划方案，建议通过设计境内家族信托方案和交易结构来实现财富的隔离、保障财富传承，实现财产有计划的支付和传承；同时作为投资顾问，提供信托资金投资建议，实现财富的增值和保值，充分保障儿子和女儿不同的财富需求，留给孩子充分的未来发展空间。在该行私人银行财富顾问的引导下，客户认识到境内家族信托服务的整体服务方案是对家族财富进行长期规划，并最终实现财富保值和传承等需求的最佳选择。

对于客户准备收回的这部分资产，财富顾问建议通过私人银行专属投资账户服务来实现资产的管理。通过一对一的交流，财富顾问和投资顾问根据客户对投资收益的预期、风险水平以及投资偏好制定个性化资产配置方案，并按照确定的投资方向比例，开发、评估和引入符合需求的专属产品；专业投资管理团队为客户全面分析国内外经济形势和未来走势、帮助把握全球资本市场的投资机会；远程服务保证了投资交易的方便快捷；独立的专属系统支持客户随时查询并掌握投资明细和盈利信息，定期投资报告帮助客户回顾投资情况，按照市场情况及时调整资产配置。客户感到专属投资账户服务非常契合自己需求，很快同意签署服务协议。

考虑到客户在国外出差的机会较多，财富顾问推荐其办理私人银行美国运通信用卡。当客户临时计划春节赴日本滑雪但预订不上CLUBMED的度假村时，财富顾问为他安排了运通信用卡的私人管家服务，仅三天后，运通的私人管家即通知客户指定的酒店房型预订成功，整个旅程的细节都已安排妥帖，客户只需和家人尽情享受放松悠闲的假期即可。这使客户强烈感受到了作为该行私人银行客户的尊贵感和独一无二的体验，客户回国后在其朋友圈内大力推荐该行私人银行的服务。

四、营销成果

客户成为该银行忠实的私人银行客户，金融资产长期稳定在7000多万元，其公司在岸、离岸金融业务重心完全转移到该行。后续客户还就海外房产投资事宜提请该银行提供咨询建议。

五、案例启示

该案例成功的关键在于公私联动的有效推进，了解客户具体需求后，采用综合性金融方案的服务模式，契合客户的产品切实解决了客户的问题，从而带来良好的客户体验，推动了客户与该银行更深入的业务合作。

六、案例点评

当客户表现出高资产人士的特征时，高效、专业和良好的沟通创造了最佳的客户体验。以私人银行专属投资账户、家族信托、美国运通信用卡为代表的多种金融产品与服务的叠加有效地绑定了客户的需求、增强了客户的粘性，延伸了服务的深度和广度，相信随着对客户需求的进一步挖掘，客户还会体验到更多有针对性的私人银行服务。

案例 *38*：巧用保险功能，解决家族财富传承问题

一、案例背景

王女士，女，57 岁，为某银行私人银行中心的一位长期客户。目前是一家影视公司的老总，公司规模不大，员工 10 人左右。近年来，随着市场环境的改变，影视公司利润增幅趋缓，演出包场机会明显减少。王女士身患糖尿病，平时很少来银行办理业务，且办理业务也大多是购买银行理财产品。目前其个人金融资产配置是以银行理财为主，辅以少量的代销信托产品。

家庭背景介绍：王女士及其爱人是后组建的家庭，其爱人带一儿子，王女士则带一女儿，生活美满幸福。王女士爱人从事房地产行业，财富积累较快。

二、营销过程

王女士多年来的"理财习惯"是"货比三家"，在不同的银行根据收益率情况选择不同的产品，这其中也包括保险产品但均属于分红型。2007 年也曾接触和购买过基金产品，但目前收益情况并不理想。针对王女士的情况，××银行私人银行中心的客户经理首先帮她细致地梳理了现有产品的结构，认真分析了她持有产品的类型和风险属性，尤其是保险产品的功能及其可以解决的问题。

通过产品分析，私人银行客户经理及投资顾问总结出王女士选择产

品的几个特点。一是以不同期限、错配组合的银行理财产品为主。二是保险产品选择以分红储蓄型为主。这些保险产品没有真正地从家族构成、财富传承角度来设计，非但不符合王女士希望财富保值增值的目的，也没有起到真正寿险的功能。三是购买信托产品，参与一些小型公司集中募集资金项目，而这类信托产品风险控制措施较弱。

综合分析后，私人银行客户经理与投资顾问决定为王女士重新调整现有的理财结构。从激发王女士全面财富管理需求的角度出发，剔除一定比例期限结构重复的理财产品，重新规划一套能够达到综合收益和需求最大化的资产配置方案：

1. 减少购买期限、收益类似的银行理财产品。

2. 由于家庭情况属于常见的再婚家庭，婚前双方都各有自己儿女。重点考虑如何有效进行合理财富传承，避免家庭内部因素造成财产、遗产的分配不均，导致家庭矛盾。

3. 选择信托产品要科学控制风险，尽量选择银行代理或正规信托公司发行的项目。

三、解决方案

对于客户理财产品和信托产品资产配置的调整较为顺利，而针对客户再婚家庭财富传承需求方案的制定却颇费周折。针对王女士这种情况，××银行私人银行客户经理和投资顾问商议后认为，家族信托和保险是最为适合客户的两种解决方式。在制定方案时，私人银行客户经理与投资顾问先后和王女士沟通了近一年的时间。起初向王女士一提到保险计划的时候，她总会强调自己已经购买了很多种保险产品，不想再购买保险了，但实际上她只是有抵触的心理。另外也是因为她没有看到保险产品到底能给她带来何种收益，解决怎样的问题。

每次与王女士见面的时候，私人银行客户经理尽量围绕她目前家庭生活情况，以及对女儿未来的期望展开话题。毕竟只有当她自己意识到保险功能的紧迫性的时候，她才会切身理解保险的意义，从而对保险产品产生兴趣。所以在每次与王女士见面交谈时，私人银行客户经理都尽量多地倾听她的家庭生活情况：她对生活的期望，对现实问题的不满，以及家庭内部亟待解决的问题。其实，种种交流中的细节无不表明了她对生活的顾虑和担忧。

起初，私人银行客户经理与投资顾问试图尝试用家族信托的理念来帮助她解决这些问题，诸如：家庭生活中有效防女婿、防儿媳；财产合理继承；企业风险的有效阻挡等。向王女士介绍××银行与××信托合作推出的家族信托服务，可以很好地以委托人和受托人的身份将两者关系分开。当资产进入到信托公司的受托人账户中时，这部分资产在所有权属上就不属于委托人了。这样就可以按照王女士的意愿进行个性化、指定受益人和受益条件的未来财富分配，在一定程度上建立了个人财产与公司财务的防火墙，也对将来或有的遗产税产生递延规避效果。

当时，王女士正在规划给自己女儿留下一笔财产，在自己老伴和女婿不知晓这件事情的情况下，让女儿今后过上无忧无虑的生活。但是签订家族信托协议从法律严谨性的角度出发是需要委托人的财产共有人——配偶知晓此事。所以王女士一直担心文件的签署会影响家庭的和睦。这个时候，私人银行客户经理与投资顾问便把已经准备好的养老保险计划摆到了王女士面前，由于保险文件的签订只需要投保人和被保险人签字即可，同时保险的功能也可以起到与信托类似的一些功能，有效避税、隔离风险。从具体险种来看，虽然同是保险，但养老险的功能却很突出，明确了受益人可以从55周岁开始每月定期领取分红，这可以在不必过早给女儿传承这笔财产的情况下，让她拥有一个美好的未来。

四、营销成果

私人银行客户经理与投资顾问最终的营销结果是：给王女士设计了一款3年期的养老保险计划。每年年缴100万元，共3年期。投保人是王女士，受益人是她女儿。自王女士女儿55岁开始，每月都会领取固定的金额，且养老年金每年均增长3%。这个保险的设立，不仅解决了王女士困扰多时的财产继承问题，更为她女儿将来的生活提供了有效的保障。

五、案例启示

首先，保险计划更适合私人银行客户解决家庭内部的问题。因为它的保障功能已经超越了"理财"本身的受益。从客户实际利益出发，有效防范不同的风险，是为客户制定未来计划、赢得客户信任的根基。因为有效规避风险远比获得多少收益来得更加重要。

其次，私人银行资产规划和产品组合设计要从客户实际需求的角度出发，要为不同风险承受能力的客户选择具有相应风险水平的产品。私人银行客户有其自身的诸多需求，而这正是私人银行客户经理与投资顾问需要不断探索的方向。银行理财产品固有的收益不会让客户感觉到服务的专业性，毕竟目前各家银行的理财产品都趋于同质化。

最后，需要站在更专业的角度为客户梳理持有的各类理财产品，客户欠缺的正是这方面的经验总结。王女士经私人银行客户经理和投资顾问服务之后的"保险观革命"，其实仅仅是我们为她提供"从私人到法人无边界服务"的一个开始。私人银行从业者只有时刻谨记行稳致远、裨补阙漏，才会在人生周期的大时代中为客户带来更多的收益、为私人银行与客户的共赢增添信任根基。

六、案例点评

以客户需求为中心，提供全面、翔实的服务方案，才可以为私人银行客户的家业和事业带来更加美好的前程。

案例 *39*：私人银行慈善信托财务顾问服务

一、案例背景

客户诚先生在商场打拼三十几年，事业成就斐然。捐赠给中国某大学 300 万元人民币，用于奖励该学校的优秀学生，并打算每年都捐赠 300 万元。

二、营销过程

诚先生的资助奖励大学生的慈善之举值得肯定，但可否以更好地安排，使这种慈善方式更科学有效，并建立长效机制。为此，客户联系了某银行私人银行寻求解决此问题。

三、解决方案

1. 确定出资人

是以客户个人名义，还是以客户个人企业名义出资建立该特定捐助用途的私人信托。客户企业是客户 100% 股权持有的民营企业，如以企业名义建立慈善基金对于增加企业品牌美誉度、企业社会认同度等具有积极促进意义，且在税务筹划等方面也有可发挥的余地。但是客户认为，捐助优秀大学生是他个人的愿望，并且资金并不是很多，每年奖励 50 个优秀大学生，每个大学生 6 万元人民币的奖金，一共 300 万元，但并不愿以此炫耀。我们尊重客户的选择，最终确定出资人，即委托人为客户诚先生。

2. 信托财产的确立

客户每年出资 300 万元，长期下去也是一笔不小的数目，如果客户一次性拿出 5000 万元成立信托，通过受托人积极管理，如果按 6% 以上的年化收益的话，每年就将有 300 万元的信托收益，这样每年只分配信托收益，该"慈善"信托将可以长期永续地存在。客户觉得能够将自己的愿望永远地做下去，是非常有意义的。且每年出资 300 万元，几十年下来也要捐赠个上亿元，现在只要一次性出资 5000 万元，就可以制度性安排来保障这个计划，实现自己的梦想还是非常好的。最终确定客户选择一次性出资 5000 万元，建立助学信托。

3. 建立信托构架

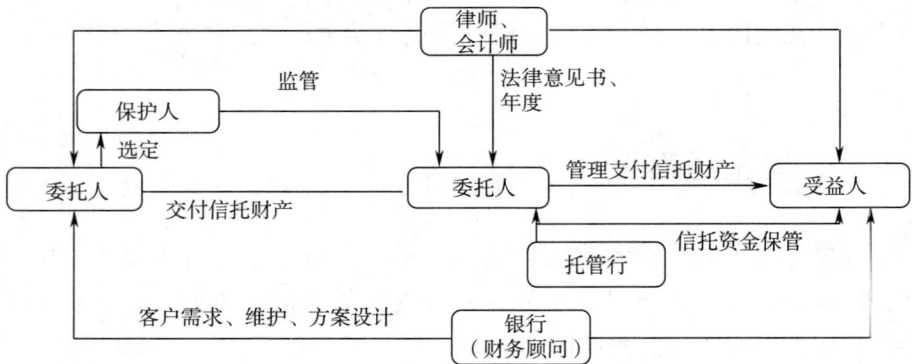

- 委托人：客户诚先生
- 保护人：××银行
- 受托人：某信托有限公司
- 财务顾问：××银行
- 受益人：某大学评出的年度优秀学生 50 名
- 受托的资产：货币资金 5000 万元人民币
- 存续期限：永续，不可终止
- 投资范围：稳健为主的同业存款、同业借款、银行理财产品、国债、金融债、银行次级债、央行票据、AA 级以上的债券（含短期融资券、企业债、公司债等）、大额可转让存单、固定收益的信托计划，或是任何其他委托人指定的可确定权属关系的金融产品或可投资资产。

- 预期年化收益率：以稳健增值的原则，业绩基准参照国家统计局上一年度 CPI + 3%。
- 信托收益分配频率：每年度的 10 月第三周将信托财产的收益平均分成 50 份，一次性分配给 50 名学生。

4. 确定受益人的条件

每年从某大学在读的本科生中选出 100 名优秀学生，认定条件由该大学定制《年度优秀学生评选方案》，确立筛选制度和流程，一经确定不得随意更改，如要更改，须经委托人或保护人同意。

四、案例启示

慈善助学也要做好专业化管理，避免只捐出钱而不做监测和效果评估。如果是以企业的名义捐赠还应该将捐赠与企业经营发展、提升品牌美誉度相联系。

五、案例点评

更进一步，公益慈善还可以与企业人才培养、科研建设、税务筹划等结合起来。

案例 *40*：引入信托机制，实现财富传承

一、案例背景

某银行客户李女士是某公司高管，离异并育有一女，仍在就学中。客户担心经济下行变化，同时希望家人在今后的生活质量以及成长过程中，不会受到不确定风险而有所变化，她希望能够利用一部分资产达成保值增值的要求，同时这部分的财富能够与企业财产以及企业经营风险隔离，并按照其意愿进行资金安排。

该客户与某银行有近 8 年的往来关系，对该行长期的服务非常认可。但客户一直以来投资渠道非常丰富，在各银行间的资金长期只停留在短期、高流动的产品上，一直不愿意、也找不到进行长期配置的满意安排。

二、营销过程

基于此，该行私人银行客户经理与分行投资顾问深入分析了客户目前的背景信息和潜在需求，为客户出具了建议书，并约访客户进行一次专门的财富规划解读。

但同大多数私人银行客户一样，客户对于在当前国内法律环境下信托财产的保护效力，以及投资管理机构对信托财产的运营管理能力等方面有很深的疑虑和担心。而且基于过往的投资习惯，让客户作出一个高额的、长期的、财产完全转移和隔离的信托安排，可以想象需要多么坚定的信心。

在经过该行私人银行团队多次的指导、充分沟通与论证后，通过财务顾问不断地与客户及其律师针对就客户所关心问题进行充分沟通，坚持从满足客户需求的角度出发构思和设计信托结构，不断地细化方案。由于国内的家族传承需求初显，过往并没有成熟的家族传承信托案例可以参考，因此针对客户提出的每一个修改意见、每一次疑义，财务顾问都能够从法、理的角度出发，充分咨询专业意见，完成最终的方案。

三、解决方案

最终，该行从财富风险管理的利弊方面为客户介绍了通过国内信托法的机制所建立的风险隔离防火墙的理念，并结合一些现实案例和法律依据为客户详细讲解。同时，财务顾问也提醒客户进行财富传承信托安排的多重注意事项，包括法规的不完善所带来的不确定性，可能涉及的各类费用和税费等问题。

经过面谈，客户认为通过信托进行风险隔离和财富传承的功能非常贴合自己的实际需要，表示同意在合法、合规的前提下，能为其进行信托方案的详细规划。作为财富传承的重要工具，该行认为：透过民事信托框架的搭建可以实现资产隔离、资金安全、同时按照委托人的意愿进行资产分配、传承等多方面的需求与考虑。

四、营销成果

在家族信托中，该行完成了一系列的创新：在清晰的制度安排下使信托在整个信托期限内实现自动驾驶的运作模式；在核心规划中，同时满足了客户养老保障、风险隔离、投资保值以及财富传承等四大需求。

而客户对此解决方案也非常满意，并表示：身边的许多朋友都还没有完成真正意义的财富保障与传承规划，这段时间以来之所以愿意成为首单信托的签约委托人，是因为该行提供了周到细致的服务，并认为自己可以为身边的许多朋友作出榜样和成功案例的效仿，这也是自己作为一名中国企业家应担当的社会责任，中国需要家族信托，中国的很多企业家们需要信托规划。财务顾问为客户对该行的如此信任而感动。

五、案例启示

通过长期的跟进，财务顾问感受到客户对银行的关系从"信任"进化到"充分信任"，这样的信任关系是客户最终成功签署国内首单家族信托的重要基础。客户对财务顾问的专业能力给予充分肯定，并对私人银行高效严谨的作风高度表示赞赏。这些创新的设计展现了财务顾问的专业能力，更体现了私人银行家庭工作室服务团队在经营超高端客户上强大的综合金融问题解决能力和强大的资源优势。

六、案例点评

在欧美国家，家族财富保障与传承的难题大多通过设立家族信托来解决。引入信托机制，可以实现资产隔离、财富传承、计划支付、保值投资、税务筹划等功能。目前，国内由于法律环境与经济发展阶段不同，以家族财富传承为目的的家族信托起步较晚。此次全国首单家族信托的诞生，是中国金融业的破冰。

这一单家族信托是国内首例依据高端客户家庭财富保障与传承的个性化需求定制、运用"受人之托，忠人之事"的信托理念设计的，这是真正意义上的财富传承信托。此案例的成功，充分证明了银行坚持"以客户为中心"专业化经营的结果，也是私人银行"祝您家业常青"品牌理念的具体体现，这对于该行乃至全国金融行业，都是具有里程碑意义的创新结果。

案例 *41*：慈善信托，家族财富和社会责任的传承

一、案例背景

经过十余年的艰辛奋斗，胡女士从白手起家到成就一番事业，从一位默默无闻的普通女工到一名优秀的企业家。虽然朴素的外貌、平易近人的谦和态度让人很难将胡女士与一个身家超过 5 亿元的身份联系起来，但是在所有熟悉人的眼中，她都称得上是厚德载物的人生典范。她自始至终没有忘记家乡的父老乡亲，更没有忘记社会上的弱势群体。为此她孜孜不倦地乐于助人，慷慨解囊，鼓励成绩优异却没有经济条件圆梦大学的莘莘学子。在自己的公司，无论是员工，还是家里的劳务人员，只要需要帮助，3 万元、5 万元她都是无条件地全力支持，尽可能地去帮助别人。

胡女士时时不忘父亲的叮嘱，一直为着梦想而奋斗。而父亲正直清廉的人生形象一直是支持胡女士生活与奋斗的精神源泉。胡女士谨记着过往的岁月以及眼前得来不易的一切，感恩于社会的培养。她一方面在探索着如何能让自己的家族永远兴旺下去的方法，同时能够延续家族的精神和承担反馈社会的责任。

二、营销过程

胡女士向某银行私人银行团队道出了存在自己心底多年的梦想：希望在自己的家乡进行慈善捐款，用自己创造的财富去持续帮助更多的莘

莘学子积极进取，接受良好的教育，同时以此纪念自己父亲正直的一生。

客户的梦想就是私人银行的使命。一个以实现胡女士实现慈善梦想的专家小组立刻成立了，开始为客户探索回馈社会心愿的纯粹透明模式。为了能帮助客户安全、稳定、如意地达成此事，该银行对该笔慈善信托非常重视。先后多次邀请胡女士面谈，全面了解客户所有需求；顾问团队亲自上门到客户家中讲解整个慈善信托的架构和运作模式，以打消客户对于该笔资金是否能真正运用到慈善中的顾虑。

三、解决方案

在具备国内家族信托发展先驱的丰富经验下，专家组大胆提出"慈善信托"的安排，这恰巧与胡女士的想法一拍即合。

而目前慈善信托在我国只有法律描述，尚无操作先例。而且在实际执行阶段，因其公益目的，相较于普通家族信托，慈善信托的架构和流程会较普通家族信托更加复杂，需经过我国多个相关部门的审批流程。因此，在该笔慈善信托的设立架构中，该行创新地提出引入由委托人指定监察人的机制，以及机构对于资金的运作进行监管。该银行还通过与合作机构推动民政部以及受捐地区民政局、教育局，落实具体框架搭建事宜。

四、营销成果

经过多次反复沟通、聆听和建议，以及长达一年的多方沟通，客户终于在设立慈善信托、当地援建学校以及直接捐款三套方案中选择了第一套方案，同意按照该银行构建的慈善信托的架构运作。该信托现在已经进入了市民政局和教育局的审批流程，在各方的积极努力之下，全国首单慈善信托架构终于顺利诞生。

五、案例启示

信托制度目前在各类基金会的实际运作中已初具雏形，而我国也已经存在大量的公益基金，例如，教育基金、青少年发展基金、扶贫、助残奖学金，甚至劳保医疗基金等多种专项公益基金。但由于缺乏强有力的监督，公益基金屡次发生资金被挪用的情况，使得公益基金的诚信度较差，这一点曾一度成为客户质疑慈善信托的绊脚石。

无论是家族精神传承还是社会责任传承，客户家业常青和慈善的梦想成功通过信托这种契约化的模式得以实现。在该银行与客户的共同努力下，终于使得公益性信托得到了真正的落地与实施。

六、案例点评

瑞银与 Campden Wealth 联合发表的亚太区家族办公室研究报告显示：慈善事业正日渐成为亚太区家族办公室的重要议题，67% 的受访者表示有参与慈善事业，而目前尚未参与慈善事业的受访者中，有 25% 表示在未来三年有开展慈善事业的计划。

信托在风险隔离、按照客户意愿进行长期资金安排方面有着得天独厚的优势。慈善信托在国外社会公益事业中运用广泛，不仅能充分发挥信托的金融理财功能，通过受托人的积极管理，为委托人创造更大收益用于公益事业，向社会奉献爱心，还能使慈善机构基金会的资产管理更加专业、安全、有效；再者，慈善信托能吸引更多的社会投资人关注公益信托理念，扩大公益信托的规模，这样，更加有助于公益基金的发展壮大，进而推动中国公益慈善事业的进一步发展。

案例 *42*：定制服务，因您而变

一、案例背景

董先生是一家民营集团公司的总经理，对资本运作、财富管理有着独特的理念。当地银行同业普遍对与其企业合作极为注重，而对其个人资产管理很少有人问津、没有针对系统性营销提升，客户个人投资散落在各银行都是零敲散打。某银行的客户经理发掘了客户背后雄厚的资金实力和一系列尚未满足的定制化需求，如：现金管理需求、资产配置需求、税务筹划需求、公私业务联动需求等。

二、营销过程

基于此，该银行的客户经理首先根据董先生的现金管理要求，首次尝试为其配置 300 万元信托产品，受到客户欢迎，还介绍了自己其他企业高管来该行开立了金葵花卡。在而后的营销服务中，客户经理发现这位客户对自己的资产配置要求很高，提出使其在固定期限内通过金融资产配置提高个人资金收益的要求。为此支行专门定制一款票据产品锁定投资收益；随后该行又为客户量身订做了信贷转让项目，其中对项目风险、预期收益和投向等进行详细规划、说明，专业细致人性化的服务赢得客户好评，客户对该行针对高端客户订制产品的效率、专业赞不绝口。

在随后营销中，私人银行客户经理、支行理财经理对其在银行资产配置、投资收益定期分析通报，并就资金长短安排、税务筹划提出一些建议，并为其设计一对多专户产品方案，并再次签下千万元的私募基金大单。从客户资产配置到背后企业代发、公司业务联动，随着时间推移该银行与客户的合作不断深化。

然而，作为多家境内企业实际控制人、公司每年有数亿元的股权现金分红，客户还面临着个人资产合理避税、家庭传承等问题，并与私人银行中心了解稳定的财富管理模式，还表示了自己有意投资香港资本市场的计划，但在该银行已有业务经历中，还未曾有具体的实现方法能够解决此类问题。

三、解决方案

得悉这一信息，该银行私人银行随后不断跟进，一起与客户面谈。通过深度地充分了解客户后，发现境外家族信托应该是客户需要的最优解决方案。所以率先提出：依托多位一体跨境平台和家庭信托优势，围绕股权分红、资产配置、模式路径，并结合国外著名信托基金运作模式的方案，得到了客户认可。而后，该行充分整合资源，发挥境外全资子银行永隆银行的优势。经过总分行与客户十多次的电话会议和反复面谈沟通，终于为客户量身定制境外家族信托计划，赢得了客户极大的肯定。同时，除上门服务外，该行还通过全球连线系统进行客户见证、服务，保持密切合作、不断沟通，使双方合作机会更趋接近。

四、营销成果

经过三个多月的资源整合、方案设计，该行为客户定制的首单境外信托诞生了。此次境外信托的成功签约，彰显出该行在超高端私人银行客户定制服务的领头羊地位，也标志着该行私人银行总行在家族信托领域的又一历史性突破。

而最让人倍感欣慰的是，这种"私人订制"也让客户切实体验到该行的专业化高端服务。客户对银行优质的服务态度、资产管理的专注和产品创新的专业性表示高度评价。如今，客户已开始将其在他行的资产转移到该行，同时还帮助该行推介家族信托和资产管理服务。

五、案例启示

基于对财富管理的超前认识，该银行在国内银行中率先突破既有模式，提出了针对超高净值客户的定制化服务。

定制服务，其实就是该银行"家庭工作室"的核心思想，致力于为超高端客户提供定制化的财富保障与传承方案。这次家族信托的设立，不仅是该行私人银行事业的重要里程碑，更可以以此为契机，进一步了解客户，真正帮助客户实现财富传承心愿，解决对财富风险隔离的担忧。在这里，通过定制服务实现了银行与客户的长期合作，客户与银行的共同成长，同时也鉴证了高端客户的"家业常青"。

六、案例点评

定制化的服务能深入了解高端客户需求并和客户建立起最牢固的信任关系，使得该银行在竞争对手中脱颖而出，为日后深度经营客户及家族企业，进行全面的业务合作提供良好的契机。该行对于家族信托的工作推动，除了与家族信托本身之外，还着力于与客户理念和信念的共识。该银行为客户提供的不仅仅是家族信托产品，更是因您而变的服务和打开责任与信守这扇大门的钥匙！

案例 *43*：相伴十二年，以客户为中心

一、案例背景

客户尚先生与某银行接触长达十余年之久，一直和该行保持密切的关系。2002 年，客户尚先生结缘该银行，开立第一张一卡通；2003 年成该行首批金葵花贵宾客户，向理财经理提出量身定制家族信托的需求；2009 年成为该行首批钻石客户；2012 年成为该行达标私人银行客户，再次明确家族信托的需求；2013 年，该行为客人量身定制家族信托……这段文字记录着客户和该行从相识相知到信任托付的历程；也记录着该银行私人银行始终坚持"以客户需求为中心"，努力践行"助您家业常青"品牌理念的坚定步伐。

二、营销过程

最初，由于客户尚先生丰富的投资渠道和精明的性格，其资产分布在多家同业和第三方理财机构，同业资产量已大大多于存放在该行的资金。而在客户其他渠道存放的资金逐步到期的阶段，该银行客户经理会与部门负责人定期一起上门拜访，为客人出具详细的《投资理财建议书》，并向客户阐明该行私人银行客户服务体系和特色。

通过多次面谈，客户经理和投资顾问从了解客户需求入手，倾听客户心声。随着关系的熟络，距离的拉近，在言谈之中投资顾问了解到：客户在现有资产安全性，以及对自己年事渐高无法处理资产隔代传承等

问题上面存在着隐隐担忧。经过反复多次倾听和建议，投资顾问知晓了客户目前最需要解决的问题是资产的隔代传承。并且客户确定需要通过信托完成财富传承方案的设计，还主动表示需要该行为其进行信托方案的详细规划。

三、解决方案

为了帮助客户达成安全、稳定，且按照客户意愿持续支付的心愿，分行投资顾问认真与总行探讨可行性以后，为客户设计了保险、保险＋家族信托、家族信托等三个现金流规划方案，再次邀约客户并详细分析了各个方案的利弊，并为客户详细讲解了信托和保险在风险隔离和财富传承方面的异同点。

同时，在总行多部门的沟通、协作和论证下，不断为客户细化方案，沟通，反馈，提出疑虑，再沟通，再处理……整个过程持续了长达 8 个月之久，用投资顾问的专业和诚意一点点去化解客户心中的疑惑。并邀请客户参加"家族信托与财富传承"、"保险配置与遗产税规划"等一系列沙龙活动，逐步切实满足和启发客户的财富保障和传承需求。

四、营销成果

最后成型的期限长达 50 年的家族信托，不仅让该行重新了解了客户，与她共同分享生活中的喜怒哀乐，也真切地帮助客户实现了财富传承的心愿。签约当天，回顾合作的点点滴滴，客户、合作机构和投资顾问都流下了激动的泪水。签约完毕，客户又欣然提出新的需求，希望该银行能够借助信托的框架，在老家设立一个慈善信托，用于资助当地优秀的学生。客户的重托让投资顾问深深感受到：这就是该行以客户为中心的服务，多年细致的陪伴，已经带领投资顾问深入客户的内心世界、不断了解客户的真正需求。其实，签约仅仅是服务客户的开始，该行将竭尽全力陪伴客户共度精彩的人生和财富旅程！也会继续坚持"以客户为中心"、"因您而变"的理念，一路相伴，用心提供服务，用专业创造价值，让"中国最佳私人银行"品牌更加熠熠生辉！

五、案例启示

回顾该行陪伴客户 12 年一路走来,过程漫长而丰富。最终客户与银行签订家族信托长期合同,确立未来 50 年甚至更长期的合作计划,这些成功的秘诀在于:管户客户经理多年无微不至的服务打下信任的基础;整个团队对客户需求一直的高度重视及有序推进是坚强后盾,私人银行部门专业严谨的业务能力是强大的保障。每一个长期合作的客户,都倾注了总分行上上下下领导同事的大量心血和付出,每一个新增业务的开展,是客户需求推动的结果,是关系深入挖掘的结果,是信任逐步建立的结果,是专业能力提升的结果,也为该行私人银行部每一位员工坚定了发展方向和工作信心。

其实,由于国内的法律环境与经济发展阶段不同,以财富传承为目的的家族信托,并没有先例可循,该行坚持从满足客户需求的角度出发,构思和设计信托结构,以客户为中心,因客户而变,创新设计出符合现行法律架构下的财富传承家族信托。

六、案例点评

该行行长曾提到过:"银行要跟着客户的需求走、跟着资金的流向走,产品和业务创新的空间、潜力无限。"

其实,以客户为中心的顾客导向模式包括:银行的各条线对客户需求有着清晰的理解;银行可以通过系统而高效的方式对关键客户体验进行明智的投资;客户体验是否为围绕着客户体验。实现"以客户为中心"的转变,必须建立一个系统性的过程以塑造与客户的接触点,并确保客户可以通过任意一个接触点体验到品牌理念。用银行的专业服务和金融工具帮助客户达成目标是现代私人银行的历史使命,而"以客户为中心"应是一切行动的出发点。

案例 *44*：家族信托服务，助力家族财富传承

一、案例背景

王女士是某私人银行的高端客户，由于年龄及身体状况原因，资产代际传承的需求被提上议事日程。作为一家民营企业的股东，其名下持有的资产类别多样；其家庭结构包括了老中青三代。对于一般的财富传承工具，王女士对其优缺点已有充分了解，对于家族信托这一新兴传承工具也有所耳闻，但仍处于了解阶段。某私人银行客户经理小安在了解到客户的需求后，与银行总部取得联系，希望通过该行的特色家族信托服务实现客户需求。

二、营销过程

对于财富传承，每一位客户的家庭情况、资产状况、受益人挑选、分配意愿等情况的独特性，决定了每一份财富传承方案都必须为客户量身定做，而一份合适的解决方案必须基于对客户信息的全面了解。按照以往经验，由于财富传承涉及客户的核心隐私，除了一份详尽的尽职调查清单外，客户经理小安必须对客户需求进行引导，以便客户的核心需求得以全面展现。在前期的日常客户拜访中，小安了解到客户的资产类别具有多样性，在财富传承过程中可能会涉及税务、法律、资产配置等多方面的专业问题，所以在开始向客户介绍该行家族信托服务的同时，就与总行取得联系，借助该行私人银行家族信托业务的开放式合作平台开始协调各方面专业资源。

在初次拜访中，小安除了介绍一般家族信托的功能外，着重展示了该行"私礼传家"家族信托服务的特色；并根据王女士可能的需求点强调了服务内容私密性、信托财产多样性、分配功能全面性等三个核心功能。随着交谈的深入，王女士首先透露出其家庭状况：祖孙三代、对于众多孙辈的偏爱也各有不同，孙辈目前仍然单身；资产分布集中于境内，类型包括了现金类资产、房产、股权。王女士希望将其资产做隔代传承，分配比例在受益人之间要做到完全保密；除了现金类资产，房产、股权也传承给第三代；同时希望对受益人日后的生活和行为作出一定的约束。

小安对于利用家族信托以实现王女士需求给出了正面反馈，重点介绍了最基本的资金类家族信托，并请王女士随后填写客户信息尽职调查清单，为设计家族信托方案做准备。在结束拜访前，小安进一步询问，孙辈是否有结婚打算，并分享了一些目前婚后财产纷争的案例。此时王女士主动提及，自己之所以要隔代传承财富，主要原因在于这么多年对于子女配偶的不满，对于孙辈的交往对象尽管目前较为满意，但也并非无可挑剔。此时小安针对婚前财产保护，结合家族信托的功能为王女士做进一步比较说明。

在拜访后，总部先根据客户情况为王女士的现金类资产提出初步资产配置方案，并根据受益人的年龄特点，提出相应的以婚姻保障为特色的标准化产品。在第二次拜访中，小安首先介绍了现金类资产的初步配置方案及婚姻保障标准化产品。沟通后王女士对内容表示认可，但随后提出近期有不少机构与其接触，推介重点都是围绕资金型信托，因此她希望看到股权与房产传承的方案，这会是其评判机构专业度的重要考量；另外，因其受朋友影响，希望能为自己购买一份保险，并使孙辈受益。

王女士提供的尽职调查清单显示，其名下拥有的房产包括了普通住宅、别墅、商铺，而股权部分，其持有约10%的某家非上市企业的股份。小安在对资产状况初步分析后指出，房产的传承主要涉及各类型房产的相关税费，这里也涉及与当地税务机关的进一步沟通，股权也面临类似情况；王女士需要在家族信托的分配功能以及非现金类资产转入家族信托过程中产生的税费两者中做一平衡。对于保险，尽管保险金信托在国外已非常成熟，但在小安的印象中似乎从未听到过。小安最后提出，下一步该行将联合律师、税务师及信托公司对房产进行税费评估，并设计可行的股权信托交易结构，以达到法律障碍小、税务成本低、操作便捷的目的；另外，基于集团综合金融的优势，将尽快协调集团内部资源对保单与家族信托业务相结合的业务模式做进一步评估。

三、解决方案

在获得客户详细信息后，银行总部立刻与律师、税务师及信托公司展开业务论证。对于股权部分，由于我国信托立法以及信托税收立法的不完善，王女士在境内设立股权家族信托时可能面临特定的法律风险以及较高的税务成本。经过反复论证，该行提出了股权类家族信托典型交易结构，过程包括搭建目标公司母子公司架构、设立家族信托，在资金信托项下设立双层控股公司，通过一系列的操作，信托通过双层控股公司持有目标公司股权，经由前述操作，拟传承公司的核心资产转入目标公司，由家族信托间接持有。同时也指出王女士需要确认和考量的重点，包括如果拟传承公司未来有上市安排，在现有的法律规定及监管政策下，信托持股可能会构成障碍；股权转让是否能得以达成，还取决于公司其他股东是否同意转让等一系列问题。对于房产，税务师事务所首先出具了基于王女士所在城市的税费评估结果，同时银行提出了三套房产传承方案供王女士权衡利弊。对于保险金信托，由于目前保险法与信托法关于此类业务并无明确规定，该行组织保险方及信托方进行了多轮业务论证，提出了三条业务路径供进一步评估。针对某些现实制约，该行提出了分步操作的方案，先易后难、逐步推进，最终实现王女士财富的顺利传承。

四、营销成果

尽管王女士对于部分问题仍需时间权衡考量，但对于该行提出的包括各种可能传承路径优劣比较的家族信托方案表示十分满意。最终，王女士决定先以5000万元现金资产成立家族信托，待时机成熟后再将其他类资产放入家族信托；在分配方案中，王女士基本接受了该行私人银行的婚姻类标准产品并增加小部分个性化条款。

五、案例启示

通过这个案例，可以得到以下启示：

1. 专业素养的重要性

家族信托作为一种传承工具，其可实现传承财富的多样性，决定了业务团队必须具备高度专业性。同时，因为国内外行业发展阶段的不同，在部分专业领域国内并无现成经验可借鉴。因此，对于一线岗位人员，必须对各类资产的法规、税务特点有专业了解；对于支持岗位人员，必须能协调解决各类专业问题，具备判断选择细分领域专业服务机构的能力，并能最终统筹内外部各业务参与方，从产品落地的角度提出最终可行方案。

2. 掌握客户需求的重要性

家族信托作为一种新兴财富传承方式，其最大特点之一在于其私人定制化。而实现这一功能的基础在于对客户需求的全面掌握，包括表面需求的确认及潜在需求的引导。客户的核心需求与其私密程度挂钩，而部分核心需求可能连客户自身都会忽略，但满足这类需求可能正好是家族信托功能的优势所在。一般需求不难发掘，但潜藏需求的挖掘则需要从业人员长期的客户关系维护以及高度专业的业务能力。

3. 创新能力的重要性

正因为家族信托业务在国内目前仍处于起步阶段，整本法规环境、行业规则并非尽善尽美。国外的成熟经验并不能直接嫁接至国内使用。如何突破现实"瓶颈"，需要各方的充分参与，共同探索出一个适合国情的创新业务模式。

六、案例点评

私人银行业务有几点可以从这个成功的营销案例中借鉴和开展：

1. 建立开放式业务合作平台

该行私人银行在最初搭建业务架构时就考虑到开放式合作平台的重要性。由于家族信托业务的复杂性，需要多个专业领域的同时配合；而家族信托因其具有私人定制化的特性，能够满足客户多样化的需求。在每一个领域中，众多的专业机构都有其自身的业务特色。而要契合每一位家族信托客户自身的独特性，就需要银行能够为客户挑选最适合其需求的合作机构。所以在业务架构上，根据市场的变化，通过持续筛选合适的专业机构，将其纳入私人银行的合作平台中，得以让为客户提供真正差异化专业服务成为可能。

2. 建立高效、专业的业务流程

家族信托业务流程主要分为了解客户、提出方案、咨询反馈和方案落实四个阶段。在了解客户阶段，一线人员需要与客户充分沟通并能基于初步信息对客户需求作出专业判断，即客户想做什么与家族信托能做什么之间得到匹配。在提出方案阶段，客户经理依托的是业务平台上的各种专业资源，以股权信托为例，依据客户自身情况的不同，一个合适的信托框架需要信托、税务、法律的多方论证；如何有效协调各方并推进方案落实则是一个重要挑战。在咨询反馈阶段，初步方案满足客户核心需求后，客户很可能进一步提出各种新需求，如何管理客户预期、合理调整方案并评估沟通由此带来的各种影响，则需要一线人员与银行总部的持续密切配合。在方案落实阶段，家族信托的长期有效运行则需依托银行与各专业机构间的有效协作，规范高效的机构间操作流程为此提供了坚实保障。

案例 *45*：专业化团队协助家族财富有序传承

一、案例背景

客户孙女士为某银行私银客户，其与爱人经营一家全国连锁企业，该企业主要从事商品批发。通过夫妻二人多年的打拼，该企业在当地规模逐步扩大，市场份额已超过 70%，成为当地的行业龙头。2014 年，客户所在企业成功上市，其家庭资产总量出现跨越式增长。

二、营销过程

孙女士多年前即为某银行的贵宾客户，但由于客户平时工作较忙，搬家后来行办理业务的次数逐步减少，行内资产出现了下降趋势。支行客户经理注意到了客户资产的变动，及时联络私人银行专职团队与客户见面，介绍某银行的私人银行业务，发掘客户业务需求。通过详尽的介绍，孙女士了解到了私人银行的特色服务。同时，私人银行专职团队也了解到，由于孙女士平时工作较忙，理财知识相对匮乏，资产配置主要集中于短期固定收益理财，综合资产回报率较低，客户希望通过综合化的理财规划配置家庭资产，在风险可控的前提下提升家庭资产回报率。

通过对客户情况的详尽了解，私人银行专职团队从两方面入手对客户进行系统化营销。首先，通过高层营销让客户增加信任度，拉近与客户的距离。其次是私人银行专职团队撰写专业的财富规划方案并协助客户执行，每月与客户定期检视方案运行成果，并根据宏观经济的变化适时调整，增加与客户见面沟通的频率，打破距离隔阂。

随着与客户沟通次数的增多，私人银行专职团队的专业能力渐渐得到了孙女士的认可和信任，支行个金客户经理的日常金融服务增加了客户感情的粘度，客户家庭资产的份额在该行逐步扩大。通过和客户的持续沟通，私人银行专职团队了解到，孙女士夫妇对于自己唯一的孩子极为看重，希望资产在其子不同的人生阶段有序传承，但又不希望子女一次性拥有大量财富而形成倦怠思想，影响孩子的成长。

在详尽了解到客户的多维度需求后，私人银行团队联系总行私人银行中心、国际信托，利用某银行全牌照的金融优势，在强大的专业团队的支撑下，为客户提供了详尽的家族信托方案，对于客户不同的需求都提供了相应的专业解决方案，赢得了客户的高度认可，并签订了家族信托意向协议，迈出了家族信托业务营销的第一步。

三、解决方案

通过了解，私人银行专职团队主要从以下三个主要方面为客户制定家族信托方案。

第一，在客户孩子不同的成长阶段，按照客户意愿逐步过渡家族资产，并保留更改分配频率与金额的权利。

第二，由于客户不追求高收益，家族信托注入资产配置目标为在控制风险的前提下保值增值。

第三，家族信托成立合法合规，起到家庭资产防火墙的作用。

并且，私人银行专职团队反复与客户沟通，在产品设计中满足客户多维度的业务需求。团队协作和专业化服务赢得了孙女士的绝对信任。

四、营销成果

在信托方案的框架内，私人银行专职团队协助信托公司为客户进行财产尽职调查等诸多环节，最终与孙女士签署了家族信托合同，分批次注入资金 3000 万元，并承诺随着股权的减持及其他资金的回笼，逐步增加家族信托资金总量。

随着财富规划方案的执行及家族信托业务的办理，客户已把该行作为其重点合作银行，增加了在该行的资产份额，对公、对私业务合作逐步增加。

五、案例启示

通过这个案例，我们得到以下启示：

1. 专业能力在客户服务中的重要性

高净值客户本身就是各家银行竞争的重点，在银行产品同质化的市场环境下，专业化的服务是客户选择银行的首选因素，如何通过专业化的服务，满足高净值客户金融及非金融的差异化需求，成为银行竞争的重点。

2. 团队协作提升客户营销效率

单一营销已不能满足高净值客户多元化差异性的金融及非金融需求，只有通过团队协作，多层级介入，专业分工，才可能提升客户营销的效率，提高营销的成功概率。

3. 以客户为中心不断创新业务模式

私人银行客户的需求是差异化的，并且随着经济的发展不断变化，只有不断创新业务模式，才有可能满足客户不断变化的金融及非金融需求，以客户为中心，以客户的实际需求为出发点，才是业务发展的重心。

六、案例点评

家族信托业务有几点可以从这个案例中借鉴和开展。

1. 建立部门横向联动机制

由于私人银行业务涵盖金融及非金融等各项环节，银行内部应该将私人银行中心与各部门的横向联动机制，利用银行的综合优势，满足高净值客户的各项差异化需求，从而提升客户的营销效率，提高个金、对公的综合收益。

2. 普及高净值客户财富规划方案

针对家族信托这样的复杂业务，由于其业务周期长，涉及环节多，所以在业务进行过程中需要客户的绝对信任，通过普及高净值客户财富规划方案，不仅可以增加客户的信任，一定频次的资产检视还可以增加与客户的见面机会，提高客户与银行的粘度。

案例 *46*：家族信托，助力房产传承

一、案例背景

北京居民宋芳女士是某银行的私人银行客户，已步入花甲之年。早年与丈夫在北京房价"起飞"前购置了十几套房产，既有住宅也有商铺，目前总估值已过亿元。老伴百年之后，这些房产全由宋芳女士自己打理，每月光租金收入便已远大于自己和子女的总开销。

二、营销过程

私人银行客户经理在与宋女士的交流过程中无意发现她隐藏在衣食无忧表象下的心事。宋女士的女儿已结婚，儿子也宣布要结婚，她担心自己哪天突然身体出现情况，也担心一儿一女有离婚风险。所以，想把房产留给儿女，以防备以后万一儿女婚姻出现问题，他们的财产和生活不会受到太大影响，并希望找到一个有效办法把后辈的婚姻风险隔断。

三、解决方案

私人银行客户经理和宋女士进行了一次深谈。在了解宋女士的资产情况与需求之后，建议客户通过该行合作方××信托公司，设立一个单一资金信托，宋女士本人为信托的发起人和委托人，××信托公司作为受托人，而包括其儿女在内的"直系血亲后代非配偶继承人"则为信托

受益人，之后由该信托对宋女士指定的房产发出购买要约，实现该信托对房产的控制。

私人银行客户经理向宋女士又进行了深入的解释：目前国内家族信托有单一、资金、他益及不可撤销四大要素。其中"资金"这一要素是指基于信托登记的相关法规局限，家族信托必须以资金作为信托财产设立且不得是债务性资金，这也就需要宋女士通过自己出资设立信托购买其房产来实现资产保护。"虽然房产是在信托的名下，但宋女士及儿女能自由支配。这相当于'左兜掏右兜'，但却通过信托实现了财产的隔离保护"形象生动地讲解打消了宋女士的顾虑。

四、营销成果

宋女士经过深思熟虑，接受了私人银行客户经理的方案，除留下几套自住房，将位于北京核心地段的十几套房产全部"卖"给了由她成立的家族信托。未来即使子女出现婚姻风险，这些房产依旧能保证属于"直系血亲后代非配偶继承人"，通过家族信托架构的搭建，解决了客户的后顾之忧，宋女士对银行的满意度也大大提高。

值得注意的是，宋女士的资金信托购买其房产时，需要按北京当地的要求缴纳二手房交易费用，而在信托持有这些房产后，每年还需按照国家和地方政府规定缴纳 0.84% 的房产持有税。以上各项费用的加总并不低，但在目前的法律框架下，这些税费均无法避免。

五、案例启示

家族信托的客户，往往看重的是其财产保护与传承的功能。由于家族信托的存续期通常较长，因此在信托收益的处置上，不同的客户对收益再投资的需求差别较大，但对收益率的要求差别却不至于相去甚远。目前客户在姻缘与血缘风险管理前提下对家族信托的资金收益的再投资，回报率普遍要求并不高，有些客户只要求收益率超过 CPI 即可。客户经理在私人银行客户的服务过程中，应充分了解客户的需求，利用家族信托帮助客户实现家族财富传承的目的。

六、案例点评

得益于过去几十年中国经济高速的增长，实体创富以及房地产暴涨带来的财富效应，中国出现了一批以商贸企业家和房产投资者为代表的超高净值人群。随着第一代企业家逐渐退居幕后，以及房地产市场的"新常态"，财富传承已成为这类高净值人群近来最为关心的主题之一。私人银行客户对家族信托的需求正在上升，未来潜力依然巨大。现实的需求主要来自企业家等高净值人群在财富传承时，希望通过家族信托将个人与企业的财产加以隔离，以及规避子女婚姻等风险。

而具体到房产主题的家族信托，除了企业家等超高净值人群，还有一批因为房地产市场爆发性增长而积累了大量房产的高净值人士，同样面临财富传承时的子女姻缘风险，尽管在目前的制度下，将房地产过户至信托产生的税费无法避免，且未来信托持有房产需要继续缴纳一定税费，但以不动产作为委托财产的家族信托在人情多变、利益诉求多元化，姻缘与血缘风险显性化的当今社会依然具有很现实的需求基础。

案例 47：以家族信托服务，为客户提供综合服务

一、案例背景

私人银行客户、企业家王先生一直事业成功、家庭和美，但最近却祸不单行，被确诊身患绝症。

王先生有一儿一女，儿子25岁，准备结婚，但王先生对这个儿媳妇不满意，还有一个小女儿3岁。王先生日前正在紧锣密鼓筹备家族企业上市，尽职调查中被告知，王先生公私账户不分，企业资金经常通过个人账户进出，这既影响企业上市，又影响到家产稳定安全。

二、营销过程

通过与王先生的多次沟通交流，客户经理了解到他面临家庭与企业的双重麻烦，王先生的担心：一是孩子未来生活保障，如果自己去世后，如何长期保障两个孩子未来的生活；二是婚姻财产外流，如果妻子改嫁，家庭资产势必外流，未来的儿媳妇也有可能分割走大笔财产，如何规避；三是企业债务牵连家庭，企业资产与家庭资产混淆不分，面临的风险很大，一旦企业经营不善，会直接牵连家庭，家庭生活保障性资产就可能要帮企业偿还债务，怎样在企业与家业之间建立债务防火墙。客户急需要私人银行来提供解决方案。

三、解决方案

私人银行团队通力合作，利用信托具有财富传承、财富保护、资产保障和债务隔离的特点，制定了家族信托方案可解决王先生的需求：

一是在信托方案里，测算好两个孩子每年必需的生活保障金，按月领取，另外，按照王先生意愿设计安排在子女上大学、创业、结婚、疾病等时点分别领取一笔资金。这体现了家族信托的财富传承功能。

二是在信托方案里约定，如果妻子将来改嫁，妻子从家族信托里领取的金额将减少。同时约定儿子儿媳可以每年从家族信托中领取资金，避免儿媳妇婚姻中转移财产，一旦离婚，儿媳就停止领取。这体现了家族信托婚姻财富保护功能。

三是家族信托一旦设立，信托财产即独立于王先生自有资金，按照《信托法》的规定，即便王先生企业或个人有了负债，信托财产也不用去偿还债务。这体现了家族信托资产保障和债务隔离功能。

四、营销成果

客户采纳了私人银行提供的方案。

五、案例启示

1. 以客户需求为导向。面见客户之前的准备工作很重要，要抓住每一次和客户沟通的机会，了解明确客户需求。

2. 以顾问咨询为驱动。家族信托服务不是简单的产品销售，而是财富传承与保障综合解决方案。

3. 以团队合作为保障。客户维护工作不能仅仅依靠财富顾问的单打独斗，"1＋1＋N"三级维护团队的良好沟通是前提，团队协作是保障。

4. 以专业精神为支撑。润物无声，恒业行远。财富顾问与客户的相知、相识到相互之间的信任是一个逐渐递进的过程。

六、案例点评

财富顾问要掌握财富传承与资产保障专业知识，能够给客户出具保险、信托、遗嘱等一揽子财富传承与保障套餐方案。耐心和专业，以及持续的维护才能赢得客户。

案例 *48*：设计家族信托方案，为客户进行风险隔离

一、案例背景

周女士，50 多岁，国内一家知名制造企业董事长的妻子，有过两次婚姻，两个儿子分别来自两个不同的家庭，大儿子目前在读高中，小儿子读初中。她与现任丈夫既是夫妻又是合作伙伴，在制造业行业里一做就是几十年，积累下数亿元的财富。

周女士打理家族财富的主要方式是购买保险、房产和理财产品，也包括一些信托产品。她是某银行私人银行的高端客户，不久前被检查出身患癌症。

二、营销过程

分行财富顾问电话回访周女士时得知她身患癌症这个消息，对周女士非常关心并约其在分行见面。当面容憔悴的周女士来到了分行会议室时，私人银行财富顾问和刚刚从总行飞来的投资顾问已经在等候她了。财富顾问特意准备了一些健康食品送给周女士并对周女士表示了问候。

接下来的几个月，周女士经常与××银行私人银行团队沟通，内容基本围绕家族中过去一些生意与生活的变化，有可能会给相关法律关系带来哪些改变。客户以前从未考虑过的一些问题、想法和信息，也都被私人银行高端客户专属团队一点点激发和挖掘出来。她与大多数内地企

业家一样，更重视企业的资产，而轻视家庭或个人资产。在家庭与企业之间并未建立一堵防火墙，两者的资金常常任意划转。除此之外，周女士还在考虑以后如何将财富在两个儿子之间分配，因为两个儿子来自两个不同的家庭，关系不是很融洽，且两个儿子都不上进也令其十分担忧。

三、解决方案

私人银行团队根据周女士自身和家庭的状况，为她设计了一套家族信托方案。客户以前从未关心过家族信托，更不知它与国内流行的一些商事信托有什么区别，在她被诊断癌症后，她开始审视家人与财富之间的关系，并终于决定尝试去了解家族信托。

私人银行经过与周女士反复讨论，制定了详细的规划方案。通过设计境内家族信托和交易结构来实现财富的隔离、传承和支付。多次面谈后，客户认为通过信托进行风险隔离和财富传承的功能非常贴合自己的实际需要，通过家族信托的设立，将财产所有权转移至信托公司名下，所以从法律层面来说，被划入家族信托的资产就被分割出企业和家族之外，这就是所谓的隔离和保护作用。而在节税方面，由于受托人向受益人所支付的、源于信托财产本金、信托利益的增值，在法律规定上不属于投资交易产生的受益，所以不存在增值税、营业税和所得税等问题。同时由于资产所有权已经转移给受托人，在法律上已经不归属委托人所有，也因此不属于遗产范围之内，以后就不用担心遗产税出台的问题。周女士还考虑在信托中加入约束条款来约束两个儿子的行为，这些条款包括：如果孩子考不上大学就一分钱都拿不到；如果考上父母列出的几所知名学校或是选择不断深造，那么他支配的钱就会多一些，等等。

四、营销成果

经过多次反复沟通、聆听和建议，以及长达几个月的沟通，周女士终于在某银行设立了家族信托。在核心规划中，同时满足了客户风险隔离以及财富传承两方面的需求。

周女士对此方案非常满意，表示会和身边的一些企业家朋友介绍家族信托在风险隔离、财富传承等方面的作用，并为银行提供的周到细致的服务而感动。

五、案例启示

通过客户得癌症这一不幸事件挖掘客户背后的需求，并通过长期沟通跟进，与客户建立起信任关系，这种关系是客户最终签署家族信托的重要基础，同时客户对银行私人银行专业能力、服务能力和服务水平给予了高度的评价。

六、案例点评

家族信托可以实现财产的安全隔离和家族财富的传承。高净值客户多是企业实际控制人。由于在现实操作中，企业和个人的财产无法清晰界定，因而当企业面临财务危机时，个人资产往往也成为债务追偿的对象。而信托资产是独立存在的，其名义所有权属于受托人，与委托人、受托人、受益人的其他财产相隔离。也就是说，委托人的任何变故都不会影响信托资产的存在，受益人是通过享有信托受益权（而不是遗产本身）获得利益及享有信托文件指定的管理权限。这就使债权人无权对信托财产进行追索（除非信托财产为非法所得），从而降低企业经营风险对家族财富可能产生的重大不利影响。最为重要的是，通过家族信托，受益人以外的其他人无法通过法庭判决来争夺遗产，从而避免了相关法律纠纷。

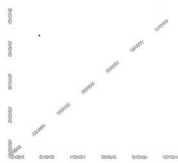

第五篇
专业化咨询服务篇

案例*49*：用专业化顾问咨询服务，满足客户个性化资产配置需求

一、案例背景

客户李先生及其太太原来在大型国有企业担任高级管理人员，20世纪90年代夫妻辞职开始创业，凭借其在化工行业内领先的技术及广泛的人脉，企业运营近20年，积累了一定的财富，家庭年收入超过1000万元。公司服务于国内外多家企业，其间不乏联合利华、宝洁等全球知名企业，目前客户企业准备大力拓展海外业务。夫妇育有一子，准备去美国留学，未来有移居美国的计划并考虑购置物业。

二、营销过程

财富顾问在该客户营销过程中，广泛收集客户信息，并通过与该客户的多次沟通了解，敏锐地发现和捕捉到客户需求，一是客户希望在专业机构的打理下，其金融资产也能在保值的前提下稳健增值。二是客户企业一旦海外项目踏上正轨，可能有融资需求及离岸结算需求。三是客户希望提前做好财富传承规划。四是客户子女准备去美国留学，未来几年有移居美国的计划并计划购置境外物业。

针对客户需求，财富顾问向客户介绍了该行私人银行专属投资账户服务、顾问咨询服务、家族信托服务等综合化的金融服务，并整合行内外资源，为客户量体裁衣，给出最为合理的资产配置方案。并联系税务师事务所、留学机构为客户提供税务规划、留学移民等顾问咨询服务。

客户对该行专业的投研队伍以及财富顾问的专业素养给予认可，并表示接受该行提供的专属服务。

三、解决方案

在沟通中了解到，客户企业有拓展海外市场的意向，初步打算在新加坡设立公司。财富顾问以此为切入点，整合资源为客户引荐知名外贸企业，咨询在前期拓展海外业务中如何快速获得相应资质问题；为客户联系离岸业务部给予客户离岸金融业务指导；同时，针对客户在新加坡设立公司以及调整业务模式的需求，为客户联系合作的外部税务师事务所提供税务咨询服务，客户对某银行顾问咨询服务非常认可，在几次三方沟通之后，还与某银行推荐的税务师事务所以常年税务顾问协议的方式逐步开始合作。

对于客户移民美国以及子女留学的规划，财富顾问引荐了第三方移民和留学机构为客户提供包括移民咨询、留学咨询、申请学校、办理签证评估等顾问咨询服务。

对于客户希望财富能够保值增值的投资目标，财富顾问建议客户通过私人银行专属投资账户服务尊享某银行个性化的资产配置、专业化的投资管理、全流程的风险管理和便捷的投资服务方式。通过全面分析客户的个性化理财投资需求和风险偏好，财富顾问为客户提供了资产配置建议书，根据客户选择的资产配置方案，给定客户在现金管理类、固定收益类、权益类、另类及其他的建议配置比例，结合客户移民美国的打算，建议客户适当加大美元资产的配置比例，同时增加黄金资产配置以对冲美元外汇风险。另外，考虑到客户个人和企业资产需要进行部分隔离，建立家庭资产防火墙，为客户制定了一个较为全面的风险保障规划。

客户希望能够提前做好财富传承的规划和安排，财富顾问建议其通过家族信托来实现。会同相关信托公司根据客户个性化需求设计家族信托方案和交易结构；客户表示对于这项海外高净值人士财富传承管理的重要金融工具很感兴趣，希望能更深入地了解此项业务，目前财富顾问就客户的具体需求正在制定相应的规划方案。

四、营销成果

客户在某银行金融资产达到 1 亿元以上，对于某银行提供的顾问咨询服务非常满意。

五、案例启示

该案例的客户为典型的高净值客户，其对于私人银行的需求涵盖了资产管理、负债管理、顾问咨询、离岸金融等多个模块。财富顾问在营销过程中抛开单一产品营销的匮化思维模式，整合行内外资源，以高效率、高质量的顾问咨询服务解决客户在企业发展、规划、子女教育等多方面的需求。

六、案例点评

私人银行专属投资账户等资产管理的工具的运用，能够满足客户个性化资产配置需求，其专业化投资管理、全流程风险控制和便捷的投资服务方式，能够把客户在各大类资产配置上的比例调整到合理的范围内。

案例 *50*：以专业咨询为抓手，打造差异化增值服务

一、案例背景

王先生今年 45 岁，是一家玻璃器皿公司的老总，由于近期刚接受过税务检查，因此对税务方面的咨询服务有极大的需求。

二、营销过程

2014 年 6 月初，某银行南京分行私人银行部和无锡分行联合德勤私人客户服务团队，策划为无锡分行高端私人客户举办一场名为《企业税务规划及税务稽查应对》的顾问咨询沙龙活动。为了确保活动满足客户需求，分行私人银行部总经理带队拜访德勤南京分所，详细沟通活动方案，包括当地私人银行客户的特点与行业分布，以及对税务方面的顾问咨询需求。德勤为此派出南京分所税务部总监及高级经理作为主讲嘉宾，并精心准备课件。

《企业税务规划及税务稽查应对》沙龙活动在无锡太湖皇冠假日酒店如期举行，与会的私人银行客户超过 30 人。两位主讲嘉宾分别围绕企业税务稽查风险应对以及企业跨境税务筹划两个主题展开探讨，并在交流中分享了众多现实案例和实务经验。不少客户积极提问，会场气氛热烈，不少典型的税务问题得到了客户的广泛共鸣，客户现场反馈该活动真正让他们从中受益。

王先生更是对本次沙龙课题尤为关注，他携其夫人与公司财务总监

前来，在会场上便提出了困扰企业发展的若干问题，同时对德勤提出的"结合商业模式发展和变化的需要，预先进行税务规划，以时间换空间"的思路非常感兴趣，表达了进一步交流的明确意向。

三、解决方案

在得知客户的需求后，总行私人银行部、南京分行私人银行部和无锡分行积极收集了意向客户的信息，并且与德勤共同按照"2×2×2"规则（2天、2周、2月）定期跟进客户。受德勤邀请，该客户又专赴德勤南京分所与税务总监、高级经理就企业具体情况和服务需求进行了当面交流。德勤更是在该客户至新加坡旅游期间，安排其到德勤新加坡分所参观。借此机会，客户对我行及德勤的服务有了全面的认识。

四、营销成果

通过与德勤多次交流，客户对德勤的技术力量、专业能力和服务思路非常认可，并决定聘用德勤担任其企业的"常年税务顾问"，第一单私人银行顾问咨询服务由此成功签约。

通常在一份典型的"常年税务顾问"服务协议下，德勤会根据客户的需求，在一年时间内提供若干小时（例如40、80或100小时）的咨询时间，由专门的客户服务主管合伙人、项目经理与项目团队与客户（如有需要，包括其企业的管理团队）进行对接，为客户在日常生产经营活动过程中可能遇到的税务及商务问题提供咨询建议。经过这一系列的服务，客户的需求得到了最大化的满足，对银行提供的顾问咨询服务赞不绝口。

五、案例启示

本次的成功实现私人银行顾问咨询服务第一单签约，为该行的顾问咨询服务推广做出了良好的示范，顾问咨询服务的推广也进一步拉近了银行与客户之间的合作关系，为私人银行业务的长期持续发展奠定了良好的基础。

六、案例点评

总行私人银行部提供的顾问咨询服务涵盖了税务、法律、离岸业务、海外教育等多个领域的专业服务，提高了私人银行服务的广度，增加了客户黏度，也为后续为私人银行客户提供公司、零售及私人银行综合服务积累了经验。

案例 *51*：巧借移民咨询，实现私银客户境外资产配置方案

一、案例背景

刘太太是某银行私人银行多年的客户。虽然夫妻二人均未过 40 岁，但是因 20 世纪 90 年代中期已下海经商，恰逢所在行业发展的黄金时期，夫妻二人经营得当，已累积几亿元身家，并育有一个 10 岁的独子。因夫妻二人均未受过正统高等教育，遂将全部希望寄托于孩子身上，对孩子的学习要求非常严格。近年来，随着孩子年龄的增长，课业压力逐渐加大，心疼孩子的刘太太萌生了让孩子去海外留学的念头。经过多方考察和朋友的介绍，刘太太决定让儿子小学毕业后即赴美接受中学教育，并选定了当地一家较为出名的留学移民机构，借此机会申请美国的投资移民项目。

二、营销过程

因为夫妻二人感情很好，孩子年龄又小，刘太太最初的计划是一家三口集体投资移民美国，在递交申请材料的过程中，因为需要某银行为其出具相关的资产证明，便将其移民计划透露给了熟识的客户经理。该银行私人银行自 2013 年便展开与境内专业机构的全面合作，为客户经理和投资顾问进行了多场专业知识培训，尤其在涉及投资移民对中国高净值人士的税务影响，以及在海外购买不动产的法律架构等方面进行了多次讲解和专业知识的普及，力求让客户经理和投资顾问能够及时发现客户的需求，并协助专业机构为客户提供全方位的税务及法律咨询服务。

根据多年来对刘太太家庭状况的了解，客户经理敏锐地发觉，以刘太太夫妻二人的身家，若全家移民美国，日后将面临高昂的美国所得税及遗产税税负。而这些税务影响，协助刘太太办理投资移民的中介机构从未向刘太太提及。因此，客户经理和投资顾问及时与刘太太沟通了移民美国所面临的种种法律及税务影响，并同期邀请第三方专家介入，为刘太太家人提供移民及境外资产配置的"健康梳理"服务。

三、解决方案

通过对刘太太家人生活习惯、企业运营特点、家庭资产类别、未来生活规划等多项要素的全面分析，专业机构从税务规划及法律传承的角度出发，为刘太太家族提供了以下移民及境外资产配置方案：

以刘太太作为主申请人申请美国的投资移民计划；而刘先生则放弃申请美国的绿卡，继续保留中国国籍；为了最大限度地降低家庭的整体税务负担，以先生的名义，在境外成立家族信托，完成在美国的置业需求，而不再以刘太太或儿子私人的名义在美国置业。

以境外家族信托持有美国境内资产从而使美籍人士受益的方案，不仅能将家庭的美国所得税税负降至最低，更可以有效保证日后财富传承时，合理合法规避美国遗产税的征收及缴纳。同时，境外信托的运用更提早将家庭的境外资产进行了有效的法律隔离，防止日后因婚姻关系变更或个人财务状况转差可能带来的资产分割诉讼。

四、营销成果

刘先生和刘太太认真听取了专业机构的意见，并最终采用了该机构建议的移民及资产持有架构方案。刘太太将已经递交的移民申请及时暂停，夫妻二人重新进行了家庭内部资产梳理及分配后，由刘太太作为主申请人再次申请美国的投资移民项目。

在服务过程中，客户已在该银行境内分行追加了几百万元的金融资产。同时，在了解到客户已经在境外配置了一定的金融资产，但多分散于各外资银行，未进行全方位的规划与打理，客户经理及时联络该银行香港分行的相关投资顾问，根据客户的风险接受程度，由香港分行为客户量身定制了专属的投资方案。经认可，客户将其在香港逾千万港币的金融资产转入该银行香港分行进行投资理财。

五、案例启示

在协助客户与专业机构沟通的过程中，客户与私人银行客户经理建立了更为紧密的联系，并大幅提高了对该银行的信任度。客户经理更是花了很多时间阅读并研究专业机构提供的移民案例及税务条例，协助客户分析移民目标国选择不当有可能对家庭带来的不良影响，获得了客户的高度赞扬。

六、案例点评

首先，私人银行应通过对客户经理及投资顾问等前线人员非金融类知识的专业培训，提升其对客户多元化服务需求的敏感度，借此拓宽客户经理及投资顾问的眼界，在私人银行传统业务外，深度挖掘高净值客户的全方位需求。其次，通过境内总行与分行联动，并充分利用已有境外分行的平台及力量，私人银行可及时满足现阶段中国高净值客户"走出去"的需求，协助客户打造投资境外的最佳方案及路线，避免客户"走弯路"、"走错路"。另外，引入专业机构的协助，可以在私人银行传统业务的基础上，提供一揽子的方案，切实解决高净值客户个人、家族甚至企业的需求，丰富私人银行的产品货架及服务内容。

随着金融市场服务的逐渐细分及高净值客户群体特性的日趋明显，私人银行应力求打破"私人银行就是卖高端理财产品"的固定思维模式，深度解析欧美成熟的私人银行服务体系，寻求境内私人银行为高净值客户服务的业务模式。刘女士的案例充分表明，提升自身专业素质，通过传统业务及非金融业务的联动，才能大幅提高客户的黏性及对银行的信任度，实现打造私人银行品牌及实现银行效益的双赢。

案例 *52*：通过专业咨询，实现资产配置引导

一、案例背景

陈先生是一名勇于开拓的浙商，已成就了一番事业。通过与客户的多次沟通，客户经理了解到他是浙江商会的领军人物之一。

二、营销过程

陈先生对于风险的偏好较高，并对资金的流动性比较关注，普通的银行理财产品在收益和流动性上很难满足他的心理预期。客户经理在与客户进行市场分析和探讨时发现除了客户所从事的主业房地产外，客户对于医疗行业也比较看好。

三、解决方案

客户经理基于客户对于医疗行业前景的看好，向客户推荐了医疗保健股权投资基金，并向客户说明该类产品投资于具有发展潜力的非上市企业，最终通过上市或并购等方式退出获利，一旦上市，获利空间比固定收益类产品更高，但相应的作为股权类投资，其优先级劣后于债权，风险也较高。客户在查询了相关资料后认购了该产品，以期获得该行业成长带来的长期收益。在后续工作中，客户经理经常与陈先生共同分享医疗行业的发展情况，并将产品投资运作情况及时通知陈先生。

四、营销成果

浙商会的企业主们经常聚在一起交流经验和投资方向，商会成员之间互相信任、互相支持。当客户经理向客户表示是否可以推荐对产品感兴趣的朋友一起参加路演时，客户二话不说即答应了。经过推荐，陈先生介绍的朋友并没有立即认购同样的产品，只是在某银行开立了账户。在后续跟踪中，客户经理通过信用卡、体检体验等服务让这些企业主对于私人银行服务有进一步的了解，同时邀请这些客户参加各类投资讲座以及私募股权、私募基金类产品的路演，让他们对于资本市场有更深入的了解。平时，客户经理还会将基本面信息进行简化和整理，发给这些客户分享。在后续客户经理的跟踪维护下认同了客户经理的专业专注，几年中陆续有4位企业主成为运标私人银行客户。

五、案例启示

对于不同风险偏好的客户，可以进行不同类型资产配置的引导，如稳健和保守型客户可以推荐银行理财产品和货币型基金等，对于风险偏好较高的客户，可以推荐代销的信托、私募产品等，但最终目标是运用自身的专业能力成为客户的投资咨询顾问，才不会因为缺乏客户所需要的产品而降低客户的忠诚度。

六、案例点评

通过抓住商会中的核心人物，不仅在产品营销上会有羊群效应，通过圈子内部引荐可以更加自然地与新客户建立信赖感，把客户推荐客户的雪球越滚越大。

案例 *53*：以专业咨询，解决
客户法律风险

一、案例背景

客户王女士系一家能源公司的董事长，公司拟在香港上市，客户已过知天命之年，一儿一女均已成家，女儿在国外生活，儿子儿媳在家族企业任职。该客户属学者型，对金融领域有一定了解，签约前在某银行稳定的金融资产约 500 万元。

二、营销过程

客户经理在与女士沟通交流过程中了解到客户面临诸多需要私人银行解决的问题：

1. 在境外配置资产面临哪些法律税务风险；
2. 如何在保证资产安全的前提下，获取稳定的投资回报；
3. 家庭财产传承分配方案。

三、解决方案

针对王女士的需求，该银行提供了一揽子的服务方案：

1. 顾问咨询服务。私人银行专家团队协同海外分行为王女士提供私人银行法律税务咨询服务。针对王女士计划在香港购买黄金、不动产的需求提供了相应的资产配置服务方案，并对可能的风险点做了提示，服务方案得到客户的肯定。赠送《××银行私人银行资产配置报告》，邀请客户参加国内知名经济学家对报告进行的详细解析。

2. 资产配置服务。财富顾问根据前期为王女士制作的资产配置服务方案为其进行投资规划，提供资产配置建议，并后续跟进配置方案中各类产品的运作情况，定期检视配置方案，更新配置。其中总行专门为其定制了一款低风险产品，满足客户该部分产品配置需求。

3. 财富保障与传承服务。针对王女士对家族财产传承的需求，财富顾问协同合作律师首先对《新婚姻法》做了简要解读，并初步为其设计了财富传承方案，通过综合运用保险、信托等工具灵活地实现客户的财富保障与传承需求。

四、营销成果

王女士在该银行稳定的金融资产逐步提升至 3000 万元，实现了资产结构多元化，增加了黄金、外汇和国债配置共计 800 万元，购买 QDII、基金等共计 600 万元，客户对公账户资金也进一步归集。客户公司已启动在香港上市的筹备工作，王女士表示届时将到该银行香港分行开户，并希望和私人银行专家团队保持长期联系。

五、案例启示

1. 以客户需求为导向。面见客户之前的准备工作很重要，要抓住每一次和客户沟通的机会，了解明确客户需求。

2. 以顾问咨询为驱动。法律税务咨询服务需求在私人银行客户群体中特别突出，通过法律税务咨询服务为切入点，赢得客户认可，为后续资产配置等服务打下基础，成功地从"融资"转向"融智"。

3. 以团队合作为保障。客户维护工作不能仅仅依靠财富顾问的单打独斗，"1＋1＋N"三级维护团队的良好沟通是前提，团队协作是保障。

4. 以专业精神为支撑。润物无声，恒业行远。财富顾问与客户的相知、相识到相互间的信任是一个逐渐递进的过程。

六、案例点评

通过积极开展法律税务咨询服务对接客户需求，耐心、专业和持续地维护服务，才能赢得客户的依赖。

案例 *54*：通过深度专业咨询，帮助客户综合财富管理

一、案例背景

2014 年初，某银行温州分行上报了其私人银行客户李先生的家庭理财规划需求，该客户目前在该行金融资产 1000 万元，为私人银行钻石层级客户，由于目前国内经济环境较为复杂，李先生希望获取专业理财顾问的意见和建议。

1. 李先生具体家庭情况如下：李先生，浙江温州人士，现年 45 岁，私营企业主；妻子何女士，浙江义乌人士，全职太太；现年 40 岁，儿子现年 17 岁，就读于温州著名高中，成绩普通，李先生决定让儿子出国读书。

2. 李先生持有的资产状况（现值）：

（1）李先生公司名下固定资产：温州大宅，人民币 1000 万元（没抵押，下同）；杭州大宅，人民币 2000 万元；上海大宅，人民币 3000 万元。以上物业均以李发地产公司名义拥有。

（2）李先生个人名下资产：银行存款有人民币 2000 万元（本行 1000 万元）；国内股票有人民币 1000 万元（本金 1500 万元，持有 8 年）；艺术收藏（书画）有人民币 1000 万元（成本 1200 万元，持有 4 年）。

另外，李先生还有一家中型服装加工企业，成立于 1998 年，股东均为其家族亲戚共 5 人，注册资本 2000 万元，近三年平均年营业收入 10 亿元，以外贸为主，但是这几年行业利润率逐年下降，2013 年企业税后净利润仅 100 万元，企业员工人数多达 500 人。李先生也想获得一些企业发展的意见。

二、营销过程

根据温州分行及客户基本情况，私人银行部派投资顾问专业团队进行实地调研，并与李先生进行了充分沟通，进一步明确了李先生家庭理财需求：合理规划家庭资产配置方案、企业发展规划、家庭移民规划和子女留学规划。另外通过交流，李先生家庭还有资产传承、保险规划及养老规划等潜在理财规划需求。

在此，重点就李先生家庭资产现状及企业发展存在问题分析如下：

1. 李先生家庭资产现状

（1）风险资产占比高达 80%，其中房产占比 60%，股票占比 10%，艺术品投资占比 10%；

（2）资产流动性不足，按目前楼市及艺术品投资市场行情来看，其温州、杭州的房产，艺术品收藏等资产变现能力差；

（3）资产配置过于单一，家庭资产基本为人民币资产，缺少美元、澳元或欧元资产配置，且所有资产均在国内。

2. 李先生企业现状

（1）所属行业周期性强，劳动密集型企业，缺乏核心竞争力，且以出口为导向，随着国内外经济环境的变化，行业利润率呈逐年下降趋势。

（2）企业发展缺乏长期规划，企业成立 16 年，一直以外贸加工为主，没有自主品牌，也没有好好拓展过国内市场，所以企业业务品种过于单一。

（3）企业管理模式落后，家族企业管理模式影响企业发展速度，企业缺少优秀的专业人才，同时企业税务规划能力亟须提高。

三、解决方案

综合考虑，李先生家庭的移民、子女留学、资产传承、养老等各类需求，结合目前国内外经济环境，该银行就提出了完整全面的理财规划方案，现重点分析家庭资产配置及企业发展策略如下：

1. 家庭资产配置方案

降低家庭风险资产占比，根据目前国内经济环境，李先生家庭及企业现状，建议增加家庭核心（中低风险投资）资产比例至60%，卫星（高风险投资）资产占比至40%。由于李先生不精通股票和艺术品投资，所以建议其抛售艺术品收藏和股票，变现2000万元，然后再为其配置家庭核心资产如下：

投资标的	投资金额（万元）	预期年化收益	备　注
××银行掌柜钱包（每日可申购赎回）	100	5.5%	家庭及企业紧急备用金
××银行6个月人民币理财	200	7%	确保家庭短期现金回流，并预防投资收益波动
××银行6个月美元理财产品（50万美元）	300	4.5%	美元中长期预期上涨，且子女有留学需求
××银行12个月人民币理财	400	7.5%	作为家庭稳健核心资产投资
知名信托公司2年期以内产品	1200	9%	规避房地信托，尽量购买高层级的政府平台项目
合　计	2400	8%	

2. 家庭卫星资产配置方案

投资标的	投资金额（万元）	预期年化收益	备　注
国内量化对冲基金（龙旗投资量化对冲基金，2013年国内排名第一）	400	15%	知名对冲基金或基金公司产品，无论市场下行或上行均有获利机会
知名基金公司指数型基金	200	8%	根据目前大盘的点位，建议购买部分指数型基金。分享中国未来5年经济快速发展周期
境外股票投资基金（100万美元）	600	8%	美国及欧洲各国的股指均已回到2008年前的水平，可以分享海外资本市场的平均收益。同时，增加美元资产配置，预计未来美元资产价格上涨概率较大。同时也为海外移民做好准备

续表

投资标的	投资金额（万元）	预期年化收益	备　　注
××银行现货黄金	200	5%	目前黄金价格处于5年内低点，因此建议适当配置，抵御通货膨胀
境外大额保险一份	200	5%	为规避家庭意外风险，以李先生名义购买大额保单一份，同时保单现金价值可抵押变现，再投资
合计	1600	9%	

3. 李先生企业名下资产配置方案

目前李先生企业名下持有的固定资产高达6000万元，均没有抵押贷款，除温州房产自住外，其他物业没有出租，完全是投资性房产。具体建议两套方案供选择。

方案一：在海外免税国成立PIC公司，将国内房地开发公司变更为物业公司后通过股权交易的模式，代持温州和上海的房产（稀缺性，国际大都市建议保留，简单装修后出租），杭州房产先抛售，如果抛售成功则考虑儿子留学和移民的需求（移民和留学澳洲的建议）在澳洲买房，剩余资金办理妻子的移民所需。如果暂时不能抛售，则考虑内抵外贷的方式进行海外置业或留学等事宜，海外融资成本较低。

方案二：在海外成立家族信托，将企业名下房产注入家族信托，受益人为家族成员，同时抛售杭州房产，出租上海物业，获得现金可以考虑以信托名义购买海外投资性资产或物业。

4. 企业发展规划

（1）合理企业架构：引入三层架构（免税国—低税国—重税国）的目的是将企业资产控制权留在海外，减少企业税务。通过分级、分产业治理，设立企业防火墙，有效减小各公司的关联性。

（2）设立李氏品牌设计公司（香港）：设计自主服装品牌或代理海外知名品牌，与李氏服装贸易公司（上海）签订品牌特许经营权合作协议，将部分国内企业的利润转移至香港。

（3）李氏服装贸易有限公司（上海）：承接出国订单（OEM 订单业务），自主品牌成衣加工。

（4）李氏制衣厂（温州）：只负责成衣生产，不负责其他任何业务，并将企业土地转让给李氏物业管理公司，将企业变成轻资产公司。

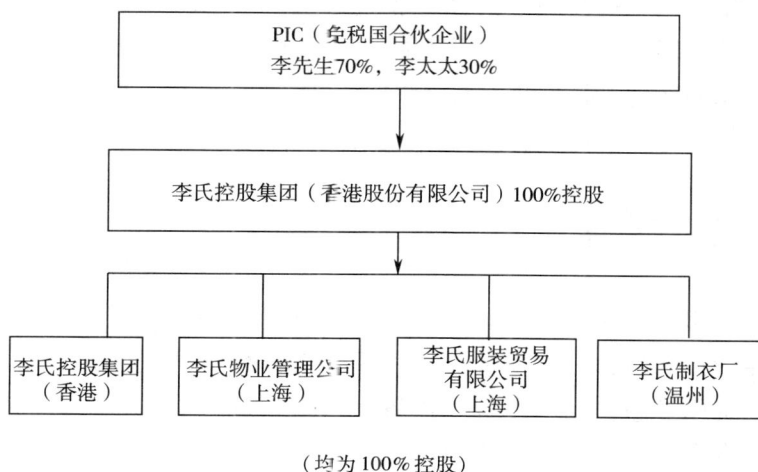

（均为 100% 控股）

5. 企业税务规划

制衣厂劳动力外包，大部分税前列支，规避用工和法律风险。与李氏品牌设计公司签订品牌特许使用权合同，将国内利润转移至香港（低税区）。将国内企业变更为外商独资企业，享受国家税务优惠。制衣厂工业用地转让物业管理公司，提高企业税前成本。将房地产企业变更为物业管理公司，降低税务。

四、营销成果

根据私人银行部提供的全面完善的规划方案，除企业发展规划有待进一步实施外，因该银行暂不具备海外服务能力，所以李先生考虑以其他方式获得服务。由于本次服务的方案获得李先生的认可，大部分建议和规划均已采纳，通过交叉营销和资产配置，李先生在该银行家庭金融资产已提升至 1200 万元，同时企业也在该银行开立了企业结算账户，除日常结算业务外，还开展了企业现金管理、外汇结算、信用证和代发工资等业务。

五、案例启示

李先生案例是目前国内民营企业主即初级富豪的典型案例，有着一定的代表性，因此，该银行派专业团队为其提供专业的服务，希望通过一个个成功的案例，拓展更多像李先生这样的私人银行客户，为××银行私人银行业务发展奠定良好的客户基础。

六、案例点评

在目前银行同业竞争如此激烈且服务同质化的情况下，只有能为客户提供专业且个性化咨询服务，才能提升银行的核心竞争力。私人银行提供的咨询服务包括：一是资产配置、风险管理、个性化融资、税务规划、法律咨询、子女教育及留学移民规划、家族信托等一系列的深度专业咨询服务。二是私人银行客户有专属的私人银行家。为客户在标准化的金融服务之外，提供全方位个性化的管家式专业咨询服务。三是私人银行提供的不是单一的理财产品，而是一整套贯穿于客户整个生命周期的财富管理规划咨询服务。

案例 **55**：通过法律咨询，
敲开高端客户之门

一、案例背景

客户李先生是一家制造业企业的企业主。最近几年李先生的企业正在准备上市，企业和李先生个人的资金都比较充裕。在某银行资产达1000万元以上，进行了一些简单配置，但缺乏深入经营的切入点。

二、营销过程

在与李先生的接触中，客户经理小邹发现李先生儿子事业也开始起步，李先生非常注重儿子在事业上的培养，打算资助儿子一大笔资产用于发展事业。但是由于对于法律事务缺乏足够的了解，李先生担心存在法律隐患。在沟通中小邹发现每谈到法律方面的问题李先生都非常关心。于是小邹就决定将法律咨询服务作为打开客户需求沟通的切入点。

小邹多次邀请客户参加法律方面的讲座活动，客户不但自己非常积极参加，还把妻子和儿子都带来一同参与。每次讲座结束后还经常会和专家单独咨询"父母对子女资助资产有哪些注意和风险"的问题。

由于专职法律顾问的配合支持，客户对银行和小邹的信任度逐渐增加。

三、解决方案

为了建立与客户更深层次的关系，在法律顾问的协助下，小邹为客户设计了一整套家族信托方案，其中很多客户担心的法律风险点都做了非常完善的设计。

客户在接到家族信托的方案后非常满意，当即决定签约并转入 3000 万元资产，并在客户经理及投资顾问的指导下在很短时间内做好了资产配置。

在这个过程中客户深深被某银行的专业、高效、体贴的服务所打动，对某银行私人银行的依赖度更高了。

四、营销成果

在法律方面，李先生在该行得到了非常专业的咨询服务，对某银行的"一站式"金融服务模式非常满意。在理财方面，客户成立的家族信托在投资顾问的建议下做了全面的配置。李先生原来股票类资产配置较少，经过资产配置后股票类配置比例更加趋于合理，很好地抓住了资本市场牛市的机会，实现了资产的增值，客户更加信赖私人银行的专业度，还推荐他的朋友也来该银行开户。

五、案例启示

通过这个案例，可以得到以下启示：

1. 法律咨询在"一站式"金融服务中非常重要

目前中国很多高端客户在法律方面的专业度都不足，而且并没有养成雇用专业律师的习惯，在家族资产配置过程中都存在一些法律风险隐患，越来越多的客户对此都开始有所担心。该行利用配备专业法律顾问的优势，为客户提供"一站式"的金融服务，在保障客户隐私的前提下，能够为客户提供多维度的服务，这对于客户来说非常重要。

2. 全面方案的重要性

如果仅仅是为客户解答法律问题也是不够的，要有能为客户提供全面资产配置方案的能力。家族信托凭借法律关系方面的优势，能够帮助客户很好地解决家族资产安排方面的一些法律问题。客户经理应该学会灵活使用。

六、案例点评

私人银行业务有几点可以从这个成功的营销案例去借鉴和开展：

1. 建立专业的法律顾问

在私人银行内部应该配置专业的法律顾问，这样才能确保不会过度依赖外部的咨询力量，可以更好地保护客户的隐私，也能够提升客户对银行的信任。

2. 加强客户经理法律事务与家族信托的培训

私人银行客户的需求较为复杂，而且都是相互关联的，如果仅仅是理财建议甚至个别产品的推荐服务是很难满足客户需求的，也无法从更高的层面为客户提供帮助。客户经理应该具备法律方面的专业能力，并能够将这些法律专业能力应用到解决客户问题以及完善客户资产配置的工作中去。

第六篇

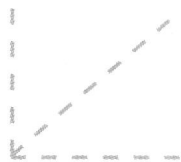

以非金融服务营销撬动客户篇

案例 56：通过调研分析，助客户匈牙利国债投资移民

一、案例背景

客户李先生目前已经退休，家族企业交给了大儿子打理，目前小儿子将上小学，李先生希望小儿子能上北京英国学校。北京英国学校是在北京顺义的一所国际学校，该学校的教师大多来自英国，并且都是获得英国国家教育系统认证的教师。但是就读该校的首要条件是孩子必须是外籍，而目前李先生全家都是中国籍。

二、营销过程

客户经理通过与客户沟通，了解到客户没有海外经历，也不懂外语，更没有想过要去国外生活，他希望在北京长期生活，但希望孩子能上这所国际学校。目前看来，该客户的问题集中于如何可以简单快速地获得外籍身份。客户委托私人银行来解决此问题。

三、解决方案

为此，私人银行经过大量调研分析，总结了各国投资移民概况，为客户做了筛选：

移民计划		中国香港 CIES 资本投资者入境计划	英国 Tier 1 投资者居留计划	美国 EB－5 投资移民计划
申请条件	经商管理经验	×	×	×
	企业资料	×	×	×
	语言	×	×	×
	学历	×	×	×
	资金来源说明	×	简单说明	详细说明
	资产要求	两年前个人资产1000万港币以上	家庭资产 200 万英镑以上	50 万美元以上
	面试与体检	×	✓	✓
	背景调查	×	×	✓
投资方式	金额	1000 万港币	100 万英镑	50 万美元
	类型	金融产品	金融产品	商业项目
		指定基金，投连险股票，债券，存款证	债券股票	酒店/矿业/度假村/商场疗养院/工业园/水电力
	期限	7 年	5 年	5 年
随行家属	子女	18 岁以下	18 岁以下	21 岁以下
	配偶	✓	✓	✓
	父母	×	×	×
申请名额限制		×	×	约 2700 个家庭/年
审批周期（预批准）		6～9 个月	约 3 个月	9～12 个月
成功率		100%	100%	90%
居住要求		惯常居住便可	每年居住 6 个月以上	每半年入境一次
身份延续	转换长期身份	7 年后居民身份长期有效	5 年后成为永久居民	有条件绿卡两年后转永久绿卡
	保持永居身份	无居住要求	每 5 年持续符合居住要求	持续符合入境要求
	申请公民身份	连续通常居住	6 年内每年居住 9 个月以上	持绿卡 5 年内累计居住2 年、5 年
教育		优质中英双语教育	优质英式教育，名校众多	优质美式教育，知名大学众多
税务制度		境外收入免税	境外收入征税	境外收入征税
		无资本增值税/遗产税/消费税/房产税	有资本增值税/消费税/遗产税/房产税	有资本增值税/消费税/遗产税/房产税

国家/地区		葡萄牙	匈牙利	塞浦路斯
移民计划		黄金居留许可计划	国债移民项目	投资移民计划
申请条件	经商管理经验	×	×	×
	企业资料	×	×	×
	语言	×	×	×
	学历	×	×	×
	资金来源说明	×	详细说明	×
	资产要求	50万欧元以上	25万欧元以上	30万欧元资产证明
	面试与体检	×	×	×
	背景调查	×	×	×
投资方式	金额	50万或100万欧元	25万欧元	30万欧元
	类型	50万欧元房产	匈牙利国债	房产
		100万欧元存款/债券/入股		
		开办企业，雇佣10人		
	期限	5年	5年	10年
随行家属	子女	18岁以下	18岁以下	18岁以下
	配偶	✓结婚登记三个月	✓	✓
	父母	✓	×	×
申请名额限制		×	×	×
审批周期（预批准）		3～6个月	约2个月	3～6个月
成功率		100%	100%	100%
居住要求		每年居住7天以上	无要求	每两年入境一次
身份延续	转换长期身份	5年后成为永久居民	一步到位成为永久居民	一步到位成为永久居民
	保持永居身份	每5年持续符合居住要求		永久居民后7年内累计住满5年
	申请公民身份	居留签证顺延至第5年		
教育		英式，美式，法式教育	英式，美式，法式教育	纯英式教育
税务制度		境外收入征税	境外收入免税	境外收入免税
		有资本增值税/消费税/房产税	无资本增值税/遗产税/消费税	有资本增值税，无遗产税

国家/地区		新加坡	澳大利亚	新西兰
移民计划		创业移民计划	重大投资者移民计划	创业移民计划
申请条件	经商管理经验	没有年限要求	×	2年以上
	企业资料	×	×	25%以上股东，营业额没要求
	语言	×	×	雅思4分
	学历	×	×	×
	资金来源说明	×	简单说明	详细说明
	资产要求	×	×	家庭资产30万纽币以上
	面试与体检	✓	体检	体检
	背景调查	×	×	✓
投资方式	金额	50万新币以上	500万澳币	30万纽币以上
	类型	开办企业 雇佣4人 每年商业总开支15万新币以上	州政府债券 入股非上市企业	开办企业（与国内行业相关） 雇佣1人
	期限	5年	4年	2年
随行家属	子女	21岁以下	24岁以下	24岁以下
	配偶	✓	✓	✓
	父母	长期居留许可	×	×
申请名额限制		×	×	500个家庭/年
审批周期（预批准）		约6周	约1个月	3~5个月
成功率		90%	90%	60%
居住要求		惯常居住	主申请人4年内累计居住160天	主申请人2年内每年居住6个月
身份延续	转换长期身份	2年后申请永久居民	4年后申请永久居民	3年后申请永久居民
	保持永居身份	无居住要求	每5年累计居住2年	每5年持续符合居住要求
	申请公民身份	永久居民后2年内累计居住1年	永久居民后4年内累计居住3年	永久居民后5年内累计居住4年
教育		优质中英双语教育	优质英式教育	优质英式教育
税务制度		境外收入免税	境外收入征税	境外收入免税
		无资本增值税/遗产税	有资本增值税/消费税/遗产税/房产税	消费税

　　结合客户李先生的需求，该银行私人银行投资顾问通过对比和分析，推荐了匈牙利国债移民项目。李先生对私人银行投资顾问也比较认可，接下来投资顾问又给客户详细介绍了匈牙利移民的具体情况。

　　1. 匈牙利简介

　　匈牙利是欧洲中部国家，东临罗马尼亚、乌克兰，南接斯洛文尼亚、克罗地亚、塞尔维亚，西靠奥地利，北连斯洛伐克。位于多瑙河冲积平原，全境以平原为主，80% 的国土海拔不足 200 米。

　　2. 移民匈牙利要求

　　(1) 匈牙利国债移民基本要求：投资 25 万欧元购买匈牙利国债，投资 5 年，无利息；无语言、年龄、经商背景、资产来源等要求。

　　(2) 申请人条件：年满 18 周岁，拥有 25 万欧元的投资款，身体健康，无犯罪记录的公民。

　　(3) 一个申请都包括哪些人：申请包括年满 18 周岁的主申请人、配偶和未满 18 周岁的子女，同时获得批准。

　　(4) 投资金额：25 万欧元，期限为 5 年。5 年后全额退还 25 万欧元本金。

　　3. 移民匈牙利优势

　　(1) 无移民门槛，无语言要求，无资产来源要求，国家政府项目无风险，100% 成功率，性价比高。

　　(2) 手续简单，无需任何单位证明，无需登录即可获得永久居民身份。获得绿卡后仍可自由通过其他国家申请申根签证。

　　(3) 欧盟居民尽享欧盟福利。可获得美国、加拿大十年多次往返签证，通行世界。

　　(4) 两周即获五年居留证，半年即获永久绿卡。欧洲最快捷的移民项目。

　　4. 匈牙利国债移民项目费用

费用名称	收费机构	金额	收费时间	退款标准
匈牙利国债	匈牙利国家特别债券基金	25 万欧元	国债认购阶段	不成功退款

续表

费用名称	收费机构	金额	收费时间	退款标准
国债发行费	匈牙利国家特别债券管理有限公司	4.5万欧元	国债认购阶段	不成功退款
五年非永久居留申请费	匈牙利大使馆（北京）	60欧元/人	五年非永久居留申请阶段	不退
永久居留申请	匈牙利大使馆（北京）	约35欧元/人	永久居留申请阶段	不退
第三方费用	公证处/双认证机构/翻译/快递等	约4000元人民币	申请资料制作阶段	不退

四、营销成果

通过私人银行投资顾问的方案设计，客户认为能顺利解决其子女以外籍身份入学问题，感到非常满意。

五、案例启示

对于移民需求，客户有各种各样的考虑和权衡，需要分清客户真实的目的和需求，从而设计出既能够满足客户需求、性价比又较高的方案。

六、案例点评

在高净值人群中，移民海外俨然已成风尚。据中国银行与胡润研究院联合发布的《2011中国私人财富管理白皮书》，一半的高净值人群因为子女教育进行海外投资，另有1/3海外投资是为了移民；60%的高净值人群有移民意向或已申请移民，我国东部和南部省市有移民意向的超过七成，其中美国和加拿大是最受青睐的移民目的地国。这就进一步催生了私人银行开启移民顾问业务。

案例 *57*：以奖赏计划为突破口，迅速树立私人银行品牌

一、案例背景

2011 年底某银行首家私人银行中心成立，为迅速打开对私高端客户市场，实现对私高端客户数量的迅速增长，形成一定的市场占有率和影响力，从产品、活动、增值服务等多个角度制定了配套策略。在提供财富管理综合解决方案、企业与家庭综合服务等有针对性的金融产品和服务之外，计划开展富有吸引力的促销活动，通过促销带动客户规模的快速发展、树立自有品牌。

二、营销过程

1. 市场调研

通过对同业机构进行调研了解到，某股份制银行曾做过的旅游活动市场关注度较高、客户评价和营销效果较好。同时，对客户和分行的调研了解到，随着生活水平的提高，高品质的旅游已成为客户最关注的生活休闲方式之一。因此，最终确定了以旅游为主打的"静者远行——高端客户奖赏计划"促销活动。

2. 营销活动方案拟定

经过多轮讨论，综合客户群体特征、活动竞争力、可操作性、风险控制、成本收益比等因素，制定了活动细则。在 2012 年 5 月推出第一期奖赏计划。根据 2012 年的执行情况对 2013 年的活动方案进行了调整和完善。

3. 活动宣传

总行在官方网站、自助设备、官方微博等多种渠道进行宣传。各分行在营业网点显著位置摆放宣传海报，在营业柜台摆放宣传单页、折页，在营业网点门头滚屏播放宣传用语，通过短信平台发送宣传短信，多渠道多方式通知客户。

同时，通过门户网站、搜狐、新浪、和讯等知名网络媒体、广播的宣传迅速提升了品牌知名度，吸引了较高的市场和客户关注。

三、解决方案

在成本可控的前提下，为满足高端客户的品质要求，在路线设计上将经典线路和个性化线路进行权衡。连续两年的营销活动分别进行了分层次、多样化的设计。例如，2012年分别设计了境内特色线路和境外高端线路，以满足不同客户的需求。境内经典旅游城市杭州、西安、成都、厦门、昆明均在活动可选目的地范围内。2013年升级为境外团组后，韩国、越南等经典线路，美国、英国等高端线路，塞舌尔、尼泊尔等个性化路线全部考虑在内，富有特色，满足了客户的多元化需求。在营销活动的设计中，秉承了"一人一世界"的理念，每条线路设计多个出发日期、出发口岸，以便于客户出行。

在流程管理方面，考虑到团组出发口岸、目的地、日期的多样性，在供应商网站开辟了某银行专用报名通道，方便分行、客户选择，同时开通活动微信群，便于供应商、总行、分行沟通。

一方面通过促销活动吸引客户，另一方面各分行以活动为契机展示某银行专业的资产配置能力。向新增客户介绍某银行自有及代销的现金管理类、专属定制类、权益类产品，进行资产配置。这种组合营销带来了爆发式的客户增长，其中沈阳分行一名客户就在活动期间转入了3000余万元的资产，并将家人和朋友都介绍到该银行。形成了较好的圈子营销及口碑传播效果。

四、营销成果

以 2013 年活动效果为例，3 个月的活动时间，在营销活动的带动下，完成了年度新增客户指标的 35%，新增管理资产 121.4 亿元。截至奖赏计划活动团组全部结束，除了某银行的客户出行外，另有客户朋友、家人自费随行。自费客户占到了 24.79%，该银行可对自费客户群体进一步进行圈子营销。活动导入新客户、新资产的规模效果明显，有力地扩大了某银行私人银行的品牌影响力。

五、案例启示

连续两年的奖赏计划活动，活动规则不断完善、活动流程不断优化，通过经典活动的不断强化，树立了该银行私人银行的品牌。同时在活动组织过程中也发现，旅游活动涉及护照、签证、境内外线路衔接等多个环节，且对于成团人数、客户特殊需求等方面的协调工作较大，因此对于活动的流程管理提出的要求较高，需要精心设计。

六、案例点评

通过全国性、大规模的营销活动，在短时间内树立了私人银行品牌，赢得了市场和口碑。借助非金融服务的营销亮点，与金融服务有效结合，展示了私人银行的综合竞争力。

案例 *58*：财富健康双诊断

一、案例背景

2013 年年初，某私人银行客户张女士在支行抱怨在某银行买的很多基金都亏损严重，要把其在该银行体系内的资金都撤走。

二、营销过程

分行私人银行顾问协助支行一起安抚住该客户的情绪，并且邀请她参加总行组织的"中医私塾养生活动"。

三、解决方案

此项服务是该行青岛分行在私人银行客户的维护和营销方面，开创的一项称作"财富健康双诊断"的服务。具体来说，就是通过健康方面体检的活动，诊断客户的身体方面的问题，同时，与客户趁此时机深入交流财富投资方面的现状，诊断一下客户现有资产投资情况，结合客户风险偏好、客户需求、市场情况，提出资产投资调整建议，形成有效的资产配置投资报告，与健康诊断报告一起呈送给私人银行客户。此项服务得到了很多私人银行客户的认可。

四、营销成果

当天的活动张女士如约而至，并且非常满意。因为张女士由于工作的缘故，经常外出应酬，胃经常出现疼痛的问题。经由行里邀请的中医专家的悉心诊断及耐心讲解，张女士对自己的病症有了深入的认识，同时也获得了治疗的方案，她对中医专家的心态、风采及诊疗水平极其敬佩，非常满意。后面还有一项非药物理疗更是让她收获极大，张女士以前发生过一个小事故，肋下有个位置时而隐痛，总觉得有个东西压着的感觉，这次通过理疗大师半个小时的按摩，立即觉得非常轻松，效果立竿见影。

第二周私人银行顾问去给张女士送健康诊断报告的时候，张女士表示非常感谢，并且也表达了之前去支行发脾气的歉意。她也道出了她的苦衷，她本来只是存款，在 2007 年的股市前期暴涨，就在同事的带动下一起买了很多基金，怔是金融危机的到来，她 300 多万元的基金被深深套牢，她虽然满意该银行的服务，但对于当时没有专业人员做风险提醒而耿耿于怀。所以那天带着气就埋怨了一通。听完这些，私人银行顾问先解释了一下基金亏损的原因是金融危机下资本市场的持续下跌，然后立即运用行里的专业基金诊断工具为其购买的多只基金进行了综合评定，最后筛出来两只评分很低的基金，建议其赎回购买固定类理财或转换成评分很高的重点基金。购买固定类理财是降低客户总的风险资产占比，而把评分差的基金转换成表现好的基金会有同等行情较优异的表现，也可避免出现股票行情好的时候踏空。张女士当即决定把其中的两只基金赎回，共计 140 余万元，转换成重点基金 100 万元，又从行外转入了 160 万元资金凑了 200 万元购买了得利宝半年期的产品。事后证明，在这一年多的时间里，资本市场阴跌不止，而转换后的重点基金业绩明显好于置换前的基金。

五、案例启示

积极主动向全行的私人银行客户提供类似的"双诊断"服务，把客户最关心的这两大类问题重点关注、妥善解决，这才是更有效地维护客户之道。

六、案例点评

典型地利用非金融服务拉近与客户的距离，从而达到与客户良好的共鸣效果，成功地挽留了高净值客户。

案例 *59*：全面服务，赢得客户

一、案例背景

客户王先生是某银行私人银行客户，在该行的资产 1000 万元，王先生曾经是一名煤炭企业主，年龄较大，在煤炭市场产能过剩、供大于求的情况下，决定将资金逐步从煤炭市场撤出。私人银行顾问小李了解到，王先生的资金在各家银行分散，资产量达上亿元。

二、营销过程

王先生在该行的资金三年来一直在 1000 万元左右，私人银行顾问小李一直没能找到好的切入点吸引王先生的行外资金。小李经常去拜访王先生，在多次的接触中了解到，王先生对于银行的理财收益并不太在意，所以每次有高收益的理财产品联系王先生都未能奏效。王先生的年龄较大，有两个儿子，孙子、孙女都在上初中，王先生目前已经积累了大量财富，现在很关注自己的身体健康和未来的财富传承以及孙子、孙女的教育。

根据这些情况，利用该银行针对私人银行客户的增值服务切入营销。小李联系王先生，为其介绍银行对他这样资产等级的客户，每年都提供一系列医疗健康方面的增值服务，比如北京全面的体检，本地每月举办中医养生讲座及一对一诊疗服务，省内及北京三甲医院预约挂号绿色通道服务等；另外，银行还有专门的留学服务，定期举办留学讲座，可以为王先生的孙子、孙女做一系列的教育规划。

三、解决方案

　　首先，小李联系王先生去北京做了全面的体检，且邀请王先生参加了多次本地的中医养生活动。有一次王先生的爱人去北京协和医院看病，银行为他提前预约，全程陪医导诊，使得王先生的爱人免去了医院排队的等候，享受到了银行为他提供的优质便利服务，小李的贴心服务使王先生对小李及银行的依赖度进一步加深。小李还为王先生制作了财富规划报告，通过保险、理财、家族信托等全面为王先生的财富保障、财富传承及孙子、孙女的留学做了详细的规划配置，在与王先生的多次面谈后，达成了最终的规划方案。

四、营销成果

　　根据财富规划报告达成的方案，王先生从其他银行转入 5000 万元，分别配置在理财、保险、信托等产品，并且将孙子、孙女未来的留学方案交给该银行，还转介他的儿子成为私人银行客户。他说："每个银行的金融服务都大同小异，但是该银行对于我生活健康的服务使我感到很贴心。"

五、案例启示

　　1. 了解客户的重要性
　　对于私人银行客户这样的高净值人群，想要挖掘客户不能局限于靠产品收益，要与客户见面多接触，才能挖掘到客户的真正需求，并从客户的需求出发，提高客户服务体验，才能稳定客户，真正赢得客户。
　　2. 真心服务客户
　　在服务客户时，要真心站在客户的角度为客户考虑，不仅要为客户提供金融服务，更要为客户建立全面的个性化非金融服务，这样才能提高客户忠诚度，使客户真正依赖银行。

六、案例点评

增值服务是与客户之间的粘合剂，为做好客户营销维护提供帮助。增值服务是新客户的切入点，为拓展客户渠道提供支持。以超前性、实用性、个性化为方向，完善增值服务体系，以客户分层服务模式优化客户体验。整合资源、借助外力，密集开展私人银行品牌活动，逐渐形成品牌影响力，可在提高客户服务体验的同时形成对新客户的吸引力。

案例 *60*：精准产品切入，增值灿烂光彩

一、案例背景

客户姚女士是一位全职太太，丈夫是武汉某塑业有限公司的法人，她同时也是一位留学妈妈，家里有 90 后的儿子，准备去英国留学。生活富裕的她负责为家庭理财，家庭可投资资金在 1500 万元左右，是他行的 VIP 客户，对银行各项服务比较熟悉，也有专属客户经理为其服务。

二、营销过程

每当出国留学旺季，财富管理中心下属的出国金融团队就会在周末举办各类留学活动，姚女士便是前来参加的家长之一。除了丰富有趣的留学知识外，出国中心的金融顾问还为客户讲解了该行的出国金融业务，包括白金卡客户境外汇款及存款证明免手续费、每日第一笔全球跨行取款免手续费等，该行的相关优惠政策给客户留下了印象，也为后期的深入营销打下基础。但由于客户同时也是他行的 VIP 客户，大量的金融资产在其他银行，有其专属的客户经理和贵宾服务，所以客户仅仅只是认可该银行的业务，并未打算将资金转入该银行。

三、解决方案

针对了解到的问题，财富管理中心迅速研究吸引姚女士成为该银行

VIP 客户，将资金从他行转入该银行的营销对策。首先，通过该行的出国金融业务优势吸引客户，告知其成为该银行白金卡客户后，开立存款证明及境外汇款免费，凭此卡在英国当地 ATM 取款免手续费；同时，向客户介绍该行龙盈理财，有多款理财产品供客户选择。通过多次与客户联系，得知客户近期将前往国外游玩，于是邀请客户来到银行办理一张卡出境使用，为表示诚意，还赠送了一张机场贵宾通道体验卡给客户，并且告知客户成为贵宾客户即可享机场贵宾通道服务，客户表示非常感谢。在该银行推出高收益理财产品时，立即给客户电话，客户告知不久他行有一笔理财到期，财富经理在客户到期时及时与客户联系，客户表示，虽与其他银行合作多年，但该银行这样重视客户、贴近客户、为客户着想的服务感动了客户，随即从他行转入资金 180 万元，愿意尝试该银行产品。

在客户升级了白金卡后，转眼到了儿子要出国的时候，这时财富经理提醒客户英国需要提前 1 个月左右开立存款证明，而且该行白金卡客户办理存款证明免费，客户转入 30 万元开立存款证明。在与客户建立良好的关系后，通过资产配置，财富经理向客户交叉营销了惠盈理财产品、信托产品、增盈理财及定期存款，增强客户与该行的联系。半年左右客户在该银行的资产就达到 1400 余万元。

客户此时已将大部分资产转入该行，财富管理中心又开始通过增值贵宾活动引入客户的营销工作。在一次女性理财讲堂的活动中，邀请了姚女士及她的朋友万女士参加活动，活动结束后，财富经理主动向客户赠予礼品并交换了名片，交谈中得知万女士此时即将办理存款证明，但客户的资金已经在他行购买理财产品，无法取出，便向客户推荐了该银行的留学贷款。后期邀请客户来到银行，协助客户办理了留学贷款，引入存款 100 万元，解决了客户的燃眉之急，万女士对此表示非常满意，并表示后期会将资金转入该银行。姚女士对银行惠生活艺术之旅的系列活动表示认可，并经常与亲友共同参加，对该行的品牌起到了宣传作用。

四、营销成果

通过贵宾活动，陆续引入高端贵宾客户 4 名，金融资产合计约 2000 万元，并且在客户朋友圈中形成良好的服务口碑和宣传效果。

五、案例启示

前期通过贵宾活动吸引到客户，虽然客户是他行的 VIP 客户，在营销初期较难深入，但该银行并未放松，迎难而上，另辟蹊径，了解客户所需，以出国金融产品作为突破口，以机场贵宾通道作为增值服务，由浅入深，逐步将其存款、理财引入该行，并在后期的贵宾活动中积极邀约客户及亲友参加，使客户从一开始的不太信任到为银行细致、高效的服务所感动，进而对银行形成依赖，同时积极向亲友介绍银行增值服务，成为银行忠实的大客户并引入多名贵宾客户。

六、案例点评

通过贵宾活动发现潜在客户，了解客户需求，及时推荐适合客户的产品及服务，提供丰富的贵宾增值服务，以提高客户满意度。

案例 *61*：多方联动，成功办理投资移民服务

一、案例背景

某客户是某地具有较强资金实力和一定社会影响力的重要客户，通过私人银行客户经理一年多以来，以家族财富顾问角色的专业维护和沟通，客户对私人银行客户经理的专业能力非常认可。在推出投资移民业务前，客户已经开始启动办理投资移民。客户经理获悉这一情况后，就澳大利亚188C项目做了深入了解。对于居住要求、正式绿卡获得还有澳大利亚的税收政策等都给了客户适当的提醒和建议，帮客户提前想到了很多问题。

二、营销过程

客户经理适时跟进，第一时间向客户推荐了针对如何将资金转移至境外和选择移民项目两个关键问题，客户经理在前期的交流中了解到客户对此有合规性和安全性两个需求，因此，客户经理借助该银行的产品优势，成功打消了客户顾虑，最终完成了资金监管与移民投资的全流程服务。客户经理在与客户沟通的过程中，第一，强调了资金监管服务的合规性和低成本，并且把资金监管的融资服务与投资移民产品相结合的服务方案呈现给客户。同时，将此方案与其他资金转移方式进行了比较，打消了客户对资金转移合规性的顾虑。第二，把握客户对资金安全的关注点后，客户经理提前对该银行产品和操作细节进行极其详尽的了解。

在充分准备后，向客户强调了该银行的可信度，进一步分析购买澳大利亚州政府债券和该银行产品在投资上的差异，在后期贷款上的差异，以及澳大利亚整个的贷款政策，甚至投资该项目后能拿到的具体凭证的样本也都一一呈现给客户，使客户充分了解了相关产品的风险特性。

三、解决方案

仔细甄别流程问题，化解客户潜在风险。由于188C项目是澳大利亚移民局最新推出的移民政策，该客户在所有申请者中排名非常靠前，当该客户拿到移民所在州的正式批复信后，其移民中介因没有经验，仍告知客户等拿到签证后再打款。分行客户经理及时拿到了信件，并请移民项目合作方的专家帮忙判断，确定是要求客户在28天内打款到澳大利亚后，立即帮客户申请延期。这一行为极大地加深了客户对该银行专业性和可靠性的认可，也更加认同了该银行资金监管与移民投资的方案。在多方快速响应、积极配合和全力推进下，最终在15天内拿到了批复，在澳大利亚移民局要求的时间范围内完成了投资，客户拿到了正式签证。

四、营销成果

客户对该银行专业优质的服务十分满意，还向两个与他同期申请该移民项目的朋友推荐了该银行的服务。目前两人也都已经完成全部投资。这项业务不仅带来了1.2亿元的定期存款和可观的中间业务收入，同时，也增加了一个战略客户和两个新的私人银行客户。

五、案例启示

第一，以私人银行的视角关注和服务客户。某客户的私人银行客户经理作为全国较早从事该项业务的客户经理，她坚信以私人银行的视角来维护客户能够带来卓越效益。视角越高，客户能够给予我们的越多。正是因为占据了这一优势，该行能在客户众多的合作银行中脱颖而出，成为名副其实的主办银行。

第二，私人银行特色业务能够真正拉近我们与客户的关系。在办理资金监管业务和澳大利亚投资移民的过程中，通过不断与客户的沟通，使客户很多信息和想法都展现在我们面前，同舟共济的做事方式使我们与客户真正成了朋友。自从办理这项业务以后，客户在事业上的投资也会主动与我们讨论，征求我们的意见。私人银行真正地成为了客户的专业财富管家。用客户的话说就是："我的情况和想法你了解，帮我分析一下。"

第三，品牌和团队实力是赢得客户的关键。悉尼分行的同事以及合作的基金公司，在客户购买基金后的签证申请中，做了大量细致的工作，赢得了客户的赞扬和认可。在后续推荐客户的营销中，澳大利亚分行的同事直接与客户的两个朋友联系和沟通，坚定了客户选择该行为其服务的决心。

六、案例点评

这是一个成功的投资移民营销案例，私人银行在处理此类业务时，也要特别关注客户资产转移带来的风险。

案例 *62*：打造财富菁英教育
助力家业百年传承

一、案例背景

中国第一代企业家已经开始逐渐进入知天命之年，他们的子女逐渐长大成人，并逐渐面临企业接班的现实问题。但因很多企业家忙于事业，疏忽了对子女的关注，因此子女教育与家业传承逐渐成为企业家们越来越重视的问题。

二、营销过程

某私人银行敏锐意识到私人银行客户在子女教育与家业传承上的需求，将之作为非金融服务体系中的重点项目进行打造。

2014 年暑期，私人银行部以"财富管理"和"能力提升"为主题，面向私人银行客户子女举办"私人银行财能实践营"。对于这些"二代菁英"，实践营除了希望帮助他们树立正确的财富观和价值观，还期望让他们面对面与金融行业精英分享观点与经验、设计并制作投融资方案、身临其境地领略资本运作的力量与智慧，并穿越银行百年沧桑、徜徉艺术海洋，结识新朋友，建立积极的社交圈。

实践营得到了私人银行客户的积极响应，全国各地客户踊跃报名，经过选拔面试，最终十二个地区的 23 名拥有独特背景和核心优势的私人银行客户子女入选参加实践营。

三、解决方案

整个财能实践营始终贯穿"知行合一"的理念，分为系统培训、项目实践和观察考察三大模块：

系统培训包含私人银行业务、企业投融资、家族财富管理、财富管理司法实践四大内容，都由相关领域的专家主导。培训课程中使用的很多生动案例，也是专家们在过去几年中为一些企业设计的融资方案、交易结构和设计产品的真实经验，帮助学员们更好地吸收知识要点。

项目实践模块是此次暑期实习的重头戏，23 名学员按照年龄和专业被合理分配到四个小组，在全程带教的导师指导下，每组独立完成"企业的投融资决策"和"模拟投资交易"两个项目，按照企业真实环境和市场运作，锻炼辨别风险和资产配置的能力。

在观察考察模块，学员们有机会踏入知名投行、上市公司，领略资本运作的力量与魅力；参与专业讲座，聆听投资专家讲资本市场投资的宏观经济政策分析，学习顶尖律师事务所合伙人分享的财富管理的司法实践；参观阳光私募基金，了解大类资产配置和投资交易，学会如何识别资金管理机构，并在将来为自己的父母提供更好的理财建议。考察环节中的艺术活动增添了实践营的文化氛围与生活乐趣，学员们在博物馆学习陶瓷的专业鉴赏，在音乐厅领略交响乐的魅力。

四、营销成果

实践营取得了极为显著的成果：一方面，密切了银行与客户的联系，使私人银行对客户的服务内涵延伸到其子女、家庭和传承；另一方面，学员们也获得了难得的学习机会挖掘了自身更大的潜力。正如一位实习生在日记中所写："一次次的课程学习、讲座参观，一步步改变我的认知，对金融、对财富、对管理、对社会、对父母和对我自己……这次实习是我人生的一个转折点，它三富了我未来五年的人生规划。"

五、案例启示

非金融服务是私人银行服务尊贵和个性的重要体现。私人银行客户在金融服务外，其个人、子女、家庭存在着广泛的需求。只有挖掘客户深层需求、提供良好服务，才能真正为客户提供所想所需的非金融服务，进而深化与客户的全面服务关系。

六、案例点评

这个案例充分显示了非金融服务在私人银行业务中发挥的独特作用。在私人银行业务竞争日益激烈的今天，非金融服务对提升私人银行服务内涵、增强私人银行服务品质、密切私人银行客户关系，发挥着不可替代的作用。在私人银行业务发展过程中，要对非金融服务的质量予以高度重视。

第七篇

私人银行客户
关系管理篇

案例 **63**：借平台东风
共踏财富之浪

一、案例背景

济南市女企业家协会成立于 2006 年 3 月，是经济南市民政局批准登记，具有社团法人地位的女企业家组织，主管单位是济南市妇女联合会。目前拥有个人会员 126 人，集口了济南成功的女企业家、杰出的高级经营管理人才及济南著名企业的高层管理人员。分行针对这部分优质客户群体，拟定了拓展方案。

二、营销过程

通过对协会成员的调查了解，目前协会成员的平均年龄在 45 岁左右，大多数为企业主或高管，对事业的提升有较大追求，在银行需求方面特别关注融资贷款业务，结算便利服务及高收益产品，有的客户则希望寻找更好的资源平台机会。针对客户结构及需求，营销过程如下。

第一步：寻找切入点。

与济南市女企业协会接触前，分行先期与济南市历下区女企业家协会进行了沟通，找到协会秘书长就协会成员的组成、客户需求及当前合作银行等内容进行了详细交流，初步了解了历下区女企业家协会的情况。

第二步：面谈合作点。

在取得历下区女企业家协会秘书长的支持下，分行组织了银企座谈会，与历下区女企业家代表面对面交流。到场企业家 20 名，分布在餐饮、文化、科技等多个行业，该银行财富中心与企业家就投融资、理财需求、增值服务等方面做了深入讨论，取得到场企业家的第一手需求。

第三步：单户有突破。

经过前期的银企座谈会，分行选取了其中一位有代表性的企业家，同时也是济南市女企业家协会的成员，是某国际通讯品牌山东总代理，拥有几十家直营店和加盟店，年营业额约 1 亿元。分支行联动，通过对该客户企业经营和其家庭情况的细致了解，为客户出具了涉及融资、店面现金流管理、电话 POS、家庭风险管理等内容的综合规划方案。

第四步：活动促渗透。

通过与单个客户的业务合作，分行组织开展了系列高端客户沙龙活动，如"约见最美的自己"、"出国留学咨询专场"、"赏玉闻琴"等高端活动，重点邀约企业家协会会员参加，拉近与企业家的感情和距离，获取客户对该银行的认可。

第五步：客户批量做。

经过几个月连续的跟踪服务，通过客户以老荐新，链式开发的模式，与协会副会长级以上的企业家建立密切联系，40 家副会长单位中有 30 家企业主开立该行白金卡，金融资产总量达到 2000 万元。

三、解决方案

在拓展开发女企业家的营销过程中，分行主要采取了平台开发模式，即将财富中心打造为综合经营平台，以综合财富规划为抓手整合条线资源、服务高净值客户。充分了解大客户的需求，建立完整详细的大客户档案、了解客户的业务情况、现用产品的使用情况、分析客户的潜在需求。同时根据每个企业不同的业务模式对具体问题进行具体分析，为客户制定出更有针对性、更切实可行的个性化产品、服务和解决方案。特别是以融资业务为切入点开发私人银行客户，便于我们更全面地了解企业主的成长史和其家庭背景，从而寻求到更为有效的合作契机，由此发展的客户关系将更加深入和牢固。

四、营销成果

目前，分行已经与济南市女企业家协会的主要成员建立了业务关系，30 余名企业主开立了白金借记卡，个人金融资产总量近 2000 万元。通过女企业家协会的深入开发，为下一步济南工商联企业家的拓展奠定了基础。

五、案例启示

私人银行不仅仅是倡导高品质的生活方式，实际上更重要的是要帮助客户实现资产的保值与增值，为客户提供满足其需求的综合性金融服务解决方案，让客户尊贵地拥有和使用财富才是我们最终的目标。不论是从专属产品的定制，或者是高净值客户差异化服务需求的满足，都可以通过我们多功能产品与服务平台为其即时提供解决方案。

启示一：客户需求第一位。市场营销里有一个 4C 理念，而 4C 中最重要的一点就是要满足客户的需求，从客户需求出发，包括满足客户需求和创造客户需求。

启示二：服务体验很重要。把客户需求放在第一位，做好服务，提升服务体验比较关键。如何能够把客户的利益跟银行的利益做到最大化，带给客户全新的服务体验，是开发新客户的关键所在。

启示三：一个可以信赖的专属经理对客户来说是非常重要的，懂得融合产品和服务，为高端客户提供契合实际的服务建议是对高素质理财人员的要求。

六、案例点评

未来，私人银行业务的市场空间仍然很大，大客户的服务既有统一的普遍服务的原则，也要针对不同的客户群精细细分的策略，站在用户的角度，制订更具灵活性、实用性的产品与流程以及相应的业务策略，切实提高大客户满意度。本期案例中的女企业家协会是一个较为分散化的组织，但积聚了一批高净值客户，她们是市场上优质客户群体，各种资管类公司全力争取的对象。以此分析，对高端客户的分类要更加细致，更有针对性，针对不同行业特点提供个性化服务显得尤为重要。只有做好高端客户群体的需求分析，为客户提供切实的综合服务方案，才能真正实现"你赢、我赢、共赢"。

案例 *64*：深耕细作，客户投资理财的好帮手

一、案例背景

杨先生作为某银行的高端客户，是一名油漆化工厂的企业主。2008年，某银行客户经理小陈认识杨先生时，他的企业刚起步。几年间，企业从创业初期的 10 人发展壮大到目前近百人的规模，与此同时，杨先生的个人资产总量也在不断增加。

二、营销过程

在与杨先生交往的过程中，小陈注意到，杨先生的个人账户经常会留有几千万元用于企业的流动性资金周转，虽然他平时也有计划对该部分资金进行投资，但由于工作太忙，一直没有将这一想法付诸实践。作为一个 60 后的企业主，杨先生很关注自己的财富传承，他希望有专业人士能够帮他管理个人资产，以便自己更专注于企业经营管理。

根据这一情况，小陈开始有针对性地向杨先生介绍银行理财产品，希望能以此为切入点加深与杨先生的合作。但没想到的是，购买银行理财产品的建议一开始便遭到了杨先生的拒绝，原因是杨先生认为银行的理财产品收益低、不划算。虽然遭到了客户的拒绝，但小陈并没有放弃，她从杨先生的年龄、职业、收入等客观信息入手，结合日常交往过程中掌握的杨先生的行为习惯、投资经历等情况，得出杨先生风险偏好相对稳健的结论。这一结论在小陈对杨先生的进行风险承受能力测评后得到

了印证。

小陈在为杨先生进行风险评估时，详细了解了杨先生对投资收益的期望值、投资风险容忍程度和资产规划的需求，通过与杨先生一起回顾投资历程、分析投资结果，小陈逐渐让客户认识到其更适合投资稳健型的产品，在营销银行理财产品的道路上成功地迈出了第一步。

三、解决方案

为了成功地将杨先生营销为某银行的理财客户，小陈充分利用每次的沟通机会，潜移默化地向客户灌输投资收益与风险成正比的投资理念。首先，小陈加强工作的主动性，每周六都去拜访杨先生，在帮他处理公司事务的同时向杨先生提供投资建议、分享理财技巧；其次，在拜访的时候，她会送给杨先生一些印有她联系方式的挂历、笔筒等小物件，让杨先生随时随地都能找到她；最后，在杨先生资金比较紧张的阶段，小陈会主动打电话询问客户是否需要贷款方面的支持，以此来增加与他的互动。在为杨先生进行理财产品推介时，小陈都是根据杨先生的风险承受能力，选择对其利益最优的产品并且详细、清晰地说明产品的利益点和风险点，让杨先生清楚该产品对他的资产配置的意义；在完成产品配置后，小陈还会做好后续服务工作，定期发送产品运行信息给杨先生。时间久了，杨先生深深地感受到小陈无微不至的服务和贴心的专业指导，在投资理财方面也越来越依赖她了。

四、营销成果

小陈在投资理财方面的专业能力和对客户耐心细致的工作态度赢得了杨先生的信任，截至2014年4月末，杨先生累计购买该行理财产品达3000多万元，推荐朋友购买了2000多万元。他现在常跟小陈说的就是"有好的理财产品一定要第一时间告诉我，我会推荐更多的朋友购买你们银行的理财产品"。

五、案例启示

通过这个案例，可以得到以下启示：

1. 专业素养的重要性

很多客户在购买理财产品时，仅仅通过比较收益高低来选择银行。作为营销人员，我们要用理性的投资观念、知识来打动客户，不能仅仅用理财产品的收益去吸引客户。营销人员本人才是吸引和留住客户的关键因素。在营销客户的过程中，要时刻记住只有帮助客户解决问题，客户才会跟你走——如果你卖的仅仅是产品，客户自然只关注收益；如果你主打的是服务，客户就会关注服务体验；而如果你提供的是有助于客户做投资决策的专业知识，客户就会把你当成他的投资顾问。引导客户关注整体价值而非短期收益，这样客户才不会轻易被某款高收益产品吸引走。

2. 风险提示的必要性

作为营销人员，不能一味地为吸引客户购买理财产品而承诺收益。如果在风险提示缺失的情况下，客户购买了某款产品，那么客户一旦遭受损失就会责备我们提示工作不到位。但如果事先做好风险提示，让客户对风险有一个充分的认识，不仅能帮助客户规避某些不必要的损失，还能够赢得客户的好感和信任。因此，在营销理财产品时，要把风险提示当作一项长期工作坚持，只有这样，客户关系才会长远。

3. 客户服务的周到性

客户维护是个精耕细作的活，营销成功与否取决于营销人员的专业技能以及服务意识。因此，售前，应充分了解客户的需求，比如客户当前的资产负债情况以及未来的投资目标；售中，要根据客户的预期收益构建资产组合、进行恰当的产品选择和搭配；售后，一方面要对投资品进行动态管理和跟踪、定期告知客户资产组合表现，另一方面要给客户提供增值服务，这里所说的增值服务不是简单的请客送礼，而是要通过持续的信息提供和合理化建议，加强与客户的联系，增强与客户的绑定。

六、案例点评

私人银行业务流程分为了解客户、风险评估、策略咨询和投资调整四个阶段。在了解客户阶段，营销人员需要与客户充分沟通，掌握案例背景、家庭、个性、财富管理需求等基本信息；在风险评估阶段，要从其主观、客观两方面的因素进行分析，衡量客户对市场波动的反应以评估客户的风险偏好；在策略咨询阶段，要运用专业知识，在经过多方面考量后再为客户的投资决策提供建议；在投资调整阶段，要评估客户当前的财务状况，结合投资标的的市场风险以及财务目标的变化，及时调整投资策略并向客户反馈。

案例 *65*：用心发现，做财富增值的好舵手

一、案例背景

作为湖州市某知名的房地产公司，某银行湖州分行与其保持了长期的业务关系，客户经理小王与该企业负责人陈先生保持了良好的业务沟通，在关心公司业务发展的同时寻求可能合作的契机。

二、营销过程

一次走访该企业时，偶然了解到该公司要发放一笔金额达 2000 万元的拆迁款，小王简单了解情况后提出希望陈先生能够帮忙联系的请求，由于长期以来专业的服务和良好的关系，陈先生很热情地将一位朱姓先生的拆迁补偿客户推荐给了小王。但初步沟通时并不是很顺利，朱先生表示有多家银行已经与其联系，对该银行的产品并未表示出足够的兴趣。

三、解决方案

小王经过与朱先生的沟通得知他行与其尚处于接触阶段，便立即与分行财富中心取得联系，财富中心了解情况后推介小王将该行私人银行定制这一业务向客户介绍，有针对性地为该客户定制一款专属理财产品，同时拟定合理的资产配置服务方案。小王将该行的服务方案向客户进行了详细的讲解，并就私人银行产品定制低风险、收益稳健、流程便捷、

购买次日成立以及实现客户收益的最大化等特点向客户做了详尽的介绍。客户对该银行产品以客户为中心的服务理念大加赞赏，对提出的方案也表示了较大的兴趣。理财经理马上与分行财富管理中心取得了联系，将这位客户的具体需求进行了汇报，经过沟通最终为客户定制了一款期限一个月的私人理财产品。以个性化的产品、优质的服务成功赢得了客户的肯定。

四、营销成果

业务办理当日，理财经理将所需购买凭证及相关证明资料事先准备，柜台人员快速办理业务大大节省了客户的时间。客户对该行提供的个性化方案、专业的服务表示十分满意，今后将进一步加深与该行的合作。在营销人员细心观察及相关部门的全力配合下，湖州分行成功实现了首笔私人理财定制产品的销售，极大地鼓舞了同事们的士气和积极性，进一步宣传了该银行"龙盈理财"在湖城的知名度，为今后更好地服务当地客户打下了坚实的基础。

五、案例启示

此次私人银行客户的成功营销，与该行日常对财富业务的重视息息相关。分行定期组织财富产品知识的学习和增值服务方面的活动，使客户经理能够第一时间了解产品特点，更好地为客户提供更适合的服务。

此次成功的营销案例，对该行今后的理财业务的开展带来很大的启示：

第一，加大产品的开发与创新，加强品牌效应。个人理财产品的开发不能单纯从银行的角度去思考问题，而应建立在对客户需求的了解、未来需求变化的分析之上，充分满足优质客户多样化的金融需求。

第二，科学细分客户市场，合理进行市场定位。客户对理财服务的需求存在着很大差异。这种差异不仅体现在对银行产品类型和档次的需求上，还体现在对服务方式、服务渠道及服务内容等方面，因此，银行应在全面调查和分析市场后，进行市场细分，根据自己面临的市场环境和自身特点，选择目标市场，并在此基础上，制定相应的营销方案，整合所有资源，提供差异化服务。

第三，完善个人理财产品的服务组织体系，大力培养核心理财人才。

六、案例点评

客户是业务存在和发展的基础，通过以客户需求为中心的服务理念，为适合的客户提供符合其自身的理财服务，获得客户的认同感，是银行吸引高端客户群，拓展服务渠道，创造品牌形象的有力手段。

案例 *66*：用心服务，与客户共创 美好财富管理之路

一、案例背景

客户刘先生是 X 市某公司的法人，程女士是其爱人，夫妇二人与某银行有多项业务往来，其中占比最高的要数个人理财业务。因为日常的业务处理主要由太太程女士负责，所以，客户经理对两位客户的营销维护也主要围绕程女士开展。经过多年的累积，夫妇二人的资产总量已接近 4000 万元。

二、营销过程

客户经理与刘先生夫妇的相识还要从四年前说起，2010 年 7 月的某一天，刘先生到客户经理所在的支行办理业务，业务办理过程中，柜员告知刘先生其所持的银行卡已经消磁，需要更换卡片后再进行其他交易。当时正好是客户经理在大堂值守，于是柜员示意客户经理到柜台协助处理。看到客户焦急的神情，客户经理赶紧询问了具体情况，在得知是需要进行换卡交易时，客户经理先是征得客户的同意，接着让柜员把换卡要用的表单准备好，然后协助客户填写表格并办理后续业务。业务办理得很顺利，几分钟就搞定了，所以客户的情绪有所缓解，但是他对卡消磁的事情仍然耿耿于怀。为了更好地安抚客户，客户经理把刘先生请到了贵宾室，在与刘先生进一步地沟通中得知卡片消磁的情况他已经遇到很多次了，每次都要换卡，换卡后还有许多后续的事情要进行处理，很

是麻烦。根据刘先生的描述，客户经理分析卡片消磁的情况可能是因为保管不当引起的，于是客户经理把自己的想法跟刘先生进行了交流并为其讲解了银行卡保管的注意事项，讲解完毕后，客户经理送给了刘先生一个放有客户经理名片的卡包，建议他将各类卡片独立保管、远离手机、磁扣钱包等磁场较强的物质。刘先生拿了卡包、表示感谢后就离开了，令客户经理没想到的是，这次的接待为日后的进一步交往埋下了伏笔。

2010年8月初，客户经理接到了刘先生打来的电话，他说在报纸上看到了某银行的理财产品信息，想具体了解一下。因为客户是通过电话咨询的，为了节约客户的时间，客户经理就其中一款投资风格较为保守的理财产品向其做了简要的介绍，并邀请刘先生抽时间到网点来做详细的了解。当天下午，刘先生就到支行来了，交谈中得知，他平时工作比较忙，对理财产品没怎么关注过，总觉得哪种投资都不如存定期安全。这次过来主要是因为上次接触后觉得客户经理工作认真细致、也很能为客户考虑，所以在看到某银行的产品广告后就动了尝试一把的念头。

刘先生是个雷厉风行的人，在来银行之前就已经在卡里存了120万元，准备了解下情况，如果没有问题就下单了。在客户经理准备好资料准备向其介绍产品时，刘先生接了个公司的电话，并表示需要尽快回公司处理事情，当时客户经理感觉这单业务可能要延后办理了，但让客户经理没想到的是，刘先生当即表示说今天时间紧就不用给他先介绍产品了，让客户经理帮其选个产品先购买上，他说他信得过客户经理，放得下心，等以后有时间了再详细了解也不迟。鉴于客户着急回公司，同时为避免仓促操作引起不必要的纠纷，客户经理向刘先生推荐了该行的天天理财产品，在他填写风险评估问卷的同时，客户经理把产品的特点、风险进行了介绍，然后以最快的速度为他办理了理财账户签约及产品申购的手续。

之后，客户经理找时间到刘先生的公司进行拜访，针对某银行个人理财产品的类别、投资范围、风险级别、产品的历史兑付情况等内容为其进行了详细介绍，并就某银行贵宾增值服务的内容进行了重点推介。考虑到刘先生的企业主身份，客户经理还简要介绍了某银行的小企业业务，进一步挖掘可合作的内容。

在拜访刘先生后的一周左右，该行推出了一款特供理财产品，客户经理想借此机会让刘先生能够转入更多的资金，于是客户经理致电刘先生进行回访并告知某银行目前有封闭式理财产品在售，建议刘先生考虑下此类产品从而提高资产的整体收益率。刘先生对产品很感兴趣，他表示将尽快和客户经理联系办理产品的认购手续。三天后，刘先生和太太程女士一同前来，刘先生告诉客户经理说他工作忙、没精力处理家庭理财的事，所以这次特意带夫人过来和客户经理认识，以后有什么事情找他太太就可以了。

三、解决方案

程女士是位全职太太，平时，除了照顾家人的生活起居最主要的事情就是"算账"了。十多年的股票投资经历，经验积累了不少，此外，程女士做事非常严谨，对服务人员的要求也非常高。第一次跟她谈论业务时，她就向客户经理提出了很多非常专业的问题，并且要求客户经理给出详细的解答。当时客户经理没能应对下来，这让程女士对客户经理的专业水平产生了很大的怀疑，第一次接触留下了不小的遗憾。

首次接触"失败"后，客户经理为自己找了很多的借口，类似"客户经理刚工作一年，没有太多的经验"、"客户经理之前是学音乐专业的，金融专业知识本来就欠缺"等。但后来客户经理认识到，给自己找借口对提高个人能力一点帮助也没有，客户经理应当考虑的是接下来应该怎样更好地做好程女士的营销工作。

针对专业知识较为欠缺的实际情况，客户经理采取了"双人作战"的方式，即寻求有经验、专业强的同事做帮手。在与程女士第二次接洽前，客户经理向分行财富中心申请支援，由一位从业 10 年、专业素质过硬的同事陪同前往，协助客户经理做好程女士的维护工作。第二次的交流，客户经理们和程女士谈得非常顺畅和愉快，程女士也对某银行的理财业务初步建立起了信心。这次交谈后，程女士向该银行进行了资金划转，陆续地，其名下的个人金融资产很快就突破了千万元，客户经理的第一个私人银行级客户也就此诞生了。

在随后的日子里，为了更好地做好程女士的维护工作，客户经理一直与分行财富管理中心的理财专家保持联络，有了专家的支持，客户经理在与程女士的交往过程中变得越来越自信、越来越专业，程女士在该银行办理的业务种类也更加丰富，对客户经理的信任度也不断提高。为了更好地为客户提供个性化服务，客户经理还向程女士推荐了该行推出的私人银行定制理财产品，该款产品是针对单体客户量身定制的，不但在认购日、到期日以及产品投资期限上能最大限度地贴合客户的实际情况，而且定制产品的预期收益率也较常规产品有优势。当客户经理根据程女士的资金情况及资金安排为其定制了第一款专属产品时，程女士第一次对客户经理的服务进行了夸奖。此后，客户经理以定制产品为抓手，将产品的成立日、到期日与客户的资金安排相匹配，尽可能地做到无缝对接。通过这一做法，程女士对该行理财产品的依赖度得到了进一步的提升。

在与程女士相处的近四年里，客户经理和她也建立了深厚的友谊。工作中，客户经理充分利用某银行为客户提供的各项增值服务，让她充分体验该银行对贵宾客户的专属服务；生活中，客户经理会站在一个晚辈的角度上替她考虑并力所能及地帮其处理一些家庭琐事。于公，客户经理是她的私人理财管家，帮其处理好与某银行的所有业务往来是客户经理的分内事；于私，客户经理是她的"小棉袄儿"，客户经理们经常聊天、逛街，开心的时候相互分享，烦恼的时候相互倾诉。

与程女士相处的点点滴滴，既有快乐也有艰辛，但留下的都是美好的记忆。

四、营销成果

四年间，刘先生夫妇在某银行的理财产品余额始终保持在 2000 万元以上，流动资金及定期存款的日均也稳定在 1000 万元左右；为了资金结算方便，刘先生的企业还在某银行开立了对公一般账户，部分融资业务也在某银行进行了办理，客户贡献度非常高。

五、案例启示

用心服务，是与客户建立良好关系的基础。在这个案例里，理财经理通过细致、认真、专业的服务获得了客户的认可，将心比心地为客户服务，使客户对其的依赖度越来越深，从而实现了客户与银行的双赢。

理财经理与刘先生的初识，是因为处理卡消磁的问题，客户之所以对其产生好感和信任就是因为她想客户之所想、急客户之所急。与程女士的接触，使理财经理发现了自身专业能力的不足，但其通过借助外力使客户的问题得到了有效的解决，最大程度地满足了客户的需求，自然也就得到了客户的认可和回馈。

与客户的交往需要用心经营，只有真心的付出、以客户为中心考虑问题，才有可能与客户建立紧密的合作关系，才有可能将客户与银行"绑"在一起，才能与客户共创美好财富管理之路。

六、案例点评

本案例有几点经验可以借鉴：一是客户服务人员在具备敬业精神的同时还要有能敏锐地捕捉营销机会的能力。从案例中理财经理在客户提到卡片多次消磁时，没有敷衍客户而是根据客户的反馈提出了自己的观点，在观点得到认同后与客户就银行卡片的保管方法进行了沟通、营造了良好的开端。二是在服务客户的过程中要学会借力。本案例中理财经理借助分行财富管理中心的专家支持，妥善地解决了自身经验不足、专业能力欠缺的问题。理财经理应善于运用银行系统、产品、渠道、平台等多方面的后台支持，以提高营销成功率。三是了解客户、分析客户、满意客户是营销的制胜之道。本案例中理财经理从发现客户到成功营销客户，最重要的是找准了客户需求，并通过合理的配置产品满足了客户需求从而锁定了客户。

案例 *67*：私人银行客户关系管理技巧

一、案例背景

客户王先生是一家民营企业的老总，个人资产早已满足国内私人银行客户准入标准，但对于成为私人银行级客户兴趣并不是很大，原因很简单，国内银行理财产品不能满足王先生对于资产管理的要求。对于一个企业老总来说，对银行服务的认识仅仅是贷款、存款、购买理财产品。以往理财经理通过银行产品吸引客户的方法在这种客户的身上往往就行不通了。

二、营销过程

客户经理刚与王先生进行初次接触时，按照以往的方法认真细致地向其介绍了该银行先进的服务理念及丰富的产品结构，希望对方可以成为该银行私人银行客户。但王先生表示自己对这些没有多大的兴趣，自己有投资渠道，银行产品没有什么竞争力。理财经理通过客户的态度也意识到通过这种手段根本打动不了客户。于是在接下来的沟通中，理财经理仔细全面地了解王先生的个人及家庭情况，以及个人事业上遇到的问题。理财经理对王先生的信息进行收集整理时发现，王先生与妻子的结婚纪念日马上要到了，而王先生又非常喜爱话剧，于是便为其订了两张话剧票，在纪念日前期送给了王先生。对于这份礼物，王先生感到非常的意外，平时与银行接触，也会收到银行为其准备的生日礼物，但这种特殊的日子，如果没有真正用心去维护客户的话是不可能了解到的，王先生很感动，对于该理财经理的印象也有了显著的改善。

三、解决方案

在这之后，通过一系列的服务，王先生与该理财经理建立了一定的信任关系，也陆续转了些资金过来。之后理财经理在与王先生的沟通中得知，其因要购进一些设备但对报价不清非常苦恼，理财经理通过一些渠道在几天之内为王先生找到了一份国内该设备详细的报价单，这让王先生喜出望外，坦诚表示自己第一次感受到这么全面的银行服务。

四、营销成果

王先生承诺一个月之后将自己的资金悉数转到理财经理所在网点，让其帮自己打理。

五、案例启示

现阶段，国内银行间竞争日趋激烈，产品同质化也很严重，如何更牢固地把握客户成为了各私人银行业务面临的重大课题。不同于以前的银行业务，现在的银行业环境买方市场已逐渐形成，客户对银行服务的要求越来越高，客户关系管理也愈发重要。

所谓客户关系管理即以客户为中心，满足客户个性化需求，提升客户满意度，培养、维持客户忠诚度。做好客户关系管理需要大量的客户信息作为基础，这就需要银行客户经理在平时与客户交流时，注意把握客户透露的潜在需求，而不能仅仅以销售产品为导向与客户沟通。

六、案例点评

通过这则事例，可以看出，拥有良好的客户关系管理理念，可以对银行维护客户起到非常重要的作用。我国银行推广客户关系管理理念已有几年的时间了，但现阶段还存在些许问题。

首先，观念更新步伐缓慢。将"以客户为中心"的理念自上而下地贯彻于整个银行，是能够成功落实客户管理的基础和前提。中国银行业长期以来对客户采取的是传统的"一视同仁"的服务模式，无论对老客户还是新客户，大客户还是小客户，能为银行赢利的客户还是根本不会赢利的客户均平等对待，不能针对不同的客户提供不同的服务。

其次，缺乏理论指导和政策导向。客户关系管理是从国外引入的，是在完善的市场经济和信息技术广泛运用的条件下产生的。客户关系管理理念更多的是采用国外应用比较成熟的理念，忽视中国银行业的行业特点，而完全移植到我国商业银行肯定是行不通的。

最后，信息技术应用水平的限制。信息技术应用水平的限制是制约我国商业银行推行客户关系管理的主要障碍。目前，我国商业银行客户信息数据库存在明显局限性，各银行网点客户信息不对称，数据库客户信息收集整理受制约，这都导致客户关系管理理念推行不畅。

理论上建立一套完善的客户关系管理体系并不复杂。简单来说无非以下几点：

1. 收集客户信息。银行要进行客户细分针对不同客户的需求提供个性化服务，确立自身的市场定位和经营战略，就必须对自身客户的价值有一个更加全面深入的了解。

2. 对客户进行分类分析，确定重点客户。对于银行的客户关系管理来说，最困难的是识别目标客户。从某种意义上来说"高净值"客户，即是银行的目标客户。银行将力量集中到与这些"高净值"客户上会取得比对所有客户"一视同仁"多得多的利润。

3. 满足重点客户差异化需求。客户忠诚度与银行的利润之间具有很高的相关性。当银行发掘出"高净值"客户后就要根据对其信息的分析，针对他们的需求提供个性化的服务，提高客户满意度，培养这些客户的忠诚度，从而提高客户终生价值。

4. 改造和分化非重点客户。非重点的客户不能给银行带来较大利益，有些甚至会损害银行的利益。按照传统的客户关系管理理论，银行应该逐步退出或摒弃这部分客户群体，但是依托高速发展的信息技术，银行完全可以通过有效手段对他们进行分析。在此基础上，将其进行分化和改造。

5. 做好客户跟踪，取得客户信息反馈。银行要做好客户服务，从客户那里得到有价值的反馈信息非常重要，从这些反馈信息中银行可以学到许多有利于业务发展的东西。

对于中国银行业来说，距离完善的客户关系管理体系建立还有很长的路要去开拓，但大家已经深切地意识到了其对于银行业务发展及客户维护方面的重要性，体系的建立还需要多方努力，共同开发，协同发展。

案例 *68*：私人银行诚心打动客户

一、案例背景

陈先生多年前从电子配件销售行业白手起家创业，凭着对商机的准确判断和善于处理人际关系以及良好的售后服务，积累了相当可观的个人财富。陈先生在多家商业银行开立账户，但在某银行只开立一个活期账户，日常结算资金余额在 20 万元左右。据了解，陈先生的资金主要存放在向其承租铺面的 W 国有商业银行中，且购买及持有基金、股票、理财产品、黄金和保险等金融产品。

二、营销过程

客户经理小张了解到陈先生喜欢打乒乓球，每周固定几个晚上到某健身馆打球，于是主动在该健身馆办了一张乒乓球月卡，上门邀请陈先生晚上有空到球馆练球，陈先生也欣然接受了邀请。在练习乒乓球期间，小张坚持提前 10 分钟先到球馆，做好准备工作，并经常主动向陈先生学习提高乒乓球技术的方法和技巧。

三、解决方案

在一次练球后的交流中，陈先生在言语中表达了对 W 商业银行 H 客户经理的不满，原因是两年前通过其购买的股票型基金大幅缩水，但客户经理无后续跟踪。小张抓住机会，经过认真的分析和沟通，制定详细的基金调仓建议和理财规划向陈先生阐述，陈先生听后大受启发，决定择机将 W 银行的部分资金转到该银行做投资理财，期间小张还邀请陈先生参加某银行组织的股票、基金和保险等理财沙龙讲座。

四、营销成果

随着交流的不断加深，陈先生对客户经理小张的理财专业胜任能力和正直诚实的人品高度认同，不仅介绍他的生意伙伴和小张认识，而且他自己又从其他商业银行多次转入资金，现在某银行的金融资产超过 1000 万元，准备构建长期且全面的投资规划。

五、案例启示

坚持"以客户为中心"的营销理念，急客户之所急，想客户之所想，努力践行"以心相交，成其久远"的经营理念，全面提高自己的综合素质和专业胜任能力，为客户各种各样的理财需求提供科学合理、切实可行的理财规划，才能成为客户心中理想的理财顾问，客户也将会越来越多，越来越忠诚。

六、案例点评

现代商业银行里的高端客户，都是在激烈残酷的商业竞争中的成功者，他们有着丰富的社会阅历和敏捷准确判断是非的能力。因此，作为一名客户经理，如果以完成销售任务为导向的急功近利式营销，短期内或许能取得一定的销售业绩，但有可能损害了客户的利益，无法得到客户的认同和信任，最终客户将离我们而去。

案例 *69*：以增值加跨境金融服务，满足客户多方面需求

一、案例背景

客户杨女士家庭经营一家艺术品加工厂，签约时在某银行金融资产约800万元，但其身家过亿。王先生为杨女士配偶，夫妻两人为企业的主要经营者，两人有一子，建立签约维护关系时，其子正在国内读大学。

二、营销过程

2011年财富顾问从系统中发现杨女士资产较为稳定，且喜欢购买保本类理财产品，觉得该客户比较符合私人银行客户的标准，遂主动联系其网点主任进一步了解客户情况，经过同客户的简单接触，客户同意见面，财富顾问在网点主任的陪同下来到客户家中拜访。通过与客户进行面谈，财富顾问获得了比较全面的客户信息，例如客户的气质爱好、家庭状况、对金融服务的需求点和兴趣点等。而对客户而言，省行的财富顾问能够亲自来拜访她，并且为其推介一对一的个性化服务方案，客户感到了该行对其的高度重视，从而进一步提升了客户的满意度和忠诚度。

三、解决方案

1. 邀请客户参加增值活动，拉近距离。
客户正式签约成为私人银行客户后不久，私人银行部举办了一次

"相约私人银行 走进壮美西藏"的特色增值活动，财富顾问邀请并陪同杨女士一起参加了此次活动。西藏旅游条件比较有限，很多客户出现了高原反应，旅途中，财富顾问和该行其他陪同人员对杨女士进行了无微不至的照顾。短短六七天的朝夕相处，财富顾问与杨女士建立了深厚的情谊，她进一步认可了该行服务的真诚和热情。

2. 以提供跨境服务为契机，进一步密切关系。

在平时的拜访联系中，财富顾问曾多次向杨女士传递私人银行跨境金融服务的信息，客户并未反馈过需求。2012 年下半年，在一次电话拜访过程中，杨女士突然向财富顾问求助，原来其子本科毕业，想到加拿大留学深造，他没有通过留学中介，而是在其同学的指引下自己办理了各项申请手续，结果遭到拒签，此时杨女士想起财富顾问曾多次推荐的跨境金融服务，遂抱着试一试的心态拨通了财富顾问的电话。财富顾问了解了相关情况后，立即与合作外资银行、签约中介等跨境金融服务团队的人员联系并研究解决方案，最终向客户推荐了资质和口碑良好的中介机构接手此项业务，并以最优惠的价格和最专业的操作，为其子成功办理了加拿大留学手续，并且顺利拿到了签证。

随后，财富顾问和合作银行专员还一同到客户公司拜访，对接其相关的其他需求。2012 年 12 月，杨女士的儿子成功登陆加拿大。

3. 以产品提供为工具，加强与客户的日常联系，提升贡献度。

随着与客户关系进一步密切，杨女士家庭在该行的金融资产规模不断增长，财富顾问针对其投资情况不时向客户提供建议和推荐产品，客户名下常规和专享理财产品的占比由签约时的 15% 左右提升到现在的70% 以上。

四、营销成果

通过向杨女士家庭提供私人银行产品和服务，客户与该行的关系进一步深化。主要营销成果包括：

1. 杨女士家庭在该行金融资产大幅增加，从签约初期的月均 800 万元扩大到现在的月均 8000 余万元。

2. 杨女士及其子名下在该行的金融资产分布不断优化，贡献度不断提升，常规和专享理财产品的占比由签约时的 15% 左右提升到现在的 70% 以上。

3. 杨女士将公司的全部结算业务转移至该行办理，基本户和一般户全部开立在其私人银行账户所在网点。

4. 杨女士家庭认可该行的跨境金融服务，下一步还将有办理移民或境外投资的合作机会。

五、案例启示

在对杨女士家庭的服务过程中，有以下几点启示：

1. 组织客户活动是客户关系管理的有效手段和方式。通过客户活动，财富顾问与客户近距离接触，加深了沟通交流，建立起情感联系，创造了营销推介产品和服务的契机，为今后业务的开展奠定了良好的基础。

2. 跨境金融服务丰富了银行私人银行服务的内涵，增强了客户对银行的满意度和依赖度，通过跨境金融服务，能够挖掘高端客户。

六、案例点评

只要真正秉承"以客户为中心"，真诚热忱地跟客户交流、为客户服务，总能够收获他（她）们同样的信任和忠诚，良好的客户关系建立起来了，推介产品和服务就成了水到渠成的事。

案例 *70*：用专业赢得客户，满足客户金融投资需求

一、案例背景

2014 年 3 月，某银行私人银行北京分中心接触到了一位客户葛女士。通过初次见面了解，该客户年龄 45 岁，资金量大致 3 亿元，是一家大型私企董事长的夫人，家里的所有资金都由她来打理，曾经投资过股票、基金、信托以及私募股权基金等。

二、营销过程

客户需要专业的全金融领域的投资理财服务，找到了该行私人银行。

三、解决方案

鉴于客户资产规模较大，且具有一定的社会影响力，北京分中心在总经理的带领下组织了专题会议，分析客户真实需求及投资组合方案，最终确定了以下几点：

1. 客户所处行业稳定，公司发展处于成熟阶段，年收入稳中有升，具有一定的风险承受能力；

2. 客户具有较丰富的投资经验，对于金融知识的了解属于中等偏上水平，基于以上两点可以给客户配置一定比例的权益类资产；

3. 客户 19 岁的儿子在美国读书，需要定期兑换外币，并有海外置业

的需求;

4. 如此量级的客户第一目的仍是资产的保值,所以极具吸引力的固定收益类产品是拿下客户的关键;

5. 客户需要一定的资产流动性,以备公司运营的不时之需。

针对确定的以上的需求和原则,财富顾问为客户制作了一份 30 页的投资报告,目标资产规模定在 1 亿元,预期年化收益率在 9% 左右,主要内容有以下几点。

1. 资产配置比例:80% 固定收益类,10% 国内权益类产品,10% 海外房地产基金和海外权益类产品;

2. 详细介绍各类产品的结构、要素、风险以及历史业绩等;

3. 针对 2014 年美国经济的数据及展望,对于美元短期、中期及长期走势的分析,提出兑换外币的最佳时间点;

4. 针对美国房地产发展形势的分析,由于客户给子女买房属于刚性需求,财富顾问建议客户跟随该行私人银行 6 月美国房地产考察团一起了解当地项目并听取当地专业人士的分析和建议;

5. 为了满足客户对流动性的要求,财富顾问拟给客户申请个人高端客户大额信用循环贷款,额度在 2000 万 ~5000 万元。

6. 非金融服务。客户非常感谢财富顾问的高效和专业,感慨该行的执行力和创新力。5 月客户生日,由总经理带队,带着客户喜欢的古典音乐黑胶唱片和财富顾问远从深圳定制的复古唱片机来给客户祝贺生日。看到自己喜爱的东西,客户兴奋地和财富顾问聊了一整个下午,财富顾问对于客户的背景及家庭情况又有了进一步的了解:客户和她先生二十岁出头就结婚了,感情很好。先生不吃荤,喜欢打高尔夫球。夫妻二人只有一个孩子,想通过代孕的方式再要一个孩子。先生还有两位兄弟,分别控制着其他两个集团企业,同时客户的母亲身体不适在小医院诊断后有肝癌的可能,这是客户目前最大的烦恼。财富顾问当天立刻联系医疗合作机构,第二天为客户挂了协和医院和肿瘤医院特需专家的号,并陪同一起前去就诊,两家医院的诊断结果并非是肝癌,客户非常欣慰,并感激财富顾问第一时间对她的帮助。随后,财富顾问邀请她和她先生一起参加私人银行举办的海南三亚高尔夫邀请赛,客户回京后又转入 5000 万元资金,并开立公司一般户,表示把资金放在该行非常放心,踏实。并请他的两位兄弟也将个人和公司的资金交与该行打理。

四、营销成果

客户收到这份浓缩了多位投资顾问的专业建议的、翔实诚恳的投资报告后，非常认可财富顾问的认真态度和专业素养，第二天即来行开户，转入 3000 万元资金。

但客户对于财富顾问提供的组合方案并不完全认可，客户表示资产保值最重要，因此要 90% 的比例投资于固定收益类，并且对于财富顾问提供的年化 6.5% 的固定收益不满意，表示要做到保本保收益 7.5%。

4 月市场资金面宽松，固定收益类产品整体收益率不高，如何满足客户对此类资产的需求，财富顾问联系了集团内各家子公司：证券、信托、大华汇通、陆金所等，经多番沟通，最终解决方案出炉，将信托资产打包（收益率较高），由集团子公司做买入返售（多一重担保和安全），财富顾问将产品结构详细地讲给客户，包括基础资产和涉及各方承担的风险和责任，并带着合同逐条向客户的财务总监和律师解释，终于说服了客户，客户陆续又转入了 8000 万元。为客户量身定制该款 1 亿元规模的产品，各个渠道加班加点，加快一切流程和进度，仅 4 个工作日内就将一切准备就绪，客户签字盖章，拿到合同，产品顺利成立起息。同时按照资产配置方案，购买了 1000 万元的权益类产品。

五、案例启示

1. 用专业赢得客户，满足客户对金融投资的需求最重要

（1）透过客户表面的描述，了解客户的真实需求；根据对客户不断的深入了解，动态调整投资组合方案；

（2）通过投资组合方案，能够顺利完成权益类资产的销售，并为客户分散风险，提高组合收益率；

（3）不断进行产品创新，并迅速落地实施。

2. 用真诚感动客户，时刻提供人文关怀

（1）人是有感情的动物，你如何对待客户，客户就如何对待你；

（2）拿客户的事当成是自己的事，把客户的钱当成自己的钱一样尽心打理；

（3）关怀客户的家人。

3. 各团队协作，为客户打造全方位的管家式服务。产品团队、客户关系维护、客户权益支持等各方尽全力为赢得客户共同努力。

六、案例点评

中国的私人银行发展仍处于初级阶段，也带有浓重的中国本土特色，但是私人银行业务充满了生机和希望，是商业银行高端客户业务的必然趋势。财富顾问会在平安这个全金融牌照的平台上，由各个团队和部门共同协作，竭尽所能地为更多像葛女士这样的客户提供专业、私密、高端的私人银行服务。

案例 *71*：私人银行存量 客户营销技巧

一、案例背景

客户兰女士，年龄 65 岁，自己成功创业，目前是某家房产中介公司老板，现处于事业平稳期。因其平日工作较忙，资金很大程度交予女儿管理。最初在某银行总金融资产小于人民币 5 万元，经过一系列营销后目前在某银行金融资产已超过人民币 1500 万元。

二、营销过程

与兰女士相识还是在两年前。当天正逢某银行理财产品大量到期，约有三百多个客户的叫号量。兰女士要求开办一张某银行黑金卡，新人柜员错开成了白金卡。因为天热人多排队较久，又办错业务，当时兰女士很生气。了解情况后，财富顾问在旁安抚她并请她去了贵宾室。财富顾问考虑到，一般要办理某银行黑金卡的客户是在某银行有 100 万元以上金融资产的。财富顾问能感受到她愤怒的情绪。听完兰女士对刚才发生不愉快事情的倾诉后，首先财富顾问代表某银行向兰女士再次表示歉意，同时也认同她焦急生气的原因。见兰女士缓和了情绪，财富顾问便试着询问她是如何知晓某银行的黑金卡业务，又是什么优势吸引到她的，来某银行还需要财富顾问们替她办理什么业务。兰女士很直率地说听朋友提到过，也打过电话咨询过，觉得某银行黑金卡客户的增值服务不错。随后，兰女士表示她这次原本想先转 50 万元，还没打算做产品。本来打算先开张黑金卡，等其他银行理财产品资金空闲后考虑看看某银行的理财。初步情况了解后，财富顾问查看理财产品销售档期，发现高净值产品销售要等到下个月，这样兰女士等于资金闲置近一个月了。站在客户的立场，财富顾问向和兰女士分析了投资情况：虽然后续产品收益高，但产品发售再到起息，资金等于浪费近一个月，中间产生的时间差减少了它的优势。同时考虑到她从未购买过某银行产品，故财富顾问先推荐安全度较高的产品。财富顾问向她建议先购买某银行在售的其他理财，避免资金闲置，待行外其他闲散资金到期后再一并转入某银行再购买高净值产品。虽然这次柜面开卡开错，但可以在下次其他资金转入时再升级成黑金卡。兰女士听了财富顾问的建议后，当即表示认同，觉得财富顾问为她考虑周全。在填写协议请她出示证件和银行卡时，财富顾问无意间发现她有一张某银行已停发的小蜜蜂卡，这表明她是某银行的老客户了，但为何对某银行投资理财业务不了解呢？在聊天中，财富顾问发现她几年前曾经在某银行的支行办理过一些转账业务，但主要存款和投资业务都在其他银行。业务办理结束后，财富顾问再次对当天柜员给她造成的麻烦表示歉意，而此时的兰女士已经没有之前的怒气了，并平和地表示以后再联系。

当天下班后财富顾问整理了财富顾问对兰女士了解的情况：（1）性格直率（她毫不避讳地告知她是如何知道某银行业务及在他行办理的相关业务，并且她在事后没有追究及投诉）；（2）个人在行外资产较多（通常投资经验较丰富的客户不会把所有资产都进行风险投资，还有一大部分会以银行存款现金及固定资产的形式保留）；（3）对某银行业务不了解（在2008年就在支行开过理财卡，但一直未曾在某银行办理投资理财业务，主要偏好是安全度较高的产品）；（4）根据填写资料所留的办公地址等信息在网上搜索后意外发现，兰女士是一家民营房地产中介公司的老板，便准备进一步做好营销上的工作。

三、解决方案

在之后一个月内，财富顾问一直与兰女士保持联系。在她行外资金到期打电话给财富顾问后，财富顾问约她来营业部面谈，主要是向她介绍私人银行产品。财富顾问先让兰女士做了一张客户风险评估单，评估结果显示兰女士属于成长型投资人士，适合购买中高风险产品。随后财富顾问逐一介绍私人银行产品，兰女士了解后表示认可，但需要回去听取女儿的意见。第二天，财富顾问接到兰女士女儿李小姐的电话，她详细询问了她有兴趣的产品信息及投向。经过近一个小时的耐心沟通及介绍，李小姐了解了产品的具体情况。第三天，兰女士便将行外资金转入某银行购买产品。

在购买产品后，财富顾问帮助兰女士更换了黑金卡，并预约了免费体检，订阅了该行赠送的畅销书，让兰女士第一时间享受到该行的增值服务。

兰女士平时工作比较忙，财富顾问保存了兰女士和李小姐的电话，并询问了李小姐的电子邮箱地址。每逢新产品发行以及有金融市场信息新动向，财富顾问都及时发送给她们母女。她们对财富顾问的服务也有了很大程度的认可。

在接下来的日子里，财富顾问和兰女士关系渐渐密切起来。在她生日来临之前，财富顾问约了到她公司拜访，并携带蛋糕作为礼物。兰女士看到财富顾问送的蛋糕很开心，和财富顾问聊了一会儿。当时财富顾问部拟定举办海外置业讲座活动，财富顾问顺口向她提及，没想到她很感兴趣，告诉财富顾问她女儿女婿在澳洲已经购买房产，她打算鼓动女儿在英国再购买一套。财富顾问便顺势向兰女士推荐某银行的私人银行卡，向她介绍私人银行的服务和产品，当即兰女士就准备把他行到期的400万元资金转入某银行，并约定了下次去某银行换卡的时间。

四、营销成果

兰女士成为该银行私人银行客户后，对财富顾问的服务越来越认可，在该银行的金融资产也越来越多。但问题也随之而来：这几年金融市场不稳定，信托等一些项目都出现了坏账，钢贸等贷款的坏账导致客户对产品的安全度有了更高的要求，收益已不再是唯一的考虑重点，她对在售和之前销售的产品出现了顾虑。于是财富顾问主动电话联系她，她表示因为市场环境不好而犹豫是否要继续购买产品。可以看出，兰女士想转走部分资金，但她直接把自己不安的原因告诉财富顾问，她的资金大多配置在一年期的私人银行产品，没有任何定期储蓄及其他中低风险产品。结合相关信息，财富顾问建议她将即将到期的400万元资金中的100万元存两年定期上浮利率，200万元做中等风险1年期产品，剩下的100万元让她做低风险的1个月循环产品以保持流动性。财富顾问把这一建议与兰女士及她女儿进行沟通，财富顾问的配置方案得到了她们的认可，同意按照这一资产配置方案进行操作。

五、案例启示

通过对兰女士的跟踪营销，财富顾问成功挽留了一个可能流失的客户，并且培养了一位稳定的私人银行客户。财富顾问的经验是，客户就在身边，关键看是否有一颗真诚服务的心，有没有细心观察。作为一名客户经理，一句话，一个细微的动作，往往都能让客户作出选择。财富顾问认为客户经理要练好三样本领：

1. 练习胆量（见了客户不会发怵）；
2. 练习眼力（发现优质客户）；
3. 练习头脑（知道怎样与客户建立良好的关系）。

在服务过程中，财富顾问不仅是兰女士的客户经理，也与她成为了好友，兰女士在日常生活中遇到的一些问题也愿意来咨询财富顾问，她说财富顾问让她体会到管家式的服务。

六、案例点评

每个银行的理财产品具有一定的相似性，基金保险也都有代销，客户选择银行更多的是因为增值服务的差异。客户经理代表银行与客户接触提供服务，客户对银行的印象更多来自于客户经理的服务。所以，细致入微的服务是在与客户接触中必不可少的。

案例 *72*：挖掘潜在私人银行客户

一、案例背景

客户 C 先生为某房地产公司的总经理，年约 40 岁，已婚，有一女。客户平时工作较忙，由其公司财务为其打理资金，由于资金随时有可能用于工程款项，所以客户并不特别在意产品收益，资金在他行大多数时间是做活期存款，追求的是资金的灵活性，对理财产品并不熟悉。

二、营销过程

1. 了解客户，耐心讲解

财富顾问所在支行处于上海近郊的位置，平时的主要客户群是 50～70 岁的女客户，咨询理财的时候大都是比较注重收益的，但客户 K 阿姨 2012 年初首次来该行办理业务时，言谈举止间都比较谨慎，对于金融知识方面也颇有自己的想法，并未主动来到理财柜台前进行咨询，而是和同伴一起在理财宣传栏处小声地交谈。凭着敏锐的观察力，财富顾问主动上前和她攀谈起来，从和她的交谈中，了解到她是某公司的财务，公司当年业务发展不错，分了红，因此想要了解一下各家银行的理财产品，做点小投资，但又害怕承担风险。对于这种第一次来该行的客户，财富顾问会挑选几款比较有代表性的产品为客户做分析，恰逢当时该行的特色产品正在售卖期间，于是财富顾问便向客户进行推荐，推荐过程中，客户咨询了很多问题，财富顾问一一做了解答，客户认为财富顾问的服务态度很好，对产品也很熟悉，当天就开卡购买了财富顾问推荐的产品，虽然金额不多，但表示以后有好的产品记得通知她。

2. 增进了解，闲话家常

所谓一回生二回熟，在第一次的接触后，每逢过年过节财富顾问都会给客户发短信，有适合客户的理财产品也会提前告知，客户来银行的次数也越来越多。每次客户来后，只要财富顾问空闲着，财富顾问都会在客户等候的时候陪她唠唠家常。财富顾问觉得作为一个财务，又有如此丰厚的分红，其公司应该也不会很差，如果能在接触中，客户能介绍几个同事来做业务应该也是不错的。在几次的接触中，财富顾问并未和客户直接谈到业务，而是通过和客户的闲谈，了解到 K 阿姨平时虽然是做财务的，但是在网银方面却比较薄弱。于是财富顾问便指导客户开通了该行的网银，并告诉她网银都是一通百通的，这样她以后需要帮领导转账给别人也会方便很多，不需要再到柜台去填转账单。客户觉得财富顾问很热情，也很懂事，把财富顾问当个小辈来看，和财富顾问说的话也越来越像自己人了。

3. 渐入佳境，介绍新客户

在一次客户生日的时候，财富顾问发了一条祝福短信给 K 阿姨，K 阿姨很开心，表示想把她的领导介绍给财富顾问，并和财富顾问透露领导的资金额较大，都在他行存活期，问财富顾问有没有 100 万元以上的产品推荐。财富顾问便向客户推荐了私人银行的产品，并说明必须是符合该行私人银行客户标准的客户才可购买。观察到客户并未因财富顾问说出的标准条件而有太大的反应，财富顾问认为 K 阿姨想介绍给财富顾问的客户是有此实力的，于是财富顾问更加努力地阐明成为该行私人银行客户的优势，让她回去传达给领导做参考。

4. 初识 C 先生

第一次见到 C 先生，是 K 阿姨生日后的没几天。财富顾问准备了一份自己手工制作的小礼物给 K 阿姨当生日礼物，K 阿姨看到后很喜欢，礼物虽轻，是份心意，于是在 C 先生面前说了财富顾问不少好话，C 先生看到礼物，对财富顾问的第一印象又加分不少。前期 K 阿姨已经和财富顾问说了不少 C 先生的情况，C 先生平时工作繁忙，难得抽出时间来该银行，所以财富顾问在他们来之前，已经把需要用到的单据都准备妥当，用小夹子夹着，并且让保安师傅帮忙看车。财富顾问把 C 先生和 K 阿姨请到贵宾室后，就开门见山地把办理的流程和 C 先生说了一下，尽量挑选简单易懂的词汇，快速地把产品投资方向等告知了 C 先生，并在他面前演算了同样期限做活期和在这里做理财产品后收益的不同。当数字展现在眼前的时候，C 先生也感到很惊讶，原来这么久以来自己浪费了那么多的利息，K 阿姨也在一旁表达自己最近做下来的感觉，让 C 先生觉得的确不错，C 先生很快就决定购买 500 万元。考虑到 C 先生的资金有时候要灵活应用，于是财富顾问推荐 C 先生买了 300 万元年年升系列私人银行产品，另外 200 万元推荐他购买了灵活性很强的现金宝系列产品，客户感受良好。之后分行又陆续推出了季季高、陆陆发等系列产品，客户先后购买了 1000 万元和 900 万元，成为该行钻石客户，最高时，资金达到 3500 万元。

5. 后续服务，赢得客户

C 先生购买产品后，每次到期财富顾问都会及时告知客户。了解到客户平时工作的繁忙，财富顾问一般都是发短信告知客户，或者直接电话财务 K 阿姨，由 K 阿姨在适当的时候进行转告。C 先生很信任 K 阿姨，说服 K 阿姨，基本上也就等于说服了 C 先生，因此在 C 先生享受该行私人银行服务的礼品以及体检服务的同时，财富顾问也会再准备一份礼品给到 K 阿姨。每次 C 先生来银行办理业务，财富顾问都会以最快的时效为其办理业务。C 先生生日的时候，财富顾问亲自买了一个生日蛋糕与同事一起送到其单位，并代表行领导对其表示祝福。C 先生觉得该行能有这样的产品和服务，他感到很满意。客户表示非常愿意成为该行的私人银行客户，并会介绍其工作伙伴和其他朋友来该行办理业务。之后 C 先生和 K 阿姨也介绍了他们公司的另外一位老总到财富顾问这里办理业务，目前也成为了该行私人银行客户。

三、解决方案

通过对客户的了解，挖掘客户背后的客户，走的是缘故路线，寻找合适的契机，让客户成为自己的朋友，帮助自己营销新的客户。

四、营销成果

通过财富顾问耐心细致的讲解，周到体贴的服务，C 先生非常认可该行的私人银行服务，与该行的关系进一步深化。主要营销成果包括：

1. C 先生已成为该行钻石客户，金融资产大幅度提高。
2. C 先生把他行的资金都转入了该行，最高时达到 3500 万元。
3. C 先生购买该行私人银行年年升系列产品、总行众盈系列产品。
4. C 先生在该行开通了网上银行业务等。
5. C 先生把其工作伙伴介绍到该行办理业务并成为私人银行客户。

五、案例启示

私人银行新增系列产品丰富了该行私人银行服务的内涵，增强了客户的满意度和粘合度，取得了良好的效果，在营销过程中，有如下几点启示：

1. 通过优质的私人银行产品，可以挖掘高端客户的潜力。
2. 通过客户身边人进行营销，更容易切入客户生活圈。
3. 通过分行的私人银行活动，让客户感受到银行对客户的关爱关心。
4. 加强平时客户维护，从小细节中体现自身价值，赢得客户。

六、案例点评

财富顾问抓住了客户信任的人，通过对身边人的维护，使其为财富顾问引荐高端客户，在了解客户多方面习惯和信息后，整合行内优质产品，作出适合的产品引导，并快速有效地帮客户办理业务，让客户了解该行产品的优势，体验银行的贵宾服务，通过个性化服务，实现了对 C 先生的营销，并成功让 C 先生帮财富顾问引荐了新的私人银行客户。

案例 *73*：私人银行客户关系管理的技巧和方式

一、案例背景

2012 年某银行提出"私人银行"客户概念，通过存量客户挖潜，了解到多年前就已开户，但从来没有启用账户的睡眠户郭先生是潜在私人银行客户。2011 年以前该行主要是以销售常规化理财产品为主，无法满足千万元身价投资客户的需求，且财富顾问也没有面对这些高端客户的服务经验。如何撬动客户的资金，如何让客户的资产投资增值，如何长期留住客户，已成为财富顾问需要面对的新问题。

二、营销过程

私人银行客户大部分有自己的投资见地，信奉钱生钱才是王道，而且他们的财富及社会地位使他们希望与众不同。

首先，客户需要银行提供专属服务的资产的升值。所以财富顾问初期营销时不是死板的一开口就跟客户谈存款，而是积极地帮助客户寻求只属于他的银行"生财之道"。其次，因各家银行产品设计及服务大同小异，如何抓住客户的"心"，这对财富顾问提出了更高的要求。

三、解决方案

在该行私人银行部及分行零售财富管理室的努力下，财富顾问开始按照客户的需求进行产品设计：风险评级、投资方向、净收益、起息日、到期日、购买金额这些看似平常的销售要素在此刻都标榜着两个字：专属。通过特别的产品设计，优于市场的产品利率水平终于撬动了郭先生的第一笔投资资金 1000 万元。

通过一对一了解，高资产净值客户相对还是小众群体，他们也非常渴望扩大符合他品位的交际人脉圈。郭先生公司主要从事电脑主板、卡的开发，在中国市场该领域排名前三。郭先生本人接收新鲜事物及与外界沟通能力极强，生意圈里乐于接触新的朋友，建立扩大人脉圈。深圳分行财富室适时结合总行私人银行部组织了"私人银行洁牙""王蒙谈老庄""与股神巴菲特面对面""迪拜行"等私人银行活动，向郭先生发出了邀请。在几场的行程中，郭先生对私人银行部的活动组织能力给予了肯定，尤对"与股神巴菲特面对面"活动给予了极高的评价，并不是所有银行都为私人银行客户提供这样与名人近距离交流的机会。回深圳后，支行零售负责人成功地拜访了郭先生本人，两人就国内外形势、投资环境、银行发展等诸多问题进行了深谈。郭先生开心地分享此次该行活动行程中最大的收获：结识了深圳分行、长春分行等其他几个地区的私人银行客户，而且就他一直关注的投资项目大家交流了意见及后期合作意向。这些朋友们也经常联系互相探望，进行投资合作，说这是该行为他这样的客户提供的隐形而高价值的增值服务。

拜访结束后，郭先生主动表态近几年公司运作的闲置资金会第一时间放在该行。在以后的产品创设上，客户不断地追加金额，由之前的几千万元最终发展到上亿元。同时，财富顾问从单笔产品的效益上也不断有新的进展，从单一的资金进理财账户向"理财＋储蓄"结算成功转型。财富顾问最终变被动创设产品为主动降低收益以扩大综合效益，将营销的主动权掌握在了自己手上。

拜访郭先生的过程中了解到，曾经服务他的他行客户经理跳槽去了信托公司，经常介绍信托给他。郭先生之前对信托、PE 等投资领域涉及不多。当时该行深圳分行代销项目并不丰富，且对于推荐客户项目也有相应的管制政策。在这种情况下，财富顾问没有合适的信托项目推荐给郭先生，但这不表明财富顾问就不需要去和他沟通信托项目。首先，财富顾问以专业金融服务态度建议郭先生可以适当分散投资到部分优质的信托项目，这样既可以分散投资风险，又可以让部分资金参与更高收益投资。其次，财富顾问建议郭先生拿到信托公司推荐的信托项目计划书可以同时发一份给财富顾问帮他一起分析把关。通过后期的几个地产项目信托分析，正确地作出判断建议避免了郭先生可能的经济损失。在这些接触中，财富顾问做着客户认为并不是分内的事情，并从单一的银行产品销售身份转型为客户私人财富管家身份。后期郭先生公司扩充，购买写字楼等融资方案也都乐于和该行进行分享、咨询。

四、营销成果

最终财富顾问以单一理财产品的介入客户转型为客户立体化提供全方位的金融服务。让客户对银行的产品、服务、情感有了更多的信任和依赖。

五、案例启示

服务私人银行客户要先了解私人银行客户。私人银行客户能在有限的时间里积累大量的财富，必定有其过人之处。此类客户的需求更多，眼光更高。要服务好这类客户群，需要制定专业和真诚的一对一服务方案。另外，撬动资金只是开始，维系客户关系同样非常重要。永远记得银行只是高端私人银行客户的众多金融服务机构之一，财富顾问不能在客户面前只充当只卖银行理财产品或者只会卖银行理财产品的金融服务机构，对客户的服务要跳出传统银行系服务。

六、案例点评

服务源自真诚。对私人银行客户更是如此。真诚的服务不仅仅体现在产品设计、活动邀请，更贯穿于人与人的每个交流细节中。销售产品总是以销售自己这个品牌为基础。专业的能力，真诚的服务，了解并提供给客户不曾告诉你的隐形增值需求，最终可以在众多为其服务的金融机构中脱颖而出，不能做到唯一，但可以成为首选。

案例 *74*：信任是维持客户忠诚度的最好保证

一、案例背景

某银行的客户常先生，30 多岁，是家族第二代经营者，经常来往于世界各地，已承担起家族在中国香港及海外多个国家和地区的实业生意经营，大部分资产在海外，但由于他平时忙于海外生意经营，对于国内个人的金融资产管理，几乎无暇兼顾。

起初，由于客户对国内投资机构并不信任，在行内的存款资金规模也不高。虽然经客户经理与常先生多次联系接触，并向客户推荐该行产品和服务，但仅了解到客户的境内资产主要以存款形式存放于各家银行，并且，客户并不接受各家银行的投资建议。

二、营销过程

多次营销未果，私人银行客户经理经过反思明白，客户需要的不是单纯的资产诊断和产品推荐。在还没有取得客户的信任之前，只有先让客户了解私人银行的专业化服务，才能取得客户信任，进而了解客户真正的需求和需求背后的需求。

为了做好"倾听"环节，客户经理和投资顾问向客户充分展示了该行的专业化服务，在三个月的时间里，通过邮件、QQ、短信和电话等方式与客户保持沟通联系，先后为客户制作了"理财建议书"、"特殊事件分析"、"每周市场追踪"等一些与客户生意相关的专题分析报告，让客户了解到该行私人银行服务与国内其他银行的区别和不同，逐渐建立起了初步的信任。

经过三个多月的交流、沟通，该行专业化服务赢得了客户的信任，并开始与客户经理通过邮件、QQ 等方式，探讨财富管理与传承等相关话题。同时，客户经理邀请客户参加了私人银行的一些增值活动，通过交流使客户更进一步地了解私人银行的服务理念和服务体系，加深了客户对该银行的信任，客户开始将国内他行的资金小部分转入该行，并成为达标私人银行客户。

三、解决方案

一是通过逐步建立起信任关系到为客户提供有价值的帮助，进一步赢得客户的高度信任，开始转入海外资产；

二是与客户成为知心朋友，为客户进行全方位资产配置；

三是借助"家庭工作室"的平台，为客户提供全方位金融解决方案，并通过客户转介更多的朋友加入该银行。

四、营销成果

之后，客户经理与客户交流更加顺畅，联系也更加频繁。给客户提出了适合的个人投资组合方案，其中包括固定收益类产品、投资国内 A 股的基金资产、地产基金、挂钩美国科技股的纳斯达克指数基金（QDII）、挂钩原油的基金、投资 REITS 的基金以及黄金资产。而客户对该行更加信任和依赖，当公司生意有信贷的疑惑时，会与客户经理联系听取思路和建议。客户还逐渐将国内他行大量资产转入该行，并开始将其海外资产也逐步转入该行。而该行的私人银行客户经理也与这位客户成为了非常好的朋友。

五、案例启示

万事开头难。让客户从"不信任"到"依赖"是一个并不容易的过程。其中，良好的"倾听"是成功的一半，为了首先获得客户信任，必须先做好"倾听"环节的准备。"倾听"是永不停止、逐步深入的过程，且贯穿于客户经营的全过程，"倾听"的深度随着客户信任的增加而不断加深。

该银行通过不断了解客户需求，更好地明确了工作目标，为客户提供价值，进而发掘客户价值；并没有急于谈产品，而是多站在客户角度考虑问题，先与客户成为知心朋友，而后资产配置就能水到渠成；产品的收益率和品种只是服务客户的一部分，但是当产品匮乏或者产品收益低下的时候，客户的信任才是维持客户忠诚度的最好保证。

六、案例点评

目前，越来越多的中国富裕人群正在把生意拓展到海外，或逐渐加入移民的行列。据《2011 中国私人财富报告》的调研显示，个人资产超过 1 亿元的大陆企业主中，27% 已经移民，47% 正在考虑移民。而这一类日益增加的海外客户对本土银行往往持有不信任的态度，如何有效管理客户资产，挖掘客户价值贡献度，提升对海外客户的掌控能力，将会成为私人银行业务发展所面临的重要问题。

随着客户移民海外人数的增加，对于这一类重要的客户群，通过远程方式维护客户、留住和吸引客户资产，耐心倾听，精耕细作，深度经营和挖掘客户的需求，将会成为私人银行获取和维护忠诚客户的重要内容。

案例 *75*：扎实服务奠定基石，定制方案实现跃升

一、案例背景

客户袁女士，50岁，是一位成功的民营企业家。五年前在某银行开立了私人银行账户，陆续购买了理财产品、基金、信托计划、房地产投资基金等，年均管理资产维持在1000万元的水平。客户同时与多家中外资私人银行保持业务往来，并通过信托公司、第三方理财机构的直销渠道配置了产品。

二、营销过程

袁女士由理财经理负责日常服务，在维护客户的过程中，理财经理常常感觉到来自同业以及非银行财富管理机构的竞争压力。除了做好客户的日常结算、产品衔接、提供特色增值服务外，始终没有找到提升客户的有效突破口。

银行为袁女士配备了专属的财富顾问，协助理财经理共同提升服务品质，特别是拓展私人银行业务。财富顾问从客户的现有资产诊断入手，对客户所购买的行内、行外各种产品进行了统筹梳理。在这一过程中，发现由于购买的产品众多且分散在各个机构，一些产品已到期很久没有提示，还有很多产品的风险收益属性、投资标的、细节条款袁女士都不十分清晰。财富顾问认真研究分析后向客户一一说明，并进行了持续的跟踪与反馈。在经济环境变化、行业风险逐渐暴露过程中，财富顾问及

时向客户提示了特定产品的投资风险，挽回了损失。分行还定期邀请总行投资顾问与业务专家通过小型沙龙活动与私人银行客户进行交流分享，很多高净值客户财富管理的成功与失败案例使袁女士深受启发。

该行团队悉心、专业的服务逐渐赢得了袁女士的认可与信任，即使是购买行外产品，袁女士也常常征询财富顾问的意见。随着业务往来的加深，财富顾问关注到袁女士的投资看似分散在不同机构的不同产品上，然而产品背后的资金运用往往标的趋同、风险集中；产品到期后也总要寻找新的投资项目承接，如考虑资金闲置成本，即使是较高的投资收益，也被摊薄了不少；各家机构往往通过提高报价争抢客户，对于客户而言并没有统筹的管理，常常被动追随产品在各机构间划汇资金。

三、解决方案

财富顾问向总行投资顾问说明了客户情况与业务需求，经过总分支、前中后台团队的共同努力，为袁女士拟定专属服务方案。方案从客户个性化需求出发，基于客户的风险属性与投资偏好进行运作。在一定期限内，银行统筹资源协助客户进行产品组合的构建与动态管理，并定期向客户提供组合运作报告。服务方案突出强调了定制化、个性化、差异化，在运作上匹配专业团队与优质资源，致力于最大限度提升资金运用效率，为客户提供长期、稳定、持续的投资收益。

四、营销成果

该行团队向袁女士提交的服务方案得到了她的认可，设计理念使客户感受到银行的服务诚意与品质追求。关于产品组合的配置原则、项目选取、服务流程等细节，又经过了多轮沟通最终确认。

袁女士将到期产品陆续进行资金归集，纳入统筹管理的资金规模由最初计划的 3000 万元提升至 5000 万元，客户级别也实现了跃升。

最可贵的是，袁女士还介绍了几位朋友来该行开立私人银行账户，并对银行产品与服务的优化完善提出了很多中肯的建议。

五、案例启示

总分支联动、团队营销进一步提升了服务品质与专业性。单一产品销售模式将向组合构建、统筹动态管理转变，客户需求的引导与满足将成为服务的核心。

六、案例点评

私人银行客户服务是长期、持续的过程，一线营销人员优质的基础服务奠定了深入业务合作的基石。面对来自同业和非银行财富管理机构的竞争压力，财富顾问从诊断客户现有资产入手，对客户持有的各种产品进行统筹梳理，从而赢得了客户的信任。

案例 *76*：用心发现，贴心服务，细节决定成败

一、案例背景

叶先生与妻子李女士共同从事医药销售行业多年，年收入在百万元以上，家庭资产规模约 6000 万元人民币，是多家银行服务的私人银行级别客户。客户膝下仅有一子，非常宠爱。叶先生对于金融产品有一定了解，倾向进行长期、低风险配置。

二、营销过程

在一个周六的下午，叶先生走进某银行网点，询问是否有贵宾窗口办理业务。因周末客流量有限，网点未开放贵宾窗口提供服务，客户略带情绪地离开了。

负责接洽的理财经理意识到客户的不满，于是通过授权在系统中查阅了客户的相关信息，发现叶先生在银行的流动资金量非常大，可以初步判断为一名潜在私人银行客户。理财经理迅速联系了分行财富顾问申请协助跟进。财富顾问进一步分析了客户相关资料，第一时间致电了叶先生，向其解释了银行网点周末未开放贵宾窗口服务的原因，在取得客户谅解之后诚挚地邀请他到分行私人银行中心体验服务，客户表示下周一会登门拜访。

随后，财富顾问将银行针对高净值客户提供的专属产品与特色增值服务迅速进行了规整，形成简单易懂的"一纸通"，并参照 KYC 调查问

卷，对初次见面应获取的客户信息进行了梳理，还为客户准备了一份精致的小礼品。

周一，客户如约而至。财富顾问递送名片后，带领客户参观了私人银行中心。在后续的攀谈中，财富顾问利用"一纸通"向客户清晰明了地介绍了银行专属、特色产品与服务，并通过沟通获取了更详尽的客户信息。此次面谈，叶先生对该银行有了进一步的了解，表示出加深业务合作的意愿。

三、解决方案

取得客户信任是营销成功的关键，而只有通过用心发现客户需求、贴心服务客户才能搭建起信任的桥梁。在几次接触中，银行的服务团队发现叶先生对儿子非常宠爱，不管走到哪里都尽量带在身边。叶先生爱好摄影，儿子自然成为最主要的拍摄对象，客户也很乐于分享他拍摄的得意作品。儿子的教育问题更是叶先生的头等大事，他计划为儿子办理出国留学。经过内部探讨，银行服务团队决定以叶先生的儿子为营销突破口。

元旦前夕，银行服务团队提出为叶先生的儿子制作个性化台历的设想，台历包含两个系列：一组是叶先生挑选出的他本人关于儿子的"得意之作"；另一组是由专业摄影师为儿子精心拍摄的作品。这些摄影作品经过专业人员设计，配以活泼的文字说明，制成了十余本精美台历送到客户手中，客户爱不释手，对于银行的贴心服务非常感动。

财富顾问后续跟进，向叶先生介绍了专门为高端客户子女量身定制的留学规划服务，协助家长从子女早期就进行有针对性的规划，注重孩子的个体成长与潜能特长挖掘，最终为子女找到最佳的学校，银行还提供配套的出国金融服务。叶先生听后表示出强烈的兴趣，银行服务团队为其安排了后续的相关服务支持。

四、营销成果

通过持续的有针对性的营销，叶先生分批次转入了1500万元新资金，配置了银行理财产品、基金产品、保险、实物黄金等，并经常性使用电子银行及高端信用卡，成为了该行的忠实客户。随着叶先生认可度、忠诚度的提升，他又介绍了几名朋友来银行开户，最终也都成为了私人银行级别客户。

五、案例启示

在该客户的营销过程中，理财经理转介、财富顾问及时跟进、"有备而来"的初次见面、营销切入点的发掘、个性化的定制、综合服务平台的搭建以及后续跟踪营销，环环相扣，细节决定成败。

六、案例点评

用心发现、贴心服务对于高净值客户营销同样至关重要。从客户的需求出发，赢得客户信任是开展后续业务的良好开端。

案例 *77*：深度服务客户，增强客户粘性

一、案例背景

客户冯女士从 20 世纪 80 年代开始从事房地产生意，在境内外均有项目投资，在金融领域拥有丰富的知识和经验，已经是国内和境外多家银行的私人银行签约客户。

二、营销过程

伴随公司近几年的业务结构调整，结合个人年纪和家庭等方面的原因，冯女士已开始逐渐步入退休状态。因前期忙于事业的发展，现独自抚养女儿，因此如何妥善安排女儿的日后生活，成为冯女士近年来最为关注的头等大事。冯女士是由私人银行一位老客户介绍认识的，前期由于介绍人的极力推荐才决定和财富顾问见面。

三、解决方案

1. 建立信任的客户关系，挖掘客户需求

第一次见面，财富顾问小刘了解到冯女士已经是国内和境外多家银行的私人银行签约客户，因此对境内外私人银行业务十分熟悉，对服务的要求也比较高。前期很长时间里，小刘一直未能找到营销突破点，没有任何进展。一个偶然的机会，小刘了解到冯女士侄女是钢琴天才，其

侄女小时候由其代为抚养了几年，因此感情非同一般。冯女士很多时候把对女儿的希望寄托在其侄女身上。私人银行部刚好和施坦威钢琴举办客户活动，冯女士侄女现场演奏了两首曲目，赢得了全场掌声，同时，还安排了星海音乐学院知名钢琴家跟冯女士侄女交流，给了很多日后专业发展方面的建议。冯女士因为这件事情被私人银行部的真诚和精心安排所打动。

2. 通过某行优势业务，为客户提供专业服务

鉴于冯女士对各行业务均比较熟悉，而且在金融领域十分专业，在取得客户初步好感后，如何介绍本行业务，吸引客户，成为财富顾问小刘重点考虑的问题。经分析，唯有本行特色产品，才能吸引客户眼球。首先，小刘向冯女士推荐了该分行的海外挂钩结构化产品，客户本人也十分看好人民币升值，日常比较关注汇率，于是接受建议叙做了该产品，投资几个月盈利30%，客户对投资收益非常满意，选择了落袋为安。接下来，小刘和该分行密切联动，分析海外的投资品种和市场环境，抓住了海外3月房地产债券大跌的机会，建议客户通过海外挂钩产品投资国内在海外发行的房地产债券。这次投资在短短的3个月时间冯女士就获利20%，年化收益达到80%。经过这几次投资产品的体验，冯女士对该行全球服务、跨境产品的优势深深认同，并接受了小刘的建议，将在中国香港其他银行买卖股票的资金大约几千万港币转到该行中国香港分行。

经过一两年的相处，冯女士逐渐信任小刘，也经常聊起家常。在一次单独聚会中，冯女士泪流满面地向小刘讲述了自己的家庭状况，由于其女儿无法自立，冯女士希望我们可以协助其成立家族信托，解决女儿日后的生活问题。考虑到客户大部分资产在境外，我们介绍了境外合作机构的信托专家和资深私人银行家与客户见面。经过沟通，冯女士决定先将其他银行到期的几百万美元转入境外合作机构进行一个债券组合投资，并且向境外合作机构专家介绍了其在海外的资产分配状况，主要集中在房产，公司和金融资产，遍布国内外。由于该客户资产分布较广，结构复杂，境外合作机构的信托顾问需要根据各个国家的法律不同，为客户量身定制一套全面的解决方案，目前方案正在制定中。

四、营销成果

经过近两年的积极营销，冯女士目前在中行及境外合作机构总资产约几千万元，其中，某分行投资产品约几百万美元，中国香港中银国际股票市值几千万港币，境外合作机构几百万美元，私人银行某分部数百万元人民币，客户表示后续将陆续将他行资金划转该行。

五、案例启示

1. 贴心管家式服务的重要性。专业的财富管理可以使客户资产保值增值，这是客户最根本、最基础的金融需求。同时，对客户及其家庭提供贴心的管家式服务，帮助客户解决各种个性化的难题，这样才能与客户保持长期稳定的关系。

2. 善于利用本行优势产品。高端客户丰富的人生经历和多家银行服务体验，造成客户对服务的要求也相对较高，营销难度较大。因此首款推介的产品尤其重要，小刘通过本行当时的特色优势产品——机构化挂钩产品，结合当时的人民币汇率走势，让客户获得可观的回报，从此赢得客户信任。并结合其他拳头产品，让客户感觉到该行的优势，从而逐步扩大客户在银行的钱包份额，最终使客户愿意选择该行成立家族信托，解决其女儿一生的托付。

六、案例点评

通过旧客户介绍新客户的模式，可以较好地了解客户的行业背景以及需求情况，更容易接近和营销客户，做到精准营销。而专业的财富管理和贴心的管家式服务双管齐下，才能牢牢抓住客户。

案例 *78*：用关系维护凝聚客户，向资产配置索要业绩

一、案例背景

2013 年初的某一天，某银行北京分行某网点客户经理小李像往常一样，利用中午站大堂的时间观察前来办业务的流量客户，从中发掘业务机会。此时他发现客户赵先生来网点预约后天取欧元现金用于出国旅游。于是他借机向其介绍了银行 EMV 白金信用卡。此外，通过客户所填信用卡申请表，他还得知赵先生是某医院医生，医学博士，居住在网点附近等有价值的信息。事后他尝试通过百度搜索进一步查询，发现赵先生竟然是该医院眼科专家。在当晚反复研读了有关赵先生的采访报道后，小李于第二天赶往所在医院，在眼科区附近发现了赵先生的宣传海报，上面有其更详细的简历介绍，然后通过接触病人和医院同事，小李收集到更多信息，并据此推测出赵先生的性格特点。次日，当赵先生来网点取欧元现金时，他为赵先生精心准备了小面值欧元，方便赵先生出国旅游携带。简单的一件小事给赵先生留下了良好的第一印象，为日后的维护工作奠定了基础。

二、营销过程

小李发现，赵先生是每月初来网点办理信用卡还款业务。于是他通过查询赵先生信用卡账单日并结合赵先生每次来网点的频率和时间，在每月初通过站大堂尽量多地创造与其接触的机会，并择机为赵先生办理

了该银行的金卡，网上银行、跨行资金归集等业务，为赵先生日常办理业务提供了方便快捷的服务。

三、解决方案

在与赵先生的交流中，他得知赵先生风险承受能力较低，但早期听信他人介绍在其他银行买过很多基金，现处于套牢状态，更糟的是自己也无暇关注所买基金。了解情况后，小赵没有急于向他推销理财产品，而是针对客户风险承受能力低的特点，经常通过短信向赵先生揭示目前市场上一些不合规机构所做理财产品的风险，让赵先生多防范风险。及时的提醒，得到了赵先生认同，他通过基金转托管业务将自己在其他银行的基金托管转至该行，让小李为其制作电子版对账单，进行专业化基金健康诊断分析。此外，在前期维护赵先生的过程中小李还坚持关系维护与产品维护共同进行。对于赵先生生日，爱人生日、结婚纪念日等重要日期他都做好事前提醒的贴心服务。

此后小赵利用周六日休息时间，向赵先生讲解正确的投资理念和该行的优势产品服务，并尝试着通过大量基金、外汇的模拟交易，让赵先生对资本市场重新产生信心。每次虚拟交易他会记录下赵先生买入基金的成交净值，本金，年化收益率等信息，并制作电子表格定期通过微信图片发送给赵先生。经过半年多十几次虚拟交易配置，一方面引导赵先生熟悉买卖基金操作思路，另一方面借助虚拟配置向客户潜移默化传递自己专业性、对工作的热情、勤奋度等正能量信息。这种正能量更能唤起像赵先生这样对工作精益求精、已经是医院管理层的专业人士对自己年轻时奋斗时光的亲切回忆，获得其在价值观上的高度认同。接下来小李指导赵先生投入少量资金开始在基金、外汇上实战操作，先后让赵先生经历赚钱、暂时的亏损、通过补仓再次盈利等不同的心理状态，帮助赵先生梳理其自己的心理状态，培养其正确的投资习惯，并且丰富其本人的业余生活。随后借助 2013、2014 年股市结构性牛市行情的机会，赵先生参照小赵给出的方案建议进行资产配置，在一年当中总共进行了 15 次基金的买卖调仓且全部获利，数百万元本金共获利数十万元。在把 1 年的综合对账单与赵先生进行分享的时刻，小李又建议他将其利息收入中的 30 万元用于购买贵金属产品用于资产传承。通过近两年持续的专业服务，小李使赵先生由最初在该行没有账户，发展到将其金融资产在自己网点中已扩增到数百万元的规模，而借助赵先生在医院的影响力，更使他在医生群体中产生了很好的口碑和知名度，有了更多转介而来的客户。

四、营销成果

2011 年 8 月至 2014 年 10 月期间，小李利用自身网点地处北京两家著名三甲医院附近的地理位置优势，大力进行医院客户关系的维护和拓展工作，成功培养了 60 名有价值的医生客户，共实现金融资产新增数千万元。在 2014 年前三个季度，通过为医生客户做有效的资产配置，营销保险，指导医生客户通过基金配置，建议医生客户基金所得用于购买贵金属，指导 20 名医生客户做外汇、黄金等资金业务等方法，为网点创收共计数万元。

五、案例启示

这是一个秉承深耕客户关系的典型案例，深入发掘潜在客户，取得成功。巧妙利用集体营销，开拓市场。

六、案例启示

客户经理通过引导客户树立正确的投资理财理念，使客户逐渐认识市场、了解市场，并把握市场获得投资收益。另外，客户经理维护客户的工作，实际就是在通过一次次的情感交流加深与客户之间的关系，不断累积潜在的客户资源，从而达到维护客户的目的。

案例 *79*：倾听客户心声，
挖掘客户需求

一、案例背景

李先生是一家大型药企的控制人，有一个成年女儿。其在境内拥有多家实体公司，个人资产达数十亿元，名下企业在多个城市都有相当的规模，在肿瘤药物研发及成药销售都有一定的市场影响力，企业也是境内外的缴税大户。2014 年其在某行资产为数千万元，均以融资类信托为主，李先生为人低调，对于投资及金融行业、企业并购有自己非常独到的见解，对银行理财则具一定抗拒性。

二、营销过程

客户个人金融资产分布在各家银行。为进一步了解客户背景及其个人感兴趣爱好，客户经理没有直接向客户推荐该行的产品，而是针对客户经常往来世界各地的工作特点，向其推荐该行长城美国运通卡及多币种 EMV 信用卡，以此寻求更多机会接触客户。客户在使用美国运通卡的过程中，获得良好的体验，对客户经理的好感度加深。

三、解决方案

1. 提供专业资产配置计划，改善客户资产结构

客户经理根据客户实际情况，认为客户的资产配置种类较为单一，

高风险资产的比例较大。遂制定了专业的资产配置建议，并根据客户的意愿不断调整客户的资产配置，获得了客户的高度认可。目前客户在该行的资产从低风险的储蓄存款到中等风险的优质房产融资类信托资管再到比较积极的海外跨境投资，各类资产分布愈加合理丰富，也逐步从行外划入该行数亿元资产。

2. 客户家庭企业需求深挖掘，推荐客户海外信托计划

在获得了一定营销成果之后，客户经理持续与客户保持联系，就其企业发展情况、行业发展、其公司在国内的并购投资情况予以关注。了解到客户担忧女儿尚未完全有能力接班，对于将来资产传承安排及个人资产保全有些担心问题。客户经理就目前国内及海外私人家族信托、大额保险等方式为客户详细介绍，其中包括各种方式利弊、法律制度限制等深入分析。目前正在制定方案，结合境内外资源优势，在传统的理财投资外为客户的企业及个人资产做了全方位安排，做到个人公司联动、投资融资结合、境内外资源匹配的金融服务。

四、营销成果

1. 客户由去年在该行的数千万元资产，提升到今年的日均资产数亿元人民币，金融资产新增数亿元。

2. 开立企业基本账户 1 户，办理结算业务。

3. 海外信托业务正在洽谈和商讨之中。

五、案例启示

1. 注意倾听，从客户需求出发，搜集全面信息

客户本身有较多的投资经验和自信，原先对银行理财具有一定的抵触性。客户经理在客户维护过程中，注意倾听，从客户资产保值增值兼具安全的角度出发，合理配置资产，不纯粹追求高收益率，获得客户的认可，获得信任。

2. 深度挖掘，由点及面，提供全方位的专业服务

对有一定专业水准的客户的维护不急于用自己的理念改变客户的理

念，可以从单一产品入手（如运通卡），在获取客户的初步信赖后，深度挖掘客户的全方位的需求，从资产配置结构调整、海外资产配置、财富传承等全方面铺开。

六、案例点评

本案例除了私人银行客户经理的努力之外，集聚了全行各条线、各层级的力量，依托了某集团平台服务，通过集合公司业务条线合作伙伴团队的加入，全方位地持续深化客户关系。

案例 *80*：客我资源互换，实现互惠双赢

一、案例背景

徐先生是北京某建材公司董事长，公司主营钢材、水泥、五金和陶瓷等建材销售，拥有自主品牌、多项新型建筑材料专利和稳定的销售渠道，年营业额过亿元，公司主要由专业团队管理，徐先生不定期到公司巡视并处理分内工作。出于个人爱好，徐先生在顺义与朋友合开了一家马术俱乐部。徐先生的女儿就读于北京一所重点高中，计划赴英国深造，目前正在挑选合适的城市和预科学校。

徐先生的马术俱乐部占地80余亩，拥有6块专业马术场地（含室内场地），包括马主寄养的纯血、半血马匹共有100多匹。除了马场之外，该俱乐部建有多座美式风格建筑，一块可供垂钓的池塘，可供散骑的树林和草地，可供野餐的烤架和凉亭，并饲养着英国矮马、山羊、家兔、毛驴、梅花鹿和金刚鹦鹉等许多小动物，俨然是一座郊野公园和私人会所。

二、营销过程

跟徐先生相识源于一次偶然：爱好骑马的私人银行客户经理在去另一家马场的路上，拐进了徐先生的马术俱乐部，并为里面漂亮的马匹、整洁的环境和饲养的多种小动物所吸引。正好遇到徐先生在场，双方交谈之下相互了解，客户经理爽快地购买了会员年卡并表示可以合作开展私人银行客户子女的马术体验活动。徐先生为客户经理提供了满意的折

扣。谈到子女教育和英国留学，私人银行正好在做这方面的推广活动，客户经理直接邀约徐先生参加私人银行举办的沙龙讲座。

三、解决方案

私人银行客户经理为徐先生安排了专业留学顾问，一对一设计留学方案，以极其优惠的价格协助办理相关手续，并为徐先生的女儿悉心介绍英国的风土人情和注意事项。

私人银行客户子女的少儿马术体验活动也在徐先生的俱乐部成功举办了多场，不仅令客户大感满意，也为徐先生带进了多位会员朋友。

四、营销成果

徐先生的女儿顺利赴英国就读预科，周到的前期准备令徐先生夫妇非常满意，他不仅将家庭主要结算账户转了过来，还申请订制了私人银行的专属理财产品，包括建材公司及多家朋友的公司也被介绍成为该行客户，成为该行的忠诚客户。

在马术俱乐部定期举办体验活动和私人沙龙，也成为该行颇受欢迎的一项客户活动，为俱乐部和银行都带来了可喜的收获。

五、案例启示

私人银行营造的是一种生活氛围和服务体验，发现并推介高新时尚的生活品质，可以吸引不少私人银行客户的目光。在营销工作中善于发掘彼此的需求和目标客户，并实现有机的资源共享与整合互换，会令营销工作充满乐趣和成就。

六、案例点评

找到合适的业务切入点与适合的合作伙伴，实现客户互换、互惠互利、彼此双赢，是长久合作的基础和拓展业务的着眼点。

案例 *81*：亲情打动客户，专业赢得信赖

一、案例背景

赵老先生是银行的"砸柜"客户，因为房屋拆迁获得近千万元的现金补偿，一跃成为私人银行客户。老先生有两个儿子均已分户另过，由于工作繁忙很少陪在父亲身边。赵老先生偏爱固定收益类产品，对资金的流动性要求不高，指定购买信托产品，每次客户经理都会把项目详细介绍给赵老先生。老先生通常会分别购买两款同样金额的产品，原因当然是想留给两个儿子。

赵老先生早年丧偶，身边没有子女，只有保姆照料日常起居，涉及钱物的事情，赵老先生从来亲力亲为，从不假手他人。每次来银行办理业务，私人银行客户经理都会悉心照顾，把业务清单打印清楚，交给老人妥善保管、适时更新。平时也会经常给老先生打电话，协助处理一些跑腿的工作。

二、营销过程

每逢年节，客户经理都会准备一些水果蔬菜、茶叶糕点为老人送到家中。老人70岁生日到来之前，客户经理特意在网上拍了一幅四平尺的"寿"字，并请作者题上赵老先生的名字与贺七十寿辰等字样，装裱成镜框提前送到老人家中，帮助老人悬挂在客厅的显著位置。

在赵老先生家里，客户经理不厌其烦地教会老人和保姆使用微信，

老人用"寿"字图和自拍照作为微信的背景和头像，当场把两个儿子加为微信好友，当儿子们收到来自老人的微信时激动不已，担任某酒店副总经理兼财务总监的大儿子得知情况后，主动邀请客户经理参加赵老先生的寿宴。客户经理又准备了一对品像尚佳的文玩核桃作为寿礼，以"准家人"的身份向老人祝寿。

席间，赵老先生的大儿子向客户经理表示感谢，称他做了儿子们应尽的陪伴义务。客户经理也不失时机地介绍了本行推出的现金管理工具"添金宝"卡，推荐为酒店员工代发工资。听了"添金宝"具备银行卡的功能和货币基金收益、同城跨行取款免费、一分起存不设限制、取款刷卡实时到账等诸多便利后，赵总当场拍板决定将酒店员工的代发工资卡转至该行。

三、解决方案

为了不辜负赵总的信任，做好酒店员工的代发工资换卡工作，私人银行客户经理多次带队上门拜访酒店财务部和工会，协商确认服务时间和办卡方案，分批次为员工举办用卡讲座和理财产品推介会，协助收集批量开卡资料，组织上门激活，采购派发多款开卡礼品，现场指导员工如何用卡，为有意愿的员工开通网上银行和手机银行等多项业务。良好周到的服务完全打消了酒店员工对更换工资卡的顾虑和抵触，受到酒店上下的一致好评，赵总也对此次换卡决定非常满意，将酒店的结算账户和 POS 收单业务也转了过来。该酒店也成为银行举办私人银行客户达谢活动的主要场所之一。

四、营销成果

代发工资业务带来了 800 多人批量开户（随员工流动逐月增加），每月代发金额达到 600 多万元；酒店员工购买银行理财产品 4000 多万元，企业闲置的 5000 万元资金也订制成保本保证收益的对公理财产品，加上客户转介绍的成果，综合收益相当可观。

五、案例启示

银行实际上就是服务行业，坚持视客户如亲人，不断提升客户体验，就会收到意想不到的成果。

六、案例点评

私人银行客户经理应该做客户的"准家人"，研究人性的特点，摸清客户的需求，寻找客户的"满意点"并顺势而为，这是私人银行不同于传统银行的特点——私人银行更注重的是"私人"而不是"银行"。

第八篇

私人银行客户
风险隔离服务篇

第八章

案例*82*：个人与公司资产隔离，实现家庭财富管理规划

一、案例背景

客户钱先生的企业经营发展二十几年，是洗涤领域的著名企业，目前也在积极地筹划上市，但是令人惊讶的是，客户的个人资产几乎没有。询问原因，客户说，"我出门用公司卡，我的财务都给我存好了，如果我需要现金我只要给财务打个电话，他们就会给我了。我要钱干什么呢？"客户的财务总监跟我们解释，"我们老总自己没有时间精力，更没有兴趣投资理财什么的，他将全部精力和财务都放到企业中了。"

这是中国当代企业家的典型"盲区"和误区，他们在创业之初往往把全部的家当都投入企业当中。为了企业的发展壮大，也很少从企业利润中分红。这样，属于私人所有的巨额资产就都放在企业中，甚至很难严格区分企业资产与私人资产的界限。然而，一旦企业发生危机，这部分应当属于私人的资产由于未被依法隔离出来，仍然属于公司资产，将无条件地用于承担所有企业的债务和风险。这种公私财产不分给企业家个人和家庭都带来了较大的风险。

二、营销过程

银行客户经理从私人资产的权属角度向客户分析了公私财产不分会给企业家个人和家庭带来的风险。

其一，资产公私不分的风险。这里所说的"公私不分"是指企业资

产与私人资产不分。中国许多高净值人群的资产是以企业的形式存在的，当企业发生了风险，个人也将受到巨大影响。

其二，资产夫妻不分的风险。对于拥有巨额产业的家庭而言，夫妻资产不分将会直接影响私人资产的安全。比如，尽管公司都属于有限责任，但根据法律规定仍可以"揭开公司的面纱"，由股东承担连带责任。这样一来，作为夫妻的另一方将为此共同承担相应的风险。而婚姻的破灭更是以巨额财产损失为重要的显性结果。

其三，资产代际不分的风险。子承父业也没有明确到底"承"的是股权还是资产。于是，一家人都自然地认为老子的一切都是儿子的。没有资产分割、没有遗嘱，没有代际传承的安排，一旦企业或者个人发生危机，将直接殃及家族产业安全和继承人资产安全。尤其是如果子女及其婚姻关系未处理好，亿万资产最终有可能成为别人的财富。

在取得客户信任后，某银行开始规划财产分离方案。

三、解决方案

针对客户的情况，客户经理建议及时将个人财产与公司财产分离出来，建立自己和家庭的财富规划。在个人财产与公司财产分离方面的建议：

1. 由公司向客户发放年终奖

按照相关法律，企业按照股东大会、董事会、薪酬委员会或相关管理机构制订工资、薪金制度，通过给客户发放年终奖，资金从公司转移给了个人。但是面临个人所得税的缴纳，税负较高。个人所得税按个人工资薪金计算交纳的个人应交的税额，以每月收入额减除免税的应个人负担的"五险一金"等项目，再减去允许扣除费用3500元后的余额，为应纳税所得额。税后1000万元的年终奖将直接面临45%的最高比例个人所得税，需要考虑税负并进行合理的避税设计。

2. 以年度税后利润向股东分红

公司给客户分红。《公司法》第一百六十七条规定了公司税后利润应当提取法定公积金、弥补亏损后，经股东会或股东大会决定是否提取任意公积金、提取多少，再决定是否分配利润。第四十七条和第三十八条、

第九十九条规定了对于公司利润分配和弥补亏损问题，由公司董事会制订利润分配方案和弥补亏损方案，由公司股东会或股东大会审议决定。一般来说，企业年度实现的利润，按照《企业所得税法》规定缴纳企业所得税后，其税后利润应按照规定分配给股东。

个人股东分红要缴纳个人所得税。《个人所得税法》第三条第五项规定，利息、股息、红利所得应纳个人所得税，适用比例税率，税率为 20% 。

3. 费用报销

为实现财务报销与抵扣税款，可根据公司相关财务制度，针对客户年内因公业务招待发生的费用，开具并提供有效票据，据此作为财务报销凭证，以及抵扣税款的法定凭证。

四、营销成果

客户采纳了私人银行给出的财产分离方案。

五、案例启示

如何规避如此纷繁复杂的资产风险，单靠资产持有人个人的守护是不够的，有必要为高净值人群建立一套从资产积累、增长、持有、移转及传承的全程风险防控体系，提供一套个性化的资产风险管理系统方案，通过定期对资产进行全面体检，对资产积累、资产持有、资产运转及资产传承过程可能发生的风险进行梳理、识别、分析和评估，然后有针对性地采取不同的策略和方法对资产风险进行规避、隔离、消灭、转移甚至转化，才能使高净值人群对自己的资产安心积累、健康增长、踏实持有、安全移转、顺利传承，最后达到财富自由的至高境界。

六、案例点评

私人资产风险有很强的隐蔽性和潜伏性，一旦发生往往救济不力、捉襟见肘。该案例成功地为客户规避了风险。

案例 *83*：二次创业　规避风险

一、案例背景

张女士夫妇，曾是国内一家顶尖语言培训机构的创始人，在经历了创业初期之后的快速发展后受到天使投资的垂青，最后在纳斯达克成功上市，夫妇俩也因公司的上市拥有了巨额财富。上市一年后夫妇俩开始寻求私有化，最后公司被某家国际著名培训集团合并。张女士夫妇决定完全退出自己曾经一手创办的公司并进行二次创业。

二、营销过程

在跟张女士交往的过程中，客户经理注意到，张女士手上的美元资产比较多，而且并不喜欢买一些五花八门的理财产品。作为一个 60 后的企业创始人，并经历了第一次的成功创业后，张女士希望能尽量规避二次创业中的一些巨大风险，并且能够将自己之前创业成功的部分财富传承给下一代，给他们的生活以最大的保障，以便自己和先生能够更专注于新的创业阶段。

在多次和张女士接触交谈并逐渐熟悉之后，客户经理慢慢地了解了张女士的创业经历、行为习惯、投资经历，得出张女士风险偏好相对稳健的结论，这个结论和之后客户经理对张女士进行的风险承受能力测评结果一致。

结合当时美元存款利息较高和张女士并不信任理财产品的情况，客户经理直接建议张女士将手头上的部分美元资金先做定期存款，张女士欣然接受，但同时又提出这部分钱如何能同时满足创业和传承的双重需求。

三、解决方案

为了解决张女士的要求，客户经理充分利用每次的沟通机会加深对张女士过往理财行为的了解和相关评价。由于张女士的要求比较特殊，客户经理首先对现在部门平台上的自由产品进行了分析，发现无法完全满足张女士的要求；于是客户经理又进一步和中国香港分行的客户经理进行了交流，向她们咨询最佳的解决方案。同时，在得到中国香港同事的建议之后，客户经理建议张女士去中国香港分行开立账户，通过设立家族信托的方式来实现资产和风险的隔离。

四、营销成果

张女士对于客户经理所作的一切非常满意，最后张女士在香港分行设立了能满足张女士夫妇家庭传承需求的家族信托，并利用信托购买和持有了 5000 万美元的大额保险，由于运用了杠杆，张女士最后实际支付的保费只有 1000 万美元，不仅实现了她希望的最大限度地对下一代的保障和财富传承（5000 万美元），同时可以将 4000 万美元用于二次创业。

五、案例启示

通过这个案例，可以得到以下启示：

作为私人银行的客户经理，有别于一般零售银行，给客户提供的是全方位的资产管理方案。客户利益最大化应为客户服务原则——如果你卖的仅仅是产品，客户自然只关注收益；如果你主打的是服务，客户就会关注服务体验；而如果你能以客户利益至上的原则为她提供私人定制的解决方案，客户就会把你当成他的专业顾问。

六、案例点评

鉴于国内外市场的监管和体制差异，市场能提供的产品也大不一样，产品的优势也各有不同，国内外分行间要加强互动和合作，在客户、产品和服务渠道等方面的资源共享，形成拓展高端客户的合力，努力为高端客户打造"一站式"、集成化综合服务方案，满足高端客户多元化综合产品服务需求。

案例 *84*：有效把控私人银行业务风险

一、案例背景

某私人银行与信托公司 B 合作，以理财资金投资于信托公司 B 发行的某单一资金信托计划，信托资金投资于 C 公司所持有的某广场的物业收益权，期限 10 年，按季支付信托收益。C 公司以某广场十年期的租金收入作为还款来源，并以某广场的土地使用权及房产所有权提供抵押，根据评估公司提供的评估总值，抵押率为 50%。

二、营销过程

某私人银行经调查分析 C 公司的财务状况、某广场的抵押及租赁情况，发现该项目存在以下问题：

1. 某广场 10 年内的租金，根据租赁合同所约定的金额，经计算足以覆盖 C 公司的融资本息。鉴于实践中曾经出现出租人和承租人联合编造虚假的租赁合同，在租赁合同中约定的租金高于实际租金以此帮助出租人获取更多资金的案例，某私人银行该如何确定租金是否真实？

2. 该项目以某广场土地使用权及房产所有权作为抵押物，但据某私人银行调查，抵押物之前已经抵押给了 D 银行，是否还可以接受作为抵押物？

3. 该项目根据评估公司提供的评估总值，抵押率为 50%，经调查，该项目的评估单价比附近同类物业的交易价格高出许多，评估结论是否可靠？

4. 抵押物某广场上有上百名商户，若信托到期时，C公司没有如期还本付息，可能需要处置抵押物某广场，但如果届时该广场商户的租赁合同尚未到期，如何实现抵押物处置？

5. 实践中曾经出现融资人因还有其他债权人，法院判决融资人应将租金收入用于偿还其他债务的案例。该项目中，如何确保C公司的租金收入会用来支付信托收益？

三、解决方案

对上述问题，某私人银行经过讨论，拟定了以下解决方法：

1. 要求分行到当地房地产管理部门查询经备案的租赁合同，与C公司所提供的租赁合同进行核对，以确保租金的真实性。

2. 抵押物上已有在先抵押，在处置时将影响某私人银行的优先受偿权，要求必须以办妥以某私人银行为唯一且第一顺位抵押权人的抵押登记手续作为放款前提。

3. 关于评估值，首先要求评估公司应为分行认可的评估机构；其次应结合附近同类物业的交易价格分析评估价值是否具有合理性；再次，评估值应为扣除为达到交易条件所需要支付的成本及相关交易税费后的净值。

4. 鉴于买卖不破租赁的法律规定，如需要对抵押物进行处置，而租赁合同尚未到期的，租赁合同仍需履行，这可能影响对抵押物的处置。因此，要求C公司应取得承租人同意放弃继续租赁的权利的承诺函。

5. 为避免C公司其他债权人对租金的追索权，要求对物业的租金办理应收账款质押手续，根据《物权法》规定，以应收账款出质的，质权自信贷征信机构办理处置登记时设立。在人民银行征信中心应收账款质押登记公示系统办理质押登记后，则该质权产生对抗第三人的法律效力，可以对抗其他债权人的追索权。

四、营销成果

根据上述解决思路，某私人银行经与分行、信托公司 B、融资人 C 公司沟通联系，对上述问题处理情况如下：

1. 经核对经备案的合同，发现个别合同的金额与备案的不一致，C 公司解释是由于登记失误所造成，但某私人银行根据备案的租金情况调整了融资规模。

2. C 公司经筹措资金，先偿还了在先抵押所对应的借款，在解押后抵押给信托公司 B，并以信托公司 B 为唯一、第一顺位抵押权人。

3. 关于评估价值，评估公司为分行认可的评估机构，评估公司对评估单价较高的情况做了合理说明，但评估价值并未扣除为达到交易条件所需要支付的成本及相关交易税费。经某私人银行要求，评估公司重新调整评估报告，计算出扣除相关成本及税费后的评估净值。某私人银行根据评估净值重新调整放款金额。

4. C 公司根据某私人银行的要求对某广场所有商户出具通知书，说明某广场被用于信托融资及作为抵押物事宜，并更改租金收入账户。某广场所有商户均出具承诺函，表明知悉融资及抵押事宜，同意将租金支付至更改后的账户，并承诺放弃对抵押物的继续租赁、优先受让等权利。

5. 关于租金质押，C 公司与信托公司 B 签订了应收账款质押合同，并于人民银行征信应收账款质押登记公示系统办理了质押登记手续。

经过上述处理，某私人银行的该笔业务交易结构合法、抵（质）押足值，避免了法律瑕疵。即使出现期限届满 C 公司不能还本付息的情况，也可以通过处置抵质押物获得清偿，风险防范措施充分、有效。

五、案例启示

私人银行理财资金对接信托计划投资于经营性物业的收益权，涉及的主体众多，包括信托公司、物业主、承租人、抵押人、保证人等，不仅涉及信用风险，还涉及合规风险、法律风险。为保障理财资金安全，应对租赁情况、抵押物情况、融资人的所有负债情况等进行充分尽职调查，并做好充分、有效的风险防范措施。

六、案例点评

经营性物业的信托融资涉及的法律关系、风险类型较为复杂，某私人银行通过调查项目的具体情况，发现存在的问题，并采取有利于防控业务风险的措施，但除了其所采取的措施以外，还应注意以下问题：

第一，应注意了解抵押物的取得方式和购买资金来源是否合法。若抵押物是以非法集资、诈骗等非法所得购买的，即使抵押物已经过抵押登记，如果非法集资、诈骗涉及范围广、受害群众多，从维护社会稳定考虑，司法机关可能优先考虑受害群众的债权，从而认定银行抵押权无效。实践中已经出现此类案例。因此，除关注抵押手续是否办妥以外，还应当尽可能调查了解抵押人购买抵押物资金来源是否合法，避免出现影响抵押权实现的情况。

第二，关于租金情况，除与备案登记的合同进行核对以外，还应当核对业主收取租金的银行清单及会计凭证。例如，如物业存在转租情形，提供给银行的租赁合同，可能与备案登记的租金是一致的，但该租金可能只是转租的租金，而业主实际上只能收取原始租金，金额比转租租金要少。因此某私人银行的租金核对工作还不够充分，除了与备案登记的合同进行核对以外，还应核对业主收取租金的银行清单及会计凭证。

第三，除了事前风险防范以外，在理财资金投资以后，还应当注重对项目的存续期管理，包括了解融资资金的用途是否符合合同要求、租户及租金是否有变动、出租人收取租金收入的凭证和账单是否与项目审批时提供的租金收入相一致，若发现低于审批时提供的租金收入的，应查明原因后应及时采取措施，确保理财资金安全。

第九篇

公私联动一体化
客户服务篇

案例 **85**：理财规划赢客户，公私业务齐发展

一、案例背景

丁先生，42 岁，某大学研究生导师，为某银行代发工资客户，家庭定期存款 200 万元，另经营一家医药公司，公司注册资本 500 万元，员工 10 人，丁先生月工资 1 万元，现有房产两处，价值 480 万元，家庭存款 50 万元，配偶为大学教师，收入稳定，儿子上高中。丁先生公司正处于创业阶段，流动资金紧张，有融资需求。

二、营销过程

丁先生是某银行的代发薪客户，在某一次支取工资的时候，与支行的理财经理小孙相识。初次交流，丁先生询问了国债业务，由于当时并不是国债的发行期，所以柜台没有国债出售，但小孙觉得这是一个不错的营销机会，于是便顺势介绍了某银行的保本理财——慧盈产品，丁先生当时并没有购买该款产品，不过小孙并没有放弃，经过近半年的日常维护，她取得了丁先生及其家人的信任，在丁先生许可下，为其制定了专属的家庭理财计划。

三、解决方案

首先，通过为丁先生制定理财计划加深与客户的互动，接着争取让

丁先生把公司的结算业务和代发工资业务转入该银行，然后根据丁先生公司的流动资金需求，帮其配置流动资金贷款，最后进一步营销丁先生的朋友及合作伙伴。

第一步，为丁先生进行家庭资产的全方位诊断，从流动性、安全性、增值性、保障性以及资产传承性多方面考虑，拟定相关资产配置：

1. 储蓄类产品（20%）。储蓄类产品的特点是安全性高、收益稳定，考虑丁先生的风险承受能力，建议丁先生将 20% 的金融资产配置在该类产品上，其中，将满足 3 个月日常生活需要的资金放在活期存款账户中，剩余资金存成定期以备不时之需。为提高丁先生此部分的资产收益，小孙还向丁先生推荐了该行保本收益型理财产品，期限一年，预期年化收益率 4.8%，比同期限存款高出一个百分点。经过考虑，丁先生选择了三年期定期存款和一年期的慧盈产品作为中长期的投资。

2. 货币类产品（30%）。货币类产品的特点是期限灵活，兼具收益性及安全性，但易受市场影响，收益具有一定的波动性。考虑丁先生的个人情况，建议配置 30% 的货币类产品，用于满足资产的灵活调用以及增值性要求。小孙向丁先生推荐了该行的天天理财系列产品，该类产品有 5 万元、20 万元、100 万元三个起点，对应的预期年化收益率分别为 3.6%、3.7%、3.8%，较活期存款甚至一年期的定期存款利率高出不少。该款产品既满足了客户日常资金流动的需要又能获得较高收益，丁先生很满意，于是毫不犹豫地选择了 20 万元为起点的天天理财（尊享版）产品。

3. 债券类产品（30%）。债券类产品的收益略高于货币类产品，但风险也较货币类产品高。目前，债券市场的表现相对稳定，各类债券基金的表现也还不错，从资产配置的角度，小孙建议丁先生购买一些以债券为投资标的的理财产品或基金产品。由于丁先生表示希望能够通过银行理财产品来进行家庭资产的保值、增值，所以小孙没有坚持推荐债券基金，而是选择了增盈系列产品作为丁先生的资产增值工具。

4. 保障类产品（10%）。人身保险产品按照保险责任可以分为人寿保险、健康保险、意外伤害保险，此次建议丁先生考虑的是定期寿险和意外伤害险。这两类保险保费投入相对较少，保障范围基本可以覆盖，考虑到丁先生的家人都有医保，因此健康保险暂不进行规划。定期寿险的投保金额以丁先生的 10 倍收入为基础，由于各家保险公司的保费略有不同，因此小孙挑选了3款性价比较高的产品供他选择。意外险没有做重点推荐，待丁先生确定定期寿险的投保公司后，一并购买。

5. 贵金属类产品（10%）。由于丁先生在个人投资方面偏向保守，因此建议其选择实物黄金作为资产的保值工具。黄金内在的抗通胀属性无论从短期的收益性还是长期的保值性考虑，都是资产配置中不可或缺的投资品种。

此外，小孙还特别同丁先生推荐了贵宾客户"7＋N"增值服务，将其发展成为该行的白金卡客户。后来，小孙发现丁先生喜欢出国旅游，于是就向其推荐了银行的双币信用卡，丁先生使用之后很满意，还邀请小孙去公司为他的员工集体办理。

第二步，争取结算业务。小孙去丁先生公司为员工办理信用卡时，与公司的财务人员进行了沟通，对公司财务结算方面的需求进行了详细了解。根据客户的描述，小孙建议客户办理企业版网银，减少财务人员往返银行的时间，提高了办公效率。待企业网银成功营销后，小孙又建议客户办理代发工资业务，丁先生的公司原来在他行代发工资，但由于有员工长期驻外，无法做到本地和异地职工的统一代发。对此，小孙在介绍公司网银网上代发功能时，着重介绍了银行代发工资业务灵活、方便的特点，使得丁先生决定将代发工资业务也转入该行。

第三步，为丁先生的公司提供融资服务。在得知丁先生在季度末经常会因为回款慢而产生资金缺口时，小孙主动向丁先生推荐该行私营业主经营性贷款业务，告知其可以以住房作为抵押申请贷款。同时考虑到丁先生公司的资金周转问题，小孙协助其办理了5年期的循环授信额度，5年内可随借随还，十分方便。

第四步，通过加强与丁先生的沟通和交流，融入丁先生的朋友圈。由于丁先生的热情推荐，他的朋友也对该银行有了良好的印象，小孙根据每个客户的特点有针对性地开展营销，发展了一批优质客户，不但拓展了业务范围还提升了业务能力。

四、营销成果

通过为丁先生个人及其公司办理相关业务，小孙取得了较好的营销成果，短短三年，丁先生由一名潜在贵宾客户成长为私人银行客户，个人资产接近千万元。

丁先生的公司日益壮大，账户结算情况良好，日均存款维持在500万元左右。代发工资人数上升至近百人，公司每月代发额20万元以上。

2013年年末，丁先生的公司进行股东年终分红，吸收储蓄存款500万元。丁先生的合作伙伴王女士和张先生也在该行办理了小企业经营性贷款业务，共计350万元，个人存款日均保持在30万元以上，已成为某银行的金卡客户。

五、案例启示

本案例中，理财经理小孙通过识别、引导、营销管理等方法，将丁先生从普通客户中挖掘出来，并综合运用了精准营销、交叉营销等不同方式对丁先生进行潜力发掘，最终将其由一位普通客户培养为私人银行级客户。小孙的成功营销受益于对客户的充分了解，在全面洞察客户需求的基础上，为客户量身定制了个性化的服务方案，由此赢得了客户。本案例的另一个成功点在于小孙以丁先生为"圆点"辐射周边，既开发了公司业务又开拓了新的个人客户，通过口碑营销，实现了公私业务同步发展，取得了不错的营销成果。

六、案例点评

从事私人银行服务的人员需要练就敏锐的观察力和洞察力、熟练掌握高端客户的开发技巧、懂得运用精准营销策略，才能在私人银行的服务平台上大显身手，才能在市场竞争中立于不败之地。

案例 *86*：私人银行公私联动营销

一、案例背景

客户肖女士，47岁，单身，健康状况良好，某市一家水务公司的总经理。企业运行情况良好，公司总资产超过5亿元，拥有国内领先的污水处理技术专利。原先与李先生各持股50%，2014年通过股权转让获得了1.5亿元的现金，并保留了23%左右的公司股份，李先生持股28%，某投资公司持股49%。预计未来每年会有1000万元左右的公司分红。

肖女士有一个女儿，23岁，新加坡大学毕业，服装设计专业，打算从事高级私人服装定制行业；肖女士有个弟弟，无业，其日常住房和开销均由肖女士提供。

二、营销过程

2014年私人银行了解到客户有股权转让的需求后，联合投行团队积极介入客户的股权转让谈判、公司估值定价的顾问咨询服务中，帮助客户获取了理想的转让价格并顺畅地完成了交易，使客户对私人银行专业服务能力信任有加。客户股权转让交易完成后获得了1.5亿元的现金，当地各家机构闻风而动参与竞争，客户留给出具服务方案的时间非常紧张。

在与客户初步沟通后，私人银行根据客户需求和偏好，抓住其对财富管理方面简单高效的要求和对品质生活的需求，组成了客户经理＋私人银行财富顾问＋私人银行投资顾问的营销小组，制定了全方位的专属服务方案，第一时间提交客户。在之后的沟通中，客户还特别提及当时财富顾问的电子邮件是在凌晨两点半收到，员工的敬业精神让她深深感动。

三、解决方案

围绕客户"简单高效的财富管理、品质尊贵的舒适生活"的需求，营销小组主要从五个方面着手制定了营销方案：

1. 制定客户股权转让交易美元结汇业务方案，首先确保客户在结算账户的开立。

2. 依托专业的投资管理团队，通过全面分析客户个性化理财投资需求和风险偏好，制定个性化的资产配置方案，由专属的财富顾问和投资顾问按照协议约定，为客户打理专属投资账户内的资产。

3. 根据客户境外投资和置业需求，制定离岸金融服务方案，为客户安排第三方离岸顾问机构提供一对一的咨询服务，内容涵盖海外地产投资、海外移民税务安排等，因预估客户女儿将来会留在新加坡创业，特别提供新加坡地产趋势报告。

4. 根据客户女儿未来的创业规划和家庭成员需要持续照顾的情况，提出家族信托的概念，初步规划了满足客户家族财富合理分配、传承有序的方案。

5. 充分利用本行私人银行美国运通信用卡的尊享服务优势，结合高端尊享活动的特色，为客户详细制定了文化、生活服务方案，满足客户在品质生活方面的需求。

四、营销成果

肖女士在该行金融资产超过 1 亿元，同时对于私人银行资产管理、家族信托、顾问咨询等服务有一系列的后续需求，目前正在一一对接过程中。

五、案例启示

公私联动带来私人银行客户的成功拓展，关键在于联动的紧密性，同时私人银行的财富顾问和投资顾问能在充分了解客户的情况和需求的基础上，结合优势的服务和产品，通过详尽细致专业的规划提交综合性的金融服务方案，效率高，专业化程度强，最终获得客户认可。

六、案例点评

此案例为公私联动成功营销的典型案例，公司客户的实际控制人或高管是潜在的私人银行客户，为了获取该类客户群，主动建立完善的公私联动机制不可或缺。肖女士在金融和非金融领域的需求是复杂多样的，需要在财富管理、税务及财务规划、家族传承、离岸业务等多种业务上综合考虑规划方案，需要的是公司金融、个人金融、投资银行等多个部门的协同作战，以达到多种资源的有效整合，反映到客户端的感受就是：更系统、更专业、更便捷、更安全、更尊贵。

案例 *87*：私人银行从私人到法人一体化营销服务

一、案例背景

客户赵先生，46 岁，一家民营企业的控股股东兼董事长，集团主营业务是人防工程，近两年还承接了几个地方性的地铁项目。企业目前正处于快速发展期，企业利润稳步上升，伴随着业务越来越多，企业同时需要预备较大流动资金。

客户平常喜欢打高尔夫，不常来银行，业务主要通过网上银行和手机银行来办理。他的个人主办银行有三家，公司业务银行有两家。个人资产主要投资于企业股权和银行代销的集合信托产品，其余则主要为储蓄或短期产品，目前活期存款 2000 万元左右，作为企业流动资金的补充。

家庭背景：客户与妻子感情很好，有两个孩子在国外念书，客户把一部分的现金资产放在爱人名下交由爱人打理。其爱人现已退休，主要负责照顾家里，喜欢养生和购物，家庭财务决策以客户赵先生意见为主。客户保险意识比较强，很早就给家人都买了充足的保险。

二、营销过程

赵先生擅长实体经营，所投资的产品种类很多，但大部分跟企业所处的行业相关，对资本市场的股票和基金都没有涉及。由于企业现金流稳定，之前很少贷款，家庭在国内有多处房产，也都没有贷款。公司目前正处于发展阶段，未来三年还要在河北和内蒙古分别设立新公司，总投入资金至少还需要 5000 万元。针对客户的情况，私人银行投资顾问认真总结了客户所持有产品的不同类型和风险属性，尤其结合企业的资金状况，查找要解决的问题。

经过分析，私人银行客户经理与投资顾问总结了客户在财富管理中的三方面问题：

1. 投资产品单一。客户的资产大部分都放在了高风险类，并且占总投资资产的比例达到 70% 以上，投资的行业非常集中，且都与房地产行业相关。这部分投资虽然收益高，但是存在的隐性风险很大，随着经济发展减速，结构化调整，各种政策的限制等，房地产行业未来的不确定性也在不断增加，如果不及时调整，未来发生亏损的概率将会很大。

2. 负债率低。客户个人和公司都没有负债，拥有不错的个人和公司资质优势却没有运用财务杠杆来实现资产的有效增长。

3. 资金使用效率低。客户的企业由其个人 100% 控股，在获得绝对控股权的同时，个人也面临较大压力。目前客户由于公司未来用款的不确定性，个人资金有部分闲置在活期上没有进行投资，降低了资金使用效率。

通过对以上问题的总结分析，客户经理决定为客户重新调整现有的资产配置结构。公私联动，运用财务杠杆实现最佳财富配置方案。

1. 降低房地产行业的配置比重，增加基金和银行理财产品的配置比例，选择风险匹配的产品，分散投资风险。

2. 适度增加负债，用个人和公司的良好资质，申请融资授信，贷款资金用于企业经营。

3. 个人资金可以留存用做投资资产，以增强资金的使用效率。

三、解决方案

做投资组合产品的选择时，先跟客户沟通了资产配置，合理分散风险，客户总会强调自己对自己的行业十分了解，对其他资产不感兴趣，而且认为基金的收益率不确定。

了解到客户的顾虑后，首先，私人银行投资顾问选择了一款零费率的债券型基金，并且将债券基金的投资范围和风险跟客户做了详细的阐述。同时推荐了货币基金作为流动性管理的工具，让客户选择。客户表示愿意尝试做一部分基金，剩余做短期信托产品。

配置好产品组合，意味着成功留存了客户的大额资金，下一步便帮助客户申请高端主动授信。出于前期建立的信任，客户将个人和企业的资料都安排财务总监提供给了银行。经历一段时间的等待，高端授信成功获批。而在这段时间，客户也已在某银行成功开立了公司一般账户。

四、营销成果

最终的营销结果是：为客户配置了 2000 万元理财产品，1000 万元信托，1000 万元基金。申请 1000 万元授信贷款并成功放款。实现资金量和贷款量的双重增长，将个人客户联动营销为公司客户。

五、案例启示

本案例给我们的启示是：

1. 首先应通过良好的沟通，与客户建立信任，详细了解客户过往的投资情况、客户的风险偏好、总结检视客户投资组合存在的问题。

2. 具备专业的技能，了解银行各业务线产品、依据产品的特点结合客户的需求，设计适合客户需求的投资组合方案。

六、案例点评

用好公司联动交叉营销，通过帮助私人银行客户个人资产和企业资产增长，实现客户与银行的双赢。

案例 *88*：公私联动整合资源，丰富产品创造价值

一、案例背景

按照监管要求，对于商业银行办理商用房按揭贷款业务时，除贷款审批通过、办妥抵押登记以外，放款时间必须在房地产开发商拿到对应项目的竣工备案登记证之后。

某银行分行个人贷款余额 2013 年初时已接近 180 亿元，其中以住房按揭贷款居多，因此前期积累了一大批质地优良的房地产开发商合作企业。2012 年分行压缩房贷占比，而开发商也转向商业地产建设，从而住房按揭量下降，商用房按揭需求陡增。

2012 年，《证券投资基金管理公司子公司管理暂行规定》（证监会公告〔2012〕32 号）等一系列制度改革措施的出台，批准基金管理公司设立全资子公司，允许开展特定客户资产管理业务、基金销售以及中国证监会许可的其他业务等。基金管理公司全资子公司的出现，大大拓宽了商业银行业务合作的渠道，打破了以往只跟信托公司开展业务往来的局限性；该行也出台了相关业务管理办法，并在第一时间筛选了如嘉实资本、民生加银这样的先行者纳入另类投资产品的合作机构名单，为分行在产品创新方面提供了先决条件。

二、营销过程

按照监管要求，房地产开发商建设的商业地产项目从商品房预售到

银行发放按揭贷款，之间存在较长的时间（通常为 6～24 个月）；周期较长，时间跨度覆盖了房地产企业的半年报、年报，导致开发商面临房子卖出去了，该笔"销售收入"却一直无法回笼的境地，大大增加了房地产企业的资金运转压力。面对资金回笼慢的局面，房地产企业多次向该银行提出解决问题需求，即能否有创新模式打破监管僵局或者提高资金使用效率。分行也一直在思考如何解决"空档期"问题，为企业提供更好的服务。

三、解决方案

监管放款要求和基金全资子公司的设立，构成了分行推动另类投资产品的要素。分行联合嘉实资本管理有限公司、重庆金科地产集团，共同商讨、反复论证，并在总行零售业务部的共同指导帮助下，最终设计并获批了"嘉实资本商业地产专项资产管理计划模式"，具体为：引入类似过桥贷款的模式，将商用房按揭贷款与资产管理计划对接，用委托贷款向开发商提供贷款融资，资金专项用于对应商业地产项目的开发建设，并锁定该行发放的商用房按揭贷款资金为还款来源，同时由借款人母公司提供担保作为风险缓释措施，充分利用了从预售到放款之间的"空档期"。

四、营销成果

目前，通过该产品模式，分行已发行了 5 期基金子公司专项计划，金额 1.78 亿元。并将该模式复制到本地其他有此类业务需求的开发企业。增加了分行营销的手段，赢得了企业和客户的信任。

五、案例启示

1. 真正实现公私联动。

由于该笔另类投资产品的创新具有可复制性，一下子为分行打开了与优质房地产开发企业的合作局面，通过"复制"分行先后拿下了与重庆金科等四家地产项目合作，其中个别项目还渗透进了项目开发贷款，真正实现了公私联动。未来已储备了本地 10 强房产开发企业，拟通过"复制"扩大公私联动的效应。

2. 丰富私人银行产品线。

基金子公司资产管理计划拥有起点低（100 万元）、收益率较高（接近信托）、小合同多（100 万 ~ 300 万元的合同有 200 份）等先天优势，弥补了 T 计划与信托计划之间的产品空缺，从而满足了分行高端客户的投资需求，丰富了私人银行的产品种类。

3. 提升企业形象。

在分行代销发行"嘉实资本重庆金科专项资产管理计划"过程中，投资者对地产企业有了更多的了解；与某银行、嘉实资本这样的全国性知名金融企业一起合作，大大提升地产企业在本地投资者心中的企业形象。

六、案例点评

分行结合当地市场特点，根据市场需求，创造性地整合了政策、市场、客户、资金、资产等资源，打造了房地产企业的资金闭环运作的新的模式，提升了分行在当地的市场竞争力和市场形象。

案例 *89*：整合行内外资源，形成私人银行独特业务优势

一、案例背景

私人银行客户邢总，外表非常朴实，为人低调和善，但在财富顾问看来，每一个成功的企业家都不是看起来那么简单，越是低调的客户，其内涵可能越深沉。邢总原为房地产开发商，近年来主攻旅游地产，在某银行金融资产规模较大。

二、营销过程

财富顾问经常通过属地客户经理或直接电话交流、节日拜访、活动邀请等方式加强与邢总的关系维护，在支行行长、分管行长及属地客户经理大力协作下，客户在该银行金融资产稳定保持在千万元级别，与该行的关系密切，并在财富顾问的推介下购买了该行发行的理财产品数百万元。这期间，财富顾问对客户有了更深入、更全面的了解。

三、解决方案

富有经验的人总是见微知著，当客户的资金稍微流出银行，或许一般人都不会太在意。但财富顾问对客户资金流转高度重视，经询属地客户经理，回复是并无大的转出。但财富顾问并未掉以轻心，借春节拜访时机争取与客户见面交流，从企业创始起步经营发展聊起，一直聊到家

庭成员状况及为人处世原则。财富顾问意识到客户企业正面临转型，客户个人及家庭的金融资产可能都要逐渐投入到他新的事业中去，未来客户资金可能面临压力，需要融资支持。

虽然财富顾问当场表达了在融资方面可以支持的态度，但客户当时并未提出明确意愿。财富顾问一边密切关注客户金融资产变化，一边紧密联系属地客户经理，了解客户动态，同时认真思考各种融资途径以期解决客户可能出现的需求。

当客户在某银行资产出现巨大下降，支行方面也传来了求助声音，而财富顾问此时早已做好了准备。2012 年 5 月，财富顾问再次拜访客户，与客户就融资事项进行了详细沟通。财富顾问提出，企业融资大致有五种途径：银行信贷、企业债券、权益融资、民间借贷、信托融资，由于受房地产政策调控原因，银行信贷难度很大；受制于政策限制，企业债券也行不通；权益融资时间较长，远水不解近渴；民间借贷可行，但成本太高，不适合企业稳健发展需要；信托融资，只要资产抵押到位，且有足够的流动性安排，在成本可控情况下资金很快就能到位。因此建议客户选择信托融资方式，用商业地产抵押、担保公司进行担保，资金由私人银行负责募集，资金成本控制在可承受范围。客户欣然接受，同意按财富顾问所说办理。

私人银行部高度重视，全力支持。一是与机构业务部沟通，落实内部协调事宜；二是在总行信托公司准入名单中选择一家信托公司；三是就信托融资方案与信托经理进行认真、详尽的商谈，并多次与客户联系，反复沟通，基本确定各个协议文本；四是最关键环节，寻找资金供应方。财富顾问充分发挥私人银行平台作用，联系有投资意愿的高端客户，经多方联系，反复沟通，在较短时间就确定了投资方客户；五是将协议文本与投资客户协商，细化了若干风险防控措施及利益分配方式。经过反复交流沟通，多次与信托公司至客户公司进行调查，并对资产进行抵押登记，与担保公司协商协议后，资金于 6 月底到账，客户融资需求得到解决。

客户问题得到解决，但私人银行的工作远未结束。财富顾问密切关注企业运营状况，并于 10 月到支行进行资金监管调查，调查分析结果显示：客户企业商业用房销售正常，经营正常，项目进展正常，还款能力正常，年底可正常付息。

四、营销成果

通过私人银行高端服务切入，赢得客户认可，客户承诺将未来的商业存贷款、外汇结算、POS 刷卡消费全部放在该银行办理。

这一案例衔接私人银行客户投资与融资需求，通过方案设计将产品收益基本留在该银行，提高了中间业务收入，形成私人银行独具优势的盈利模式。

五、案例启示

该案例充分展现了私人银行在高端客户营销维护方面所独具的专业性、灵活性和整合力，充分揭示了大力发展私人银行业务的重要性和必要性。

1. 整合资源的能力是私人银行发展的生命线。

经常有人问，私人银行是做什么的？私人银行就是整合资源，服务高端。单靠银行的一个部门、一个条线甚至是整个银行业务部门，是不可能做好私人银行的。本案例中，为解决客户需求，私人银行负责人及财富顾问主动协调省行机构业务部，积极联系支行对公部门，引进行外机构如信托公司、担保公司等，发起并主导整个方案的设计、执行与监测。毫无疑问，若没有整合资源的能力，私人银行就没有存在的意义。

2. 公私联动是私人银行业务的着力点和突破点。

现阶段，私人银行客户 90% 都是企业经营者、所有者，通过私人银行高端服务，可以有效突破公私业务联动"瓶颈"。本案例就是通过营销维护目标私人银行客户，实现由个人到家族、由高管到企业，全面深入地提升银行与客户（企业）关系，创造价值，实现共赢。

3. 私人银行业务运作的最大优势是机制灵活。

当客户资金需求由于受政策调控、规模限制、担保措施等因素无法在银行获得信贷支持时，财富顾问能够迅速改变思路，从社会融资角度思考，从多种融资方式中筛选出最适合客户的融资途径。当集合信托不符合成本效益比时，财富顾问及时调整对策，改为衔接单一信托计划。私人银行灵活性在本案例中发挥了关键作用。

4. 离高端客户越近私人银行发展空间越大。

私人银行客户讲究私密性，有许多事情大客户是不愿让别人知道的，只有"无限"接近或了解客户，全面深入把握客户背景、性格、心态、心理、需求、行为方式，甚至要比客户还了解客户自己，才能说服客户接受新的想法或解决方案。

六、案例点评

财富顾问专业能力是解决问题的关键。私人银行是解决问题的银行，财富顾问专业能力非常关键。本案例中财富顾问除了要掌握当前经济形势、房地产调控政策、银行规章制度外，还要具备理财及投融资等方面的专业知识，掌握相应渠道和方案设计及实施能力，以及积极主动探求解决问题的能力、与客户交流沟通能力和当面答复复杂问题的能力。具备上述能力，才能及时解决各种复杂棘手的问题，才能获得客户的认可和信赖，才能在激烈的同业竞争中抢占先机。

案例 *90*：行内交叉销售

一、案例背景

客户吕女士，年龄 40 岁，先生 41 岁，有两个儿子，大儿子上高三，小儿子上小学四年级。夫妇二人开设一家主要从事商用电器销售与安装企业，年销售额 3000 万元以上，企业流动资金 1000 万元左右，企业存货 2000 万元左右，企业主要员工 10 人左右。家庭名下房产：南汇地区别墅一套（市值 1000 万元左右）、市区住宅 4 套（合计市值 1500 万元）、南汇地区沿街店铺一套（市值 500 万元）、五角场办公楼一套（市值 600 万元，已出租、年租金 24 万元）。家庭金融资产 800 万元左右，家庭负债 200 万元为 2009 年办理的别墅按揭——利率为基准利率下浮 30%，企业无负债。

二、营销过程

5 年前，吕女士来到某银行，询问是否有较好的理财产品。经过与吕女士的沟通，了解到她有一笔资金是刚从外资银行的产品出来，当初该产品挂钩澳元，经过了 2008 年的金融危机，澳元狂贬，产品产生一定亏损。经过与吕女士的沟通，初步判断她是有一定风险承受能力的客户，愿意为获取高收益承担一定风险。

财富顾问通过产品介绍与对客户的及时跟进，逐渐与吕女士熟络起来。当时由于吕女士离该银行较远，且客户表现出对国有大行的相对信任，因此吕女士只是看在财富顾问的份上，试探性地购买了 100 万元 1 年期的理财产品。

2012年底，财富顾问从开始局限于向客户营销个人理财业务，逐步向客户营销个人信贷业务、企业业务等。2013年5月，由于当时整个市场的资金链较为紧张，吕女士的企业应收账款较多，很多客户原先一个月左右的账期变得越来越长。吕女士企业的供货商为了在半年报中取得漂亮的业绩，给下游企业开出了一次采购大量设备有较大折扣的优惠。吕女士自然不愿错过这样的折扣，但是公司应收账款的增多，大量的理财产品又不能提前支取。一次在与吕女士及其先生的日常沟通中，财富顾问得知吕女士遇到了资金需求的问题。

三、解决方案

由于已经与吕女士认识多年，对吕女士的家庭情况也已十分了解。财富顾问大胆向客户建议是否可以采用某银行授信模式来解决采购资金需求的问题。吕女士与供货商沟通后得到了答复，同意采用一半银行票据一半现款的模式（注：对供货商来说，并不愿意接受银票，因为会延后获得资金且不能获得资金的任何收益）。由于财富顾问原来主攻个人理财业务，对个人信贷业务仅略知一二，对企业金融业务更是一无所知。于是财富顾问在支行同事、领导的指导下，边学边做，为客户设计了300万元经营贷款授信，用于客户的现金采购需求；500万元银行承兑汇票，其中40%的保证金，300万元的风险敞口，用于上游企业的银票结算。该方案得到了客户的认可。

四、营销成果

方案获得客户认可之后，就进入实际操作阶段。吕女士提供了几套房产用于抵押，财富顾问后续为客户办理了500万元银行承兑汇票，300万元的经营贷款暂时未支用，圆满地帮助吕女士获得了供应商的采购优惠折扣。同时又成功为吕女士企业在该行开立了代发工资业务。客户也将主要资金都集中在该银行，目前在该银行金融资产1000万元左右。

五、案例启示

交叉营销是增加客户对银行粘度的一种良好方式，一位客户在一家银行办理的业务种类越多，客户要离开这家银行的各项成本越高，客户就越难离开这家银行。某银行开放的业务平台，非硬性规定客户经理的职责范围，为财富顾问在交叉营销中提供了广阔的机会。

六、案例点评

每个人、每个家庭的需求都是多样化的，理财师需要清楚客户的需求。理财客户也有贷款需求，贷款客户也有理财需求，越是高端的客户，需求种类越多。如何合理挖掘、引导和创造客户的需求，成为财富顾问工作的重点之一。在实际工作中发现，许多高端客户出于隐私的考虑，很多金融业务需求，只要能为其提供，客户更乐于只要找一位客户经理，而不希望去转介一位其他客户经理提供服务。综合化的银行、综合化的客户经理，才能满足客户综合化的需求，提升个人综合业务能力，才能在激烈的金融竞争中立于不败之地。

案例 *91*：私人银行公私联动，成功服务民营企业

一、客户背景

A 公司为民营企业，成立于 1993 年，是专门从事工程胶粘剂研发、制造、销售的高新技术企业，主要股东有四个人，合计持有 A 公司 95% 的股权。2014 年 2 月初，某支行了解到 A 公司正在与 B 公司商议股权转让，随即支行开始跟踪该笔业务的进程。2014 年 6 月，A 公司与 B 公司达成股权转让意向，同意以 14 亿元人民币的价格向 B 公司转让 A 公司 95% 的股权，同时公司已将项目资料提交相关部门进行审批。

二、营销过程

经过半年的追踪，2015 年 2 月 2 日，公司股东资金已划转至其他银行的资产变现账户，并将在 15 天内完成缴税后划转至个人账户上，税后 4 位股东合计金额约 11 亿元人民币。支行立即向分行领导汇报，并及时与私人银行部进行了沟通，希望获得支持。在分行领导的安排下，私人银行部理财经理迅速反应，马上向支行了解客户详细情况，并制定了周密的营销方案。私人银行部负责人、理财经理、某支行一起拜访了 A 公司的四位股东。

三、解决方案

由于之前了解到客户对移民项目十分感兴趣，希望寻找到一个社会福利比较高，税收压力较小的国家作为移民目的地。私人银行部负责人针对客户的需求，以独家移民渠道作为切入点，使客户产生了兴趣，并借此时机向客户介绍了金字塔式的资产配置模式，推荐了该行的高端定制化产品及私人银行服务等，使客户对私人银行服务有了整体的了解，并建立了很好的印象。

四、营销成果

后续私人银行部配合支行一起与客户又进行了多次的沟通，终于得到了几位公司股东的认同，其中两名股东每人转入3000万元成为某银行的私人银行客户，分别配置2000万元信托产品和1000万元定制类产品。

五、案例启示

打通私银客户的投融资一体化需求，综合服务于私银客户的资金管理需求，特别是做好公私联动及交叉销售，强化中小企业业务对私银业务的支持。

六、案例点评

对于以企业家、高管客户为主体的国内私银客户来说，能够较快地形成群体效应，有比较明显的市场营销效果。

案例 *92*：从私人银行入手 撬动对公业务

一、案例背景

马先生是河北某日化有限公司董事长，原为某大型国企负责人，40岁时离职创业，公司为家族企业，在当地日化行业独领风骚，列入政府重点扶持发展企业名单。马先生夫妇持有70%股权，其余30%由马先生的两个儿子分别持有。

马先生年届60岁，三代同堂，目前仍是公司实际控制人和决策人。该公司年销售额在6亿元以上，在多家银行开户，一直是某银行对公业务的争取对象，但迟迟没有进展。

二、营销过程

私人银行客户经理在参加当地一次中小企业联谊会时，正逢马先生应邀做大会发言，畅谈当前经济形势、企业发展思路及所面临的现实问题。私人银行客户经理从中敏锐地发现，马先生对企业接班人和未来的退休生活存在忧虑，便在会下主动接触了马先生，先从A股的日化上市公司聊起，对日化行业和上市企业进行简单分析和专业点评，赢得马先生的称赞和共鸣，随后介入家庭财富传承话题，介绍了私人银行在家庭保障和财富传承方面的优势，引起马先生的极大兴趣。在互留联系方式后，客户经理约马先生到银行做后续交流，马先生愉快地接受了邀请。

三、解决方案

私人银行客户经理对马先生的家庭资产和理财目标进行了全面梳理，为马先生全家办理了该行的"添金宝"卡，用于日常的现金管理，对其大额现金资产进行了三类配置。一部分为马先生订制高收益的银行理财产品，一部分配置成汇添富公司的基金组合，马先生所持有的 A 股股票则由合作券商的专业投资顾问逐一提出诊断，供马先生自主判断，在个股的关键买卖时点和市场短线变化时提前预警。在保险规划方面，会同寿险公司区域经理一起为马先生夫妇进行"一对一"规划，除满足其健康和意外保障之外，还在财富传承方面做了特别考虑，分别以两个儿子为受益人购买了大额保单。同时，为马先生的公司员工做了一场保险专业讲座，为马先生提供了公司职工团体保险方案。

借此机会，该行对公客户经理也介入其中，从马先生公司的票据贴现入手，提供一揽子投融资解决方案，最终将公司的代发工资和主要结算业务转至该行，另外，该行与马先生公司工会共同组织了丰富多彩的银企联谊活动，共同出游、聚餐，不少员工结成了非常好的朋友。

四、营销成果

通过对马先生家族和公司员工的整体营销，累计办理"添金宝"卡300 余张，沉淀储蓄存款 2000 多万元，销售银行理财产品 4000 余万元，股票型基金 500 万元；在对公业务方面，企业日均存款达到 4000 多万元，票据贴现 1.2 亿元，并带动其关联企业开立多个对公结算账户。

五、案例启示

站在银行角度做营销往往会受到客户的排斥和抵触，而找到客户的真正需求并加以解决，会让客户体验大幅提升，从而以点带面、撬动客户的整体营销，是一个很好的切入点。

六、案例点评

私人银行客户经理依靠敏锐的视角，直接抓住客户的"痛点"，辅以全方位的解决方案，既体现私人银行的专业性，也体现了银行内部良好的沟通协调机制，从而做到了对公客户经理无法达成的营销目标。

第十篇

境内外联动共同
服务客户篇

案例 *93*：境内境外联动为客户提供跨境解决方案

一、案例背景

蒋先生为 DB 香港财富管理部客户，因看好大陆经济发展，遂决定以个人实际控制的公司名义入股国内 S 城市的一家建筑材料公司 B。B 公司成立于 2004 年，近几年公司发展迅速，需要资金的注入来进一步扩大生产规模。将先生和 B 公司就此事已经达成相关协议。

二、营销过程

客户经理基于蒋先生的需求，考虑到外资入股 B 公司需要经过的手续比较复杂，审批花费时间较长，而 B 公司又急需资金进行扩大生产规模，如果按照一般入股手续，会因此损失巨额订单，于是和上海 DB 财富管理部进行了可行性方案的讨论。

三、解决方案

由于蒋先生已经在 DB 香港财富管理部开立账户，考虑到 B 公司对资金的迫切需要，DB 财富管理部向客人提出了"备用信用证贷款"的解决方案：即蒋先生用自己个人或实际控股公司在香港 DB 账户下的任何金融资产作为抵押，向 DB 香港申请开立备用信用证，指定 DB 上海为受益银行。当 DB 上海收到备用信用证后，根据相关条款为 B 公司提供信贷额度。这个方案对双方的好处都十分显而易见，对于蒋先生来说，他可以以此作为注资 B 公司的变通方案，境外资金无须汇入到境内，免除了资金退出时可能面临的不确定因素，而他在 DB 香港作为抵押的资产依然可以进行操作取得收益；而 B 公司无须提供额外担保，便可以在 DB 上海快速取得人民币贷款以快速扩大生产规模。

其后，蒋先生和 B 公司均得以获得足够的时间来谈判和实行入股的相关事宜，在此期间，B 公司的业务因及时获得低成本的贷款而得到很好的发展。

四、营销成果

方案得到了蒋先生和 B 公司的一致肯定，B 公司于是申请在 DB 上海财富管理部开立公司账户，同时把近两年的财务报表发给 DB 香港和 DB 上海贷款部门进行相关审核，审核通过后蒋先生向 DB 香港申请开立备用信用证，一周之后 B 公司顺利拿到贷款。海外分行成功地为客户提供了所需的解决方案，而上海分行也完成了贷款业务，取得业务收入。

五、案例启示

本案例成功的关键在于某银行为高净值客户个人以及关联公司同时提供服务的特色模式，很好地满足客户关联公司的相关需求。同时，在本案例中，外资银行整合境内外资源，为客户提供跨境解决方案的能力得以充分发挥。

客户对银行的"充分信任"是业务最终快速成功的关键因素。尤其是客户对银行专业能力给予充分肯定，并对私人财富管理部门所提供的解决方案表示满意，体现出私人银行的专业素质，问题解决能力和强大的资源优势。

六、案例点评

随着中国经济的快速发展，国内一些企业生产规模迅速扩大，对自身现金流产生了较高的需求；同时看好中国市场的海外投资者也希望抓住经济快速发展的契机，进行投资进而实现财富的进一步增长。因此，对于银行能提供金融服务的多样性和效率也提出了更高的要求。服务高净值个人的同时服务其关联企业、境内境外联动销售模式不仅能解决客户最关心的问题、满足客户的各类特殊需求，也提高了私人银行业务成功的概率和效率，实现了双赢。

案例 *94*：私人银行跨境资产配置

一、案例背景

客户关先生主要从事期货行业，是当地期货交易量最高、资产规模最大的客户。客户此前在某银行仅有一个存折，资产峰值不过几十万元，基本以过账为主。

二、营销过程

1. 初期破冰：针对客户对于运动的爱好，某银行每周邀约客户打羽毛球。同时，利用省行"庐山财富之家"体验活动，为客户提供特色化的增值服务项目，使客户迅速认可了银行的服务。

2. 持续营销：了解到关先生离异，有 5 岁男孩，但客户大部分时间经营期货业务，小孩主要由客户母亲教养。客户非常关注小孩教育，该银行多方收集信息，帮助客户解决小孩教育问题。在日常维护中注意服务细节，如送孩子生日礼物、美食互动，赠送运动随身杯等。

3. 产品营销：通过小孩教育问题引发客户对投资移民的兴趣，加之客户看空人民币，并且对海外投资市场表示了极高兴趣后，客户经理邀请客户参加 2013 年总行在上海举办的跨境峰会，现场感受知名专家解析全球投资趋势和财富热点，引领客户深入体验了某银行跨境理财、出国留学、投资移民、海外置业等特色跨境服务。客户经理利用会议闲暇时间，邀请合作基金公司高层与客户关先生会晤，分享投资心得，提升客户体验。

三、营销成果

1. 客户在某银行开立财富卡、网上银行、短信通知等产品，陆续转款至该银行500万元。

2. 客户将期货公司的三方存管账户转入某银行，三方资金每天回流稳定在4000万元。

3. 客户将其他银行2亿元人民币存款转入该银行，资金稳定在2.5亿元。

四、案例启示

行领导对高端客户服务需求高度重视，面对面进行高端客户亲自营销服务，让客户感觉到银行的重视和关心，从而提升了客户尊贵感，而营销人员的敬业精神及敏锐地捕捉信息的职业能力是成功营销的首要因素。

五、案例点评

比竞争对手更早、更周到地满足甚至超越客户需求，力求客户综合价值最大化是成功营销的决定因素。推行职业化团队营销模式是成功营销的重要因素。

案例 *95*：日积跬步，志在千里

一、案例背景

丁总，境外人士，50 岁，拥有个人企业且经营良好。育有两个子女，年龄均较小，均为学龄前儿童阶段，与妻子年龄差距较大。在我行所在地有 5 处以上房产，为我行超高端客户。客户性格较为谨慎，做决定需结合多方建议后才下决定，在我行开户多年，但资金一直不稳定。客户有把企业在境外上市打算，但缺乏相应支持和服务。

二、营销过程及成果

深入了解客户需求，根据客户性格特点和需求，推荐我行相应产品，与客户逐渐建立了稳固的信任关系。基于客户以往的理财经验，客户注重资产的保值，特为客户推荐了资产保值、稳健增值的我行产品，成功吸引客户。借此机会，进一步向客户介绍我行在境外业务，初步沟通意向，与其探讨在境外上市中设立相应信托计划，并进一步挖掘信息。同时，结合境外合作机构与客户共同协商，最终确认境外上市架构，达成最终合作意向。

三、方案设计

（1）需求挖掘：结合客户实际情况，深度挖掘客户需求，如突发安排、财富传承及保障、保护家人、养老、税务安排等等。

（2）产品设计：筹划境外信托架构。切实结合客户的考虑点设计离岸公司架构及保留信托权利。针对客户的家人及公司集团高管分别设计保留权利信托及集团员工信托架构。

四、营销成果

（1）提升资产管理规模：上市公司股权进入信托后，部分套现资金将提升客户资产管理规模及潜在中间业务收入。

（2）稳定超高端客户：客户对我行信任感加强，境内资金基本沉淀在我行，实现超高端客户的稳定。

（3）客户转介：客户介绍公司多位高管成为我行客户，实现多位高质量优质客户获取，实现资产管理规模、客户群的稳定增长，并有深入发掘的较大空间。

五、案例启示

需求需要发掘：该客户虽在我行开户多年，但之前未及时跟进，没有挖掘出上市等一系列需求，转介客户也未实现。客户戒备心强，往往目的单纯，很多实际的需求都需要后续发掘。良好的"倾听"是成功的一半，必须要首先获得客户信任。

能力需要提升：提升产品设计能力，切实结合客户的具体需求设计境内外信托产品架构。尽可能做全面准备，应对客户可能提出的各种问题。包括产品结构、风险点、收益预期、风险适合度等等，提前准备更多的书面资料（比如建议书）作为辅助，往往效果更好。

信任需要时间：对于谨慎性格且本身具备投资经验的客户，积累信任需要时间，要通过专业和贴合需求的服务与不断地沟通，建立充分的信任感。多站在客户角度考虑问题，尽可能让客户感受到诚意，才会放下自己的身份和戒备，更多地透露信息。即使暂时成为不了朋友，也要充分赢得信任。赢得信任，资产配置水到渠成。正是由于客户的信任，客户才转介了其他高端客户。

成功需要积累：任何一项业务都需要不断地积累才可以达成，不积跬步无以至千里。对于性格谨慎的专业型客户而言，不会主动吐露任何信息，但往往不经意的一句话就成为后续的重点合作方向，持续不断的沟通和倾听尤为重要。

案例 *96*：以价值深耕，
实现跨境增值

一、案例背景

刘女士为江浙地区某家族企业实际控制人，经营风格较为保守，因为经营得当，目前客户企业在当地已形成相当规模，其子女正在国外就读高中，其父母已移民海外，刘女士对银行金融服务有一定程度的了解，但与某银行业务往来较少，其业务主办银行为某银行。

二、营销过程

某银行在对国际留学和养生健康两方面特色服务的用心挖掘和经营下，已形成了固定的客户需求群体，随着圈子经营的逐步深化，特别在一些成功案例示范效应影响下，越来越多的潜在私人银行客户被非金融增值服务吸引，刘女士便是其中一位。

财富顾问与刘女士的贵宾理财经理接触后了解到该客户潜力较大，但是由于风格保守，目前业务尚无突破性进展，并且其日常工作较忙，其与银行接触机会较少。经朋友介绍刘女士到该行私人银行专家门诊进行日常调理，在听取中医专家建议后刘女士对中医调理非常满意并成为了问诊常客。经过财富顾问对刘女士的跟踪接触，发现其为家族企业的实际控制人，子女教育、父母移民后生活及未来企业规划为其关注重点，有投资移民需求。

针对刘女士的这一情况，财富顾问除把握利用客户每周调理契机周到服务外，适时引荐其参加了该行美国出国留学沙龙，并联合专业第三方机构对现有国外优秀教育资源进行了整合，针对刘女士子女海外留学现状进行分析：邀请顶尖心理学专家对其子女进行个性综合评估及持续引导，导师领导 3～4 人的专家团队分别在学术潜能挖掘、课外活动设计、文书指导、标准化考试准备策略等方面进行了全面规划，并提供一揽子的海外后续服务，同时向客户介绍了成功申请的诸多案例，刘女士对私人银行团队的专业性表示高度认可，逐步加强了日常业务往来。

财富顾问进一步引入了家族财富传承的理念与工具，在认同客户企业稳健经营理念的同时指出要未雨绸缪，通过量身定制资产分配和财富传承方案，为家族资产提供充分保障，实现企业现金管理和可持续发展，并为子女未来的个人发展奠定坚实基础。

刘女士认同财富顾问专业建议不久后便提出由于投资需要，希望能解决其个人境外 2000 万元投资需求事宜。

三、解决方案

经服务团队的共同研究，为刘女士设计了"产品＋专业建议＋分行联动＋集团资源整合"的综合金融服务方案。

1. 集团资源整合。一是在合规前提下，根据客户未来投资移民需求进行前期工作规划；二是结合其投资及移民意向，就目标区域进行筛选；三是与海外子公司就境外开户、币种、汇率等系列事宜进行磋商。

2. 分行联动。一是与系统内分行及客户就汇款进行三方沟通，明确客户代开账户、资金入账、留存、转账等细节；二是核实客户资金用途合规，满足监管要求。

3. 专业建议。在客户资金留存期间，财富顾问团队为客户实时跟踪目标汇率走势并提供分析建议，便于客户第一时间掌握最新汇率波动及相关政策，客户可根据自身需求结合财富顾问建议进行业务操作，并明确各自权责。

4. 客户资金汇出后，根据之前结算协议进行结算，并完成预定目标计划。

5. 风险控制。由于该项业务涉及集团内子公司、分行联动，并且涉及多个业务产品流程整合，因此在业务推进过程中某银行在合规框架下与客户进行互动，并取得了充分的理解。一是确保业务真实性的同时严格审核相关资料；二是跟踪客户资金转账、结算等情况，保证业务的顺利落地；三是严格按照合同约定对客户资金留存期限进行监控，确保多方共赢。

四、营销成果

1. 借助银行品牌的综合增值服务平台，深度经营"国际留学＋养生健康"服务，通过非金融服务维护私人银行客户，同时进行圈子延伸营销，实现银行系统内资源互动。

2. 刘女士通过非金融服务增加了对银行的了解，通过个性金融服务增强了对银行的信任，在业务上与银行充分互动，最终其2000万元投资业务顺利达成，并最终成为该行忠实的私人银行客户。

3. 借助私人银行圈子文化，非金融服务的成功案例集聚示范效应，通过口碑相传实现了"1＋1＞2"的宣传效果。

4. 不同于以往简单产品的累加，通过此次成功营销方案设计，"1＋1＋N"的专业团队能力进一步释放，并实现了公私业务互动。

五、案例启示

1. 团队支撑，私人银行是跨零售银行、批发银行、投资银行业务的多元服务。客户对全球视野、国际标准有更高的要求，因此对于财富团队而言需要有广阔的视野和有效的资源整合能力。

2. 专业支持，私人银行与零售银行领域的VIP服务不同，私人银行是为客户提供一个财富管理的整套方案，其显著特点是根据客户需求量身定制金融综合服务方案，而不是产品的简单累加，未来的专业团队还需进一步加强非金融专家的支持。

3. 体系支撑，私人银行业务产品往往具有一定的专业性，依靠传统银行的固有理念会导致产品销售、咨询服务、合规经营等严重落后，要依托客户需求导向进行产品体系、销售体系、风险体系、服务体系整合，通过交叉推销实现客户价值深度发掘。

六、案例点评

业务过程中要特别重视合规经营。由于银行监管政策的限制，在"分业经营、分业监管"的大背景下，银行需要借助金融集团资源，在合规前提下实现资源的有效整合，最终实现客户的粘性维护。

案例 *97*：内保外贷，实现三赢

一、案例背景

郭先生，某企业主．拥有一家集团公司 A，下设十几家制药公司。为了进一步掌握核心新技术，寻求企业的可持续发展，拟收购境外某家拥有新药专利的某小型制药公司。

二、营销过程

在客户经理和郭先生的某一次交谈中，郭先生无意中向客户经理提起收购海外公司碰到的一些问题：国内资金充裕，但基于外汇资本项下依然受到管制，跨境调动非常不便，如果向外管部门申请售汇作海外收购，手续复杂，过程的时间较长，恐怕错过时机。客户经理根据这一实际情况，在目前法规允许的情况下，为客户的境外收购提出了一个成本最低、最便捷的解决方案。

三、解决方案

为了降低郭先生进行企业收购的成本，客户经理分析了各种可能的方法并一一比较了费用与可行性，由于郭先生本身流动资金比较充裕，客户经理建议郭先生用内保外贷的方法，即把流动资金存在银行上海分行，然后，把存单作为抵押，向该银行的中国香港分行贷款。由于海外美元贷款利率远远低于人民币存款的利率，因此国内人民币存款利息的收入大于郭先生实际在海外贷款需要付出的利息。资金实现了零成本的跨境使用。

四、营销成果

客户经理的专业知识和处处为客户着想的工作态度赢得了郭先生的信任，他最后决定采取客户经理的建议，用国内的流动资金作抵押后在海外银行贷款完成了对这家标的公司收购。耗时短，零跨境成本。

五、案例启示

通过这个案例，可以得到以下启示：

作为私人银行的客户经理，由于客户很多都是一些企业家，需要提供的服务经常涵盖一些专业领域，因此对客户经理本身的专业素质要求较高，所以客户经理首先要不断提高自身的职业素养；其次要有主动服务的意识和创新意识。

六、案例点评

私人银行业务有几点可以从这个成功的营销案例去借鉴和开展：

1. 私人银行为高净值客户提供的应该不仅仅是针对个人的解决方案，而且应能解决客户实际控制的企业的发展需求，这才是优质服务的关键。

2. 高净值客户的需求不仅限于国内，要很好地满足客户的全球范围内的个人资产配置和企业融资购并等需求，私人银行需建立境内外的有效联动机制，以为客户提供有效解决方案。

案例 *98*：借助完善系统，实现客户全球资产配置

一、案例背景

邹先生，某二线城市的一个房地产开发商，在通过理财建议沟通前，主要资产集中在流动性高的现金类产品上。客户对资本市场投资兴趣不高，但随着房地产市场逐渐低迷，客户也开始萌生逐渐配置权益类资产产品的打算。

二、营销过程

客户经理小刘经过多次的沟通，特别是市场观点和配置模型的预算，不断向客户灌输该银行的投资观点和市场大势研判的理念，使客户逐渐接受科学的资产配置模式。

客户经理运用该行自主研发的全球资产配置系统，向客户不断比较该行建议的投资比例收益率与客户仅持有流动性资产的收益率之间的差异，让客户增强了改进资产配置比例的信心。

三、解决方案

经过梳理客户的当前资产配置现状，并使用全球资产配置模型系统计算后，小刘发现客户的资产配置主要存在以下问题：现金类占比过高，影响了整体收益表现；股票类资产主要是客户自己根据一些小道消息少

量地炒股，表现欠佳；固定收益类产品、另类及其他产品几乎没有配置。

根据客户的个人风险偏好、企业风险特征，小刘制定了一套资产配置方案，并使用全球资产配置系统计算了新配置比例与客户当前配置比例的差异。客户对于新的配置方案非常接受，并很快通过该行的理财产品、代销产品进行了资产配置比例的优化。

四、营销成果

新的配置方案运行半年后效果非常明显，客户对于某银行的信赖进一步提升。半年后，小刘根据市场变化情况，结合某银行私人银行投资研究的最新观点，对客户的资产大类配置进行了调整。小刘使用全球资产配置系统对调整后的建议比例重新进行了测算，将改进后的比例建议提供给客户参考，客户非常信任小刘及该银行私人银行的专业度，当即又转入3000万元资产，并按照小刘的方案进行了配置。客户还介绍了好多自己在房地产圈的朋友到该银行。

五、案例启示

通过这个案例，可以得到以下启示：

1. 要以全球资产大类的视角做资产配置方案

在为客户制定资产配置方案建议时，不能仅仅从单一资产的角度出发，要关注到全球各领域资产配置的机会，为客户进行全方位的配置建议。随着人民币国际化以及资本项下账户的逐渐开放，国内的私人银行客户可参与的海外投资领域越来越多，投资海外资产越来越便利。与境内投资相比，客户在把握全球资产投资方面更缺乏足够的专业度，对专业机构的依赖也更大，这为私人银行客户经理做好深入的客户经营提供了机会。

2. 系统的重要性

如果只通过客户经理自己手工计算不同资产配置比例的优劣，不但工作量较大，也无法确保准确性，因此系统的支持非常重要。

六、案例点评

私人银行业务有几点可以从这个成功的营销案例去借鉴和开展：

1. 加强全球市场研究的专业支持

目前国内具有全球投资经验的专业人才匮乏，短时间内全面提升私人银行客户经理对全球市场的把握能力难度较大。在资产配置方案制定过程中总部的投资研究及投资顾问的支持是非常重要的，不但可以使专业支持更加集约化，也可以使全行保持一致的研究观点，应进一步加强这方面的人才投入。

2. 进一步完善全球资产配置系统

毋庸置疑，系统的支持在全球资产配置方案制定过程中非常重要，这是未来资产配置服务的发展方向，应在现有基础上进一步完善全球资产配置系统，提升客户体验。

案例 *99*：以团队合作，
实现海内外联动

一、案例背景

客户王先生是知名企业董事长，是某分行的潜力私人银行客户。在私人银行客户经理协助某支行走访客户的过程中，得知客户正在办理海外投资移民，已在香港海外银行开立投资移民监管账户，但是资金还没有转入投资账户；另外了解到客户在海外有家规模较大、利润可观的公司，有个人境外投资的需求，已经与海外 C 银行、D 银行接触。

二、营销过程

总经理室高度重视，立即与该行香港私人银行联系，成立 A 私行与 B 私行联动服务小组，由私人银行部总经理亲自挂帅，制定了"两步走"的营销策略，首先想办法让客户将在海外银行的投资移民监管账户转移到香港分行，由该行完成投资移民业务；其次跟进为客户在香港的资金设计资产配置方案，进行全面资产配置。

三、解决方案

1. 领导亲自挂帅，海外给力支持

2014 年 1 月，该总经理带队专程拜访客户，全面了解客户移民进展情况，着重介绍了中国香港私行在投资移民方面的优势，客户虽表示兴趣但也表达了遗憾，表明其已经在海外银行开立投资移民监管账户。营销团队没有放弃，迅速与香港私人银行客户经理一起，对客户香港投资移民需求及海外银行投资移民业务特点进行了研究，在最短时间内为客户制定出了香港投资移民规划方案，并由总经理牵头带队多次拜访客户。客户被银行的专业和真诚感动了，高度认可了银行提供的投资移民方案，并决定将海外银行开立投资移民监管账户转移至该行香港私人银行。2014 年 2 月客户在该行香港私人银行完成了海外移民投资（几千万港币），营销首战告捷。

2. 持续营销挖掘，全力提升客户贡献度

通过沟通得知客户有全球资产配置及家族财富传承的需求，风险偏好稳健，追求资产安全，实现海外资产的保值增值；计划为年幼的孩子准备一笔资金，保证其日后生活无忧，实现家庭财富传承。

由于国内分行目前没有海外富人险及海外家族信托的先例，A 分行分管行长非常重视，指示分行私人银行部全力做好第一单海外富人险及海外家族信托落地。2014 年 2 月，A 私行与 B 私行联动服务小组针对客户的家族信托需求举行了专题讨论，决定向客户推荐海外信托产品及富人险，第一时间向客户介绍相关产品内容，得到了客户的初步认可。2014 年 3 月，A 私行与 B 私行信托顾问通过多次电话会议，确定了富人险和信托框架结构初步方案。2014 年 4 月，联动服务小组携带信托服务专案面见客户进行沟通，征求客户意见，反复修改信托细节及富人险的保单内容。在后续的沟通过程中，还建立了微信群，保持即时沟通，以随时解答客户问题。银行细致、周到、专业的服务，使客户最终确定与该行签定了信托顾问合同，并与信托公司签订了协议。信托公司协助客户成立了离岸公司，将海外金融资产、公司股权、富人险装入信托。

四、营销成果

经过数月的不懈努力，境内私人银行联动香港分行，完成了系统内全国首单海外富人险及海外家族信托业务。客户从他行转入该行香港私人银行款项超过亿元。在银行新增个人资产超过上千万元。客户资产稳定，忠诚度提高。

五、案例启示

1. 精细化服务有助于深入了解客户需求，挖掘有效客户。
2. 客户经理保持市场敏感度，部门领导高度重视亲自挂帅。
3. 海内外高效配合联动，凸显银行全球服务实力。

六、案例点评

总经理亲自挂帅营销，迅速为客户制定香港投资移民规划方案，以及建立微信群以随时解答客户问题等细致专业的服务，使客户最终选择了该行服务。细节决定成败，以客户为中心才可赢得信任和认可。

案例 *100*：因时而变，动态组合

一、案例背景

梁先生是一名境外收藏家，在房地产、股票、期货、国际黄金白银和国际外汇等领域均有投资，投资经验非常丰富。2008—2010 年在某银行的人民币资产超过 5000 万元，购买过多款境内理财产品。

二、营销过程

客户经理小朱在与梁先生交流中感到，客户海外资产配置较为欠缺。考虑到金融危机之后海外金融市场逐步复苏，且客户资金体量较大，需要全球配置分散风险，在小朱的介绍和引导下，如何进行海外配置成了梁先生日益感兴趣的话题。

三、解决方案

2011 年，通过合理利用境内外市场差异，建议客户境外汇入数千万美元，配置该行 6 个月～12 个月的理财产品和定期存款，取得超过美元存款的收益。

2013 年下半年，随着境内美元收益率的持续下跌，港股和美股市场投资价值渐渐凸显，私人银行积极为客户境外账户的港股和美股投资提出投资方案建议，给客户留下了该行是真正以客户利益为先的好印象，获得了客户的充分信任。

2013 年底，随着"沪港通"新政发布，积极通过同团体券商和私人银行的联动平台"财富俱乐部"联合设计营销方案。私人银行邀请客户参与该平台举办的"周末健步行和沪港通带来的股市投资机遇分析讲座"，了解沪港通知识，更增强了对该银集团整体实力和能力的信心。梁先生夫妻两人的境内股票账户全部转到×银证券，同时也将三方存管账户、其他行存款转至该行。

近期该行优先股海外火热发行，总行联合×银基金、××银行等多机构研发设计面向私人银行客户的优先股投资产品"××——优享回报系列资产管理计划"。私人银行敏锐地感到，梁先生习惯于大资金、高流动、偏好大盘股票的投资特点非常适合持有这款产品，于产品预约的第一时间向客户推荐，并创新性地为客户定制 FTP 优惠利率报价的美元存款产品以配合产品购买。最终客户从境外汇入该行数百万美元，购买一定金额优先股产品，并利用该行大额外币利率报价，以一年期存款留存私行。

四、营销成果

梁先生对私人银行长期优质服务非常满意，与私人银行建立了良好的长期合作关系。客户在银行资产达数亿元，定期存款折成人民币数千万元，证券市值数亿元，信用卡 2 张，短信通、智能通、手机银行、网银、三方存管等产品，产品交叉持有 5 项。

五、案例启示

盯紧市场变化，发挥银行集团强大的多元化平台和跨境服务特色，这是该银行私人银行专业服务的特色所在。

六、案例点评

金融市场瞬息万变，专业服务不能止步朝夕。路遥知马力，日久见真心，因时而变，动态组合，这才是私人银行专业服务的价值凸显。